Wohnen in der individualisierten Gesellschaft

Antje Flade

Wohnen in der individualisierten Gesellschaft

Psychologisch kommentiert

 Springer

Antje Flade
AWMF, Angewandte Wohn- und
Mobilitätsforschung
Hamburg, Deutschland

ISBN 978-3-658-29835-7   ISBN 978-3-658-29836-4   (eBook)
https://doi.org/10.1007/978-3-658-29836-4

Die Deutsche Nationalbibliothek verzeichnet diese Publikation in der Deutschen Nationalbibliografie; detaillierte bibliografische Daten sind im Internet über http://dnb.d-nb.de abrufbar.

Planung/Lektorat: Eva Brechtel-Wahl
Springer ist ein Imprint der eingetragenen Gesellschaft Springer Fachmedien Wiesbaden GmbH und ist ein Teil von Springer Nature.
Die Anschrift der Gesellschaft ist: Abraham-Lincoln-Str. 46, 65189 Wiesbaden, Germany

Inhaltsverzeichnis

Einleitung 1

Wenn heute vom Wohnen gesprochen wird, ist der vorherrschende Gedanke die „Wohnungsnot" in den Städten. Steigende Mieten und hohe Immobilienpreise kommen in den Sinn. In einer Situation, in der wirtschaftliche Fragen das Feld beherrschen, geraten psychologische Belange meistens aus dem Blick. Bezahlbares Wohnen ist so existentiell, dass Fragen wie etwa nach den Grünflächen und Parks in der Umgebung erst einmal als weniger dringlich beiseitegeschoben werden. Im Mittelpunkt stehen ökonomische, technische und ökologische Themen. Man redet über Mikroapartments, Smart Homes, Tiny Houses und Home Offices, über Earth Ships, die sich durch geschlossene Energie- und Versorgungskreisläufe auszeichnen und Möglichkeiten zur Lebensmittelproduktion bieten, Regenwasser aufbereiten und Strom- und Heizenergie aus Wind- und Solaranlagen generieren, über Urban gardening und Urban farming. Nicht alles lässt sich als plakative Zukunftsrhetorik abtun. Es sind vielmehr Anzeichen einer gesellschaftlichen Entwicklung, die alle Lebensbereiche betrifft.

Neuartige bauliche Formen sind durch technische Erfindungen möglich geworden. So eröffnete der Stahlbetonbau neue Alternativen, denn es konnte nunmehr weiter und höher gebaut werden als jemals zuvor (Röhrbein 2003). Größere Spannweiten gestatten größere und offenere Räume, die mehr Möglichkeiten bieten, sie flexibel und individuell zu nutzen, sodass heute individueller gebaut werden kann. Vieles ist möglich geworden, z. B. lässt sich die Öffnung von Dachfenstern über eingebaute Sensoren regulieren, oder es können in kurzer Zeit aus vorgefertigten Teilen in großer Zahl Mikroapartments errichtet werden. Die Vielfalt baulicher Formen und Innovationen wird in Internationalen Bauausstellungen vorgeführt.

Wohnen ist ein Thema, mit dem sich unterschiedliche Fachrichtungen befassen (Graham et al. 2015). Der Wohnungsbau ist deshalb auch ein

© Springer Fachmedien Wiesbaden GmbH, ein Teil von Springer Nature 2020
A. Flade, *Wohnen in der individualisierten Gesellschaft,*
https://doi.org/10.1007/978-3-658-29836-4_1

interdisziplinäres Terrain, auf dem sich Architekten, Bauingenieure, Planer, Öko-
nomen und Juristen begegnen.

Das vorliegende Buch möchte dazu beitragen, die Psychologie auf diesem
interdisziplinären Terrain zu verankern. Es ist kein Architekturbuch, in dem die
heutige bauliche Vielfalt ausgebreitet und vorgeführt und Bautechniken erläutert
werden. Es ist auch kein Buch, das sich mit ökonomischen Fragen befasst. Es
geht vielmehr um Mensch-Umwelt-Beziehungen, die vielerlei Fragen aufwerfen,
z. B. wie Menschen ihre Wohnumwelt erleben, wie sie davon beeinflusst und
geprägt werden und welche Bedingungen gegeben sein müssen, damit sie sich
ein *persönliches Zu*hause schaffen können. Es ist kein Ratgeber-Buch, das Hin-
weise liefert, wie man „richtig" wohnt und welche Farben gerade Trend sind. Es
ist ein Buch, in dem umwelt- und wohnpsychologisches Wissen vermittelt wird,
in dem theoretische Konzepte vorgestellt und empirische Forschungsergebnisse
präsentiert und diese in einen gesellschaftlichen Kontext gestellt werden. Denn
wie der Mensch wohnt, hängt nicht nur von ihm allein ab, sondern immer auch
von gesellschaftlichen Entwicklungen, kulturellen Normen und stets auch vom
Stand der Technik (Heßler 2012).

Das große Thema ist die Individualisierung. Diese tritt sichtbar im Bau
großer Gebäude hervor, in denen sich viele kleine Apartments befinden, die auf
ein Allein-Wohnen zugeschnitten sind. Was hier stattfindet, hat Beck (1983)
als „kollektive Vereinzelung" bezeichnet. Die vielen Bewohner der kleinen
Wohnungen in den großen Gebäuden bilden das Kollektiv, ihr Alleinwohnen steht
für Vereinzelung (Abb. 1.1).

Ziel des Buches ist, den aktuellen Stand wohn*psychologischen* Wissens
zu präsentieren. Auf ökonomische Aspekte wie die „Kommodifizierung"
und „Finanzialisierung" von Wohnraum, um eine Rendite zu erwirtschaften
(Vollmer 2018), wird nur Bezug genommen, wenn dabei auch psychologische
Aspekte berührt werden. Es ist ein Buch zur *Psychologie* des Wohnens. Es ist,
wie es bereits William Stern (1935) formuliert hat, das Verständnis von Psychologie als einer Wissenschaft, die neben der Gewinnung theoretischer Erkenntnisse immer auch Einfluss auf das praktische Geschehen im öffentlichen Leben
nehmen sollte (vgl. Probst 2014). Ähnlich hat es Jahrzehnte später Miller (1969)
als Ziel bezeichnet: „to give psychology away". Wiederum einige Jahrzehnte
später wurde unter anderem von Bell et al. (2001) und Gifford (2007) als Ziel der
Umweltpsychologie heraus gestellt, die Erkenntnisse der Psychologie zu nutzen,
um die Lebensbedingungen der Menschen zu verbessern. Dies kann zum einen
durch empirisch gestützte Theoriebildung geschehen, welche die Wirkungszusammenhänge erhellt, sodass begründete Gestaltungsvorschläge gemacht

Abb. 1.1 Kollektive Vereinzelung

werden können, und zum anderen durch begleitende Forschung zur Wirkung von Maßnahmen und Gestaltungsprogrammen.

Wohnpsychologie ist weitaus mehr als nur eine Psychologie des Wohnens in Wohnungen. Zum einen haben Wohnungen immer einen Kontext, zum anderen sind Menschen bewegliche Lebewesen, die sich nicht nur in ihrer Wohnung aufhalten, sondern zwischen drinnen und draußen wechseln oder die aus dem Fenster in die Umgebung schauen (Abb. 1.2).

Doch nicht nur wegen der Ausblicke aus dem Fenster und einem Hin und Her zwischen drinnen und draußen ist ein räumliches Begrenzen von Wohnen allein auf das Leben in Wohnungen nicht möglich, weil auch Wohnumgebungen und Wohnlagen das Leben in Wohnungen bestimmen, z. B. durch den nicht zu überhörenden Verkehrslärm oder eine ungünstige Wohnlage, die zu weiten Wegen zwingt. Die Wohnpsychologie lässt sich aus diesem Grund nicht nur auf Wohnungen beschränken, sondern muss räumlich weiter gefasst werden. Ein dritter Grund für eine weite Fassung ist der Rückgriff auf umweltpsychologische Konzepte wie Ortsverbundenheit, Identität, Privatheit, Umwelterleben und Umwelt bezogenes Handeln, die nicht allein für Wohnumwelten gelten. Privatheit ist z. B. auch in Arbeitsumwelten eine Frage, wenn über die Vor- und Nach-

Abb. 1.2 Ausblick

teile von Großraumbüros diskutiert wird (Bell et al. 2001). Ein vierter Grund ist die enge Verbundenheit des Wohnbereichs mit anderen Lebensbereichen. Wie eng diese Bindung sein kann, spiegelt sich im Home Office wider: Home steht für Wohnen, Office für Arbeiten.

In den folgenden Kapiteln werden verschiedene Themen „rund um das Wohnen" psychologisch kommentiert. Im zweiten Kapitel werden die Grundbegriffe Wohnen und Wohnumwelt definiert und erläutert. Dass das Bleiben an einem Ort die sine qua non des Wohnens ist, wird ausführlich erläutert. Nur Orte, an denen man länger verweilt und bleibt, können zu *Wohn*orten werden. Das dritte Kapitel befasst sich mit den impliziten Planungsphilosophien der Architekten und Planer, die maßgeblich deren Entwürfe bestimmen und damit auch, wie die gebaute Welt, in der wir leben, beschaffen ist. Obwohl diese Paradigmen eine enorme und langfristige Wirkung haben, werden sie kaum thematisiert. Es ist ein Verdienst von Sommer (1983), von dem das Konzept des Social Design stammt, und von Saegert und Winkel (1990), diese höchst einflussreichen Denkweisen ans Licht gebracht zu haben. In den Kap. 4 und 5 werden die Konzepte Ortsverbundenheit und Orts-Identität sowie Privatheit und dazu vorliegende Forschungsergebnisse vorgestellt. Wahrnehmungen und Kognitionen als interne Repräsentationen des Erlebten sowie damit einhergehende Emotionen, die das menschliche Erleben ausmachen, die wahrgenommene Wohnqualität und

Theorien der Wohnzufriedenheit werden im sechsten Kapitel betrachtet. Die auf die Umwelt gerichteten Handlungen und Aktivitäten des Menschen sind Thema des siebten Kapitels. Hier geht es um Umweltaneignung, d. h. den Prozess, in dessen Verlauf durch aktives Handeln aus einer neutralen Umwelt eine persönlich bedeutsame Umwelt wird. Das achte Kapitel befasst sich mit der Daseinsform des Menschen als Sozialwesen. In einer individualisierten Gesellschaft stehen Gemeinschaftlichkeit und Nachbarschaft auf dem Prüfstand. Werden Gemeinschaften unwichtiger oder tauchen sie lediglich unter einem anderen Begriff wieder auf? Ist z. B. Co-Living nur ein neuer Begriff für ein Wohnen mit anderen zusammen? Ohne Zweifel teilen sich die Menschen, auch wenn sie allein in einer Wohnung leben, die Wohnumgebung und den öffentlichen Raum, sodass sich die Frage stellt, ob das Zusammensein mit anderen nicht lediglich aus den Wohnungen hinaus in Außenräume verlagert wird? Es kann auch sein, dass nachbarliche Beziehungen in einer individualisierten, digitalisierten, hochmobilen und verstädterten Welt nur noch eine Nebenrolle spielen. Im neunten Kapitel werden dann gesellschaftliche Entwicklungen in den Blickpunkt gerückt und deren Einfluss auf das Wohnen untersucht. Mächtige Einflussfaktoren sind die demographische Entwicklung, die technologische Entwicklung mitsamt der Digitalisierung, die Zunahme der Mobilität und eine unaufhaltsam erscheinende Verstädterung. Dargestellt werden Annahmen und empirische Ergebnisse über die psychologischen Auswirkungen dieser Entwicklungen. Das abschließende zehnte Kapitel enthält einige Schlussbemerkungen.

Einem großen Teil der Ausführungen liegt englischsprachige Fachliteratur zugrunde. Die dort verwendeten Fachbegriffe werden mitunter parallel verwendet (z. B. emotionale Ortsverbundenheit und place attachment) oder beibehalten (z. B. Mystery), um nicht treffsichere Übersetzungen auszuschließen.

Grundlegendes zum Wohnen 2

Ein Urmotiv aller Lebewesen ist, sich vor den Bedrohungen zu schützen. Aus den Schutz bietenden Höhlen und Hütten ist im Laufe der Menschheitsgeschichte eine hoch komplexe Wohnumwelt geworden, die außer dem Streben nach Sicherheit noch viele weitere Bedürfnisse befriedigt. Die fatalen Auswirkungen von Wohnungslosigkeit führen die existentielle Bedeutung der Wohnung für den Menschen vor Augen. Das weite Spektrum bestehender Wohnformen zeigt, dass diese Bedürfnisse auf unterschiedliche Weise befriedigt werden können. Die heutige Vielfalt an Wohn- und Lebensformen ist Ausdruck einer individualisierten Gesellschaft.

2.1 Das schützende Refugium

Ein primäres Motiv des Menschen ist das Streben nach Sicherheit und Geschützt sein. Behausungen, Hütten und Häuser bieten den Menschen Schutz und das Gefühl von Sicherheit. Dass die Schutzfunktion der Behausung einen biologischen Ursprung hat, zeigen die Höhlen und Nester von Tieren. Das Gebaute schützt vor Wind, Regen, zu viel Sonneneinstrahlung, Schnee, Kälte und Hitze und vor Bedrohungen durch Tiere und feindlich gesinnte Mitmenschen, und es erleichtert die Aufzucht des Nachwuchses. Das Dach bietet und symbolisiert Schutz (Abb. 2.1).

Baumhäuser schützen vor wilden Tieren; Deiche und Warften sind ein Schutz gegen Sturmfluten. Über den physischen Schutz hinaus bieten Häuser Geborgenheit und das Gefühl, dass einem nichts Böses widerfahren und man auch Naturkatastrophen überstehen kann. Legendär ist die Geschichte von Noah, der ein gewaltiges Schiff baute, um einige auserwählte Menschen und Tiere vor der großen Flut zu retten und zu beherbergen. Der nach 40 Regentagen am

© Springer Fachmedien Wiesbaden GmbH, ein Teil von Springer Nature 2020
A. Flade, *Wohnen in der individualisierten Gesellschaft,*
https://doi.org/10.1007/978-3-658-29836-4_2

Abb. 2.1 Haus aus der Eisenzeit (Nachbau im Archäologischen Areal auf Amrum)

Himmel erscheinende Regenbogen war ein Zeichen, dass die Sintflut abebbte und man an Land gehen konnte. Nach wie vor löst die Himmelserscheinung des Regenbogens, einer Brechung des Sonnenlichts durch Wassertropfen, positive emotionale Reaktionen aus. Der Regenbogen ist ein Zeichen, dass die Regenflut vorbei ist und ein Unwetter nicht mehr zu befürchten ist (Abb. 2.2).

Auch das Schiff selbst dient als Symbol. In der Legende von Noah symbolisiert es das Schutz bietende Refugium (Abb. 2.3).

Nicht nur Sturmfluten und andere Naturkatastrophen können tödlich sein, auch eine weite unwirtliche unbesiedelte Landschaft birgt Gefahren in sich. Ein Haus inmitten dieser Leere ist ein Zufluchtsort, der vor einer möglicherweise feindlichen Außenwelt schützt (Abb. 2.4).

Das Sicherheitsbedürfnis gehört zu den existentiellen Grundbedürfnissen. Die Stärke dieses Bedürfnisses ist jedoch individuell unterschiedlich. Als Grund eines hohen Sicherheitsanspruchs hatte Hofstätter (1960) die Angst gesehen, „die in vielfachen Erscheinungsformen das Leben des Modernen durchwirkt. … Was wir naiv erstreben, ist ein Zustand der Geborgenheit im Bewusstsein des „Mir kann nichts geschehen", ein Schlaraffenland also. Es böte uns völlige Sicherheit, dafür aber keinesfalls einen Rahmen zum echten Handeln … im Schlaraffenland gibt es

Abb. 2.2   Ein doppelter
Regenbogen über einem
Haus

Abb. 2.3   Die Arche
Noahs (Mittelalterliche
Darstellung in der Kirche in
Tetenbüll/Eiderstedt)

Abb. 2.4 Haus in menschenleerer Landschaft (Foto Cornelia Kahl)

keine Angst; ein köstlicher Wunschtraum, der sich freilich als eine Ausgeburt der Angst durchschauen lässt" (S. 14 f.). Für Menschen, die ihr Zuhause mit einem Schutzwall versehen, trifft der Spruch zu: „My home is my castle" (Billig 2006).

2.2   Struktur der Wohnumwelt

Wie sich das Wohnen gestaltet, hängt nicht allein von der Wohnung, sondern immer auch von der Wohnumgebung ab. Die Wohnumwelt, bestehend aus Wohnung und Wohnumgebung, ist der alltägliche Lebensraum, der Innen- und Außenräume sowie den Übergang zwischen beiden Bereichen umschließt. Über das Räumliche hinausgehend hat Lewin (1936) den Lebensraum (die Wohnumwelt) definiert als den Ausschnitt der physischen Umwelt, der für das wahrnehmende und handelnde Individuum von Bedeutung und zugleich dessen Repräsentation ist. Hier klingt bereits an, dass die Wohnumwelt nicht nur eine objektiv physische, sondern eine *erlebte* Umwelt und damit eine Mensch-Umwelt-Beziehung ist. Der englische Begriff für den alltäglichen Lebensraum ist „Home Range" (Porteous 1977). Der Home Range ist das Insgesamt aus Wohnung, der Home Base, den Zielorten und den Wegen dorthin (Abb. 2.5).

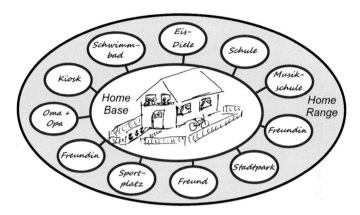

Abb. 2.5 Home Range eines Kindes, schematisiert

Im Home Range befinden sich verschiedene Zielorte, die von den Bewohnern aufgesucht werden müssen oder zu denen sie hin wollen. Gelebt wird nicht nur in den „eigenen vier Wänden", der gesamte Home Range ist Wohnumwelt. Wie weit sich dieser erstreckt, ist individuell unterschiedlich. Dagegen sind die Grenzen der Home Base leicht auszumachen.

> „Wohnungen sind nach außen abschließbare, zu Wohnzwecken in der Regel zusammenhängende Räume, die das Führen eines eigenen Haushalts ermöglichen" (Datenreport 2018, S. 219).

Fuhrer und Kaiser (1993, 1994) haben die Wohnumwelt definiert als den vom Menschen insgesamt genutzten Raum, Harloff und Ritterfeld (1993) als den subjektiv bedeutsamen Außenraum, mit dem sich die Bewohner emotional verbunden fühlen, den sie in Gebrauch nehmen und für ihre persönlichen Zwecke nutzen. Nach Amérigo und Aragonés (1997) ist die Reichweite der Wohnumgebung subjektiv, sie ergibt sich durch den individuellen Eindruck des Menschen: „Dies ist meine Welt". Bestimmende Faktoren sind somit sowohl die Nutzung als auch die emotionale Verbundenheit mit der Umwelt.

Martha Muchow hat in den 1930er Jahren die Wohnumwelt von Großstadtkindern untersucht, wobei sie diese in einen Spiel- und einen Streifraum

Abb. 2.6 Obligatorischer Spielplatz in Hausnähe

unterteilt hat (Muchow und Muchow 1935)[1]. Der Spielraum ist der häufig aufgesuchte vertraute Nahbereich. Der nur hin und wieder besuchte Streifraum, in
dem noch Unbekanntes zu finden ist, reicht weiter. In ihrer Untersuchung sollten
11-jährige Kinder im Stadtteil Barmbek in Hamburg auf Stadtplänen die für sie
wichtigen Orte und die Straßen, die sie gut kennen (Spielraum), und in einer
anderen Farbe die Straßen, die sie ab und zu aufsuchen (Streifraum), markieren.
Im Streifraum kommt es auf Eigeninitiative an und auf die Bereitschaft, sich mit
neuen Anforderungen auseinander zu setzen. Muchow stellte fest, dass zwar der
Spielraum bei 11-jährigen Mädchen und Jungen ähnliche Ausmaße hat, nicht
jedoch der Streifraum, der bei den Jungen ausgedehnter ist. In den 1930er Jahren
waren Jungen offensichtlich wagemutiger als Mädchen.

Wohnumgebungen in den Städten sind heute, Jahrzehnte später, sowohl für
Jungen als auch für Mädchen kaum mehr als Streifräume geeignet, mitunter ist
sogar der Spielraum nur knapp bemessen (Abb. 2.6).

---

[1]Die erste Ausgabe des „Lebensraums des Großstadtkindes" hat 1935 posthum Martha
Muchows Bruder Hans Heinrich herausgegeben. Weithin bekannt wurde die Untersuchung
erst 1978 durch Jürgen Zinnecker, der für eine Neuausgabe gesorgt hatte.

Hart (1979) hat die Wohnumwelt von Kindern auf andere Weise unterteilt: Als Free Range definierte er denjenigen Bereich, den Kinder unbegleitet und eigenständig aufsuchen können, in dem sie autonom agieren und Eigeninitiative und Kreativität entwickeln können. Der Free Range ist ein nicht von Erwachsenen kontrollierter Raum. Der „range with permission" umfasst die Orte, die das Kind allein aufsuchen kann, wobei es jedoch vorher um Erlaubnis fragen muss. Der „range with permission with other children" und schließlich der „range with related adults" sind Bereiche, zu denen das Kind nur zusammen mit anderen Kindern oder in Begleitung Erwachsener gehen darf.

Ein Kinderspielplatz direkt am Haus ist zwar als *Free* Range gedacht, doch wie frei der Bereich wirklich ist, hängt von den Nutzungsvorschriften ab. Auch wenn in den Bauordnungen die Errichtung eines Kinderspielplatzes bei Gebäuden mit mehreren Wohnungen vorgeschrieben ist, bedeutet das noch nicht, dass dort frei gespielt werden kann (vgl. Abb. 2.6).

Des Weiteren hängen die Spielmöglichkeiten für Kinder von der Hausform ab. Wie Mundt (1980) und Oda et al. (1989) empirisch nachgewiesen haben, ist der Free Range von Kindern im Vorschulalter, die in den oberen Stockwerken von Hochhäusern wohnen, reduziert. Sie halten sich seltener draußen auf und treffen demzufolge auch seltener mit Gleichaltrigen zusammen als Kinder, die weiter unten im Hochhaus wohnen.

Gebaute Umwelten unterscheiden sich in ihrer Größenordnung (scale). Moore et al. (1985) haben zwischen Mikro-, Meso- und Makroumwelten differenziert. Eine ähnliche Kategorisierung stammt von Fornara et al. (2010):

> „The research literature on psychological responses to residential environments has focused on different geographic levels underlying the term residential …, that is (from micro to macro), home, residential complex or block, neighborhood, and town/city" (Fornara et al. 2010, S. 172).

Was jeweils Mikro- bzw. Makroumwelt ist, ist relativ; es ist keine absolute Kategorie. Für die wohnenden Menschen ist die geographische Makroumwelt meistens die Stadt oder Region.

Eine nicht-geographische Einteilung stammt von Bronfenbrenner (1996), der zwischen vier *Systemen,* dem Mikro-, Meso-, Exo- und Makrosystem unterschieden hat. Das Mikrosystem ist der ein Individuum direkt umgebende Lebensbereich mitsamt den darin stattfindenden sozialen Interaktionen, das Mesosystem umfasst das Beziehungsgefüge zwischen verschiedenen Lebensbereichen, bei einem Kind z. B. zwischen Wohnung und Schule. Das Exosystem ist ein übergreifendes Beziehungsgeflecht. Ein Beispiel ist der Arbeitsplatz der Eltern, der

Zeitmuster vorgibt und damit auch den Lebensalltag des Kindes bestimmt. Das alles übergreifende Makrosystem stellt die Gesellschaft mitsamt ihren sozialen Normen, Werten, Ideologien und Weltanschauungen dar. Die Systeme sind ineinander verschachtelt, d. h. was sich im Mikrosystem abspielt, wird von den übergeordneten Systemen beeinflusst.

In den umweltpsychologischen Lehrbüchern (Bell et al. 2001; Gifford 2007) wird die Wohnumwelt neben die Lern-, Arbeits-, Freizeit- und Verkehrsumwelt als Teilbereich des gesamten Lebensraums des Menschen gestellt. Die einzelnen Teilbereiche werden durch die Art der Aktivitäten definiert. So ist die Wohnumwelt der Teilbereich, in dem Tätigkeiten wie Ausruhen, Schlafen, Kochen, Essen, Fernsehen, Klavier üben, Zeitung lesen usw. stattfinden. Die Wohnumwelt ist hier ein Setting (Umweltausschnitt) unter anderen Settings. Bei einer behavioristischen Definition, Umweltbereiche allein durch das dort stattfindende Verhalten zu kategorisieren, tritt die Besonderheit der Wohnumwelt gegenüber anderen Umwelten nicht zutage.

Dass Wohnumwelten jedoch nicht nur ein Setting unter anderen Settings sind, zeigt sich, wenn man das Konzept der Territorialität heran zieht.

„Territoriality can be viewed as a set of behaviors and cognitions a person or group exhibits, based on perceived ownership of physical space" (Bell et al. 2001, S. 276).

Verglichen mit anderen Umwelten ist die Wohnumwelt ein primäres Territorium, zu dem allein die Bewohner zugangsberechtigt sind. Wer die Verfügungsmacht über einen Raum besitzt, kann andere ausschließen und von sich fern halten; er kann entscheiden, was darin stattfindet und was nicht. Der Zugangsberechtigte kann die Umwelt kontrollieren, deren Ressourcen nutzen und die Umwelt nach eigenen Vorstellungen gestalten. Die Wohnung als primäres Territorium zeichnet sich gegenüber allen anderen Umwelten durch ein hohes Maß an individueller Kontrolle aus. Es ist der Bereich, der angeeignet und personalisiert werden kann. Ein primäres Territorium ist in diesem Sinne ein Ort persönlicher Freiheit.

Territoriales Verhalten hat zwar einen biologischen Ursprung. Die Kontrolle knapper Ressourcen durch Abstecken, Markieren und Verteidigen von Räumen ist Instinkt gesteuert, wie man bei Tieren beobachten kann. Territoriales Verhalten beim Menschen ist nicht mehr nur biologisch determiniertes, sondern kulturell überformtes Verhalten (Brown 1987).

Kriterien für die Einteilung der Umwelt in primäre, sekundäre und tertiäre (öffentliche) Territorien sind (Brown 1987; Werner und Altman 1998):

- das ausschließliche Nutzungsrecht
- die Dauer der Inanspruchnahme
- die persönliche Bedeutung
- das Ausmaß der Personalisierung
- Reaktionen auf Grenzverletzungen.

Die eigene Wohnung ist das typische primäre Territorium, über das ein Mensch oder eine Gruppe relativ dauerhaft verfügt. Das ausschließliche Nutzungsrecht ermöglicht ein hohes Maß an Personalisierung. Sekundäre Territorien umfassen ein weites Spektrum verschiedenartiger Umwelten für unterschiedliche Gruppen, denen gemeinsam ist, dass sie für eine bestimmte Zeitspanne sowie bestimmte Zwecke genutzt werden. Beispiele sind Bibliotheken, Spielplätze für bestimmte Altersgruppen wie z. B. für 6- bis 12-Jährige, Kindertagesstätten, Gemeinschaftsräume in Wohnanlagen, Clubräume und Sportstätten. Es sind Räume, zu denen die dazu berechtigten Personen Zugang haben, z. B. weil sie einen Bibliotheksausweis besitzen oder Mitglied in dem Verein sind. Öffentliche Territorien sind Umwelten wie öffentliche Plätze, Cafes, Läden und Parks usw., zu denen jeder Zutritt hat.

In Tab. 2.1 werden die drei Arten von Territorien anhand von drei Kriterien: Dauer der Inanspruchnahme, Ausmaß der Personalisierung und Verteidigungsbereitschaft, noch einmal vorgestellt.

Wohnumwelten unterscheiden sich von allen anderen Umwelten durch ihren primär-territorialen Anteil, nämlich die Wohnung. Die territoriale Struktur der Wohnumgebung ist indessen je nach Art der Bebauung, dem Gebäudetyp und

Tab. 2.1 Arten von Territorien und Verhalten (Ausschnitt aus Hellbrück und Fischer 1999, S. 337)

Territorium	Dauer der Besetzung	Ausmaß der Personalisierung/Verteidigung
Primär	Fortgesetzt	Starke Personalisierung, unerlaubtes Eindringen Fremder wird als schwerer Verstoß angesehen
Sekundär	Vorübergehend	Begrenzte Personalisierung während der Nutzung, zeitlich begrenzte Verteidigung
Öffentlich (tertiär)	Kurzzeitig	Keine Personalisierung, geringe Verteidigungsbereitschaft

der Siedlungsform unterschiedlich. Ein privater Garten ist primäres, ein Gemeinschaftsgarten sekundäres Territorium. Der Bereich zwischen Häuserzeilen ist, sofern es kein öffentlicher Durchgangsweg ist, sondern nur die in den Häusern Wohnenden Grund haben, sich dort aufzuhalten, sekundäres Territorium. Wie konfliktfrei sich das Zusammenleben mit anderen Bewohnern, den Nachbarn, gestaltet, hängt von dem territorialen Gefüge ab. „Territorial functioning" bezeichnet eine differenzierte intakte räumliche Struktur, bei der unterschiedliche Arten von Territorien in einem ausgewogenen Verhältnis zueinander stehen und ein Konsens über deren Zugänglichkeit, Nutzungsrecht und Nutzungsart besteht (Taylor 1980).

„Territoriality refers to the legitimate users' sense of ownership or appropriation which reduces the opportunities for offending by discouraging illegitimate users … and explains the overlaps between this concept and others (e. g., access control and surveillance). Territoriality aims to eliminate unassigned spaces and ensure that all spaces have a clearly defined and designated purpose" (Montoya et al. 2016, S. 519).

Wohnumwelten „funktionieren", wenn zwischen verschiedenen Territorien differenziert wird, wobei insbesondere sekundäre Territorien unverzichtbar sind.

Auf solche Differenzierungen hat der Philosoph Heidegger bei seiner Definition des Wohnens gänzlich verzichtet. Er sah die gesamte Erde als Wohnumwelt an, was er damit begründete, dass Wohnen die Art und Weise ist, wie Menschen auf der Erde sind (vgl. Flade 2006). Heidegger hatte dabei offensichtlich nicht den einzelnen Menschen im Blick, der jeweils nur einen winzigen Ausschnitt der Erdoberfläche bewohnt, sondern die gesamte Menschheit, die sich überall auf der Erde Lebensräume geschaffen hat. Es ist eine anthropologische, keine psychologische Definition von Wohnen.

2.3 Bedeutungen von Wohnen

Das Wort „Wohnen" hat seinen Ursprung im Mittelhochdeutschen, das bis ins 14. Jahrhundert hinein gesprochen wurde. Es war die Bezeichnung für bleiben, verharren, verweilen, sich aufhalten, sich befinden. Zum Stichwort „wohnlich" hieß es im Wörterbuch von Grimm und Grimm (1960): für den menschlichen Aufenthalt geeignet, einladend, behaglich, traulich, heimlich, warm, gewöhnlich, üblich (Bd. 30, S. 1207 ff.). Wohnen ist somit ein Sammelbegriff für Verweilen und Bleiben, Behaglichkeit und Geruhsamkeit, Sicherheit und Geborgenheit.

Sesshaftigkeit erleichtert es dem Menschen, seinen Alltag räumlich und zeitlich zu strukturieren, was ihm ermöglicht, entlastende Verhaltensroutinen zu entwickeln und anzuwenden und auf diese Weise frei zu werden, um anderes zu tun.

Der Begriff „Heimat" ruft Assoziationen an eine weitreichende emotionale Verbundenheit mit einer Herkunftsregion, in der man gewohnt hat oder immer noch wohnt, hervor. Heimat leitet sich von Heim ab, wobei Heim für Haus, Wohnort, Aufenthaltsort, Ort, wo man sich niederlässt, steht. Im 19. Jahrhundert war Heimat ein Privileg und ein Gegenstand des Rechts: „Heimat nennt man denjenigen Ort, wo jemand sesshaft ist und wo ihm … Aufenthalt und Armenpflege gewährt werden muss" (Conversationslexikon 1866). Zwei Jahrzehnte später lautete die Definition: „Heimat, Bezeichnung für den Geburtsort, auch für den Ort, wo jemand sein Heim, d. h. seine Wohnung hat. In der Rechtssprache versteht man unter H. die Ortsangehörigkeit oder Gemeindeangehörigkeit einer Person" (Meyers Konservations-Lexikon 1887). Heute bezeichnet man mit Heimat einen Ort, mit dem ein Mensch emotional räumlich, soziokulturell und durch die eigene Geschichte verbunden ist. Es ist eine Region, aus der man stammt und die dadurch auch mit der persönlichen Vergangenheit verknüpft ist. Heimat beinhaltet die seit der Kindheit oder seit vielen Generationen bestehende Verbundenheit mit einem Land, mit dessen Kultur und Geschichte. Wird Heimat so verstanden, dann ist für Migranten das Aufnahmeland nicht die Heimat. Es kann jedoch im Laufe der Zeit eine *neue* Heimat werden[2]. Wie Boesch (1998) ausgeführt hat, kann es nur dann eine Heimat geben, wenn auch das Gegenteil, nämlich die Fremde, existiert. Für einen Menschen, der sich als „Weltbürger" und frei von örtlichen Bindungen versteht, haben die Kategorien Heimat und Fremde keine nennenswerte Bedeutung. Für Migranten ist das Aufnahmeland die Fremde.

Grundelement ist das Bleiben, wobei zunächst noch offen ist, wie lange man bleiben muss, um es als Wohnen bezeichnen zu können. Der Aufenthalt kann kürzer oder länger sein, sodass sich die Frage stellt, ab welcher Dauer eigentlich das Wohnen anfängt. Die Übernachtung in einem Hotel ist in den meisten Fällen kein Wohnen, doch wenn es sich um einen längeren Aufenthalt, einen „extended stay", handelt, ist die Antwort weniger klar: Ist das schon Wohnen?

---

[2]Der größte nicht staatliche Wohnungsbaukonzern in Europa in der Nachkriegszeit, vom Deutschen Gewerkschaftsbund 1950 gegründet, nannte sich „Neue Heimat" (Landeszentrale für politische Bildung Hamburg 2019). Ziel war, die extreme Wohnungsnot nach dem Krieg zu beseitigen und den obdachlos gewordenen Menschen eine neue Heimat zu verschaffen.

Temporäres Wohnen ist zeitlich begrenztes Wohnen oder auch lediglich ein Beherbergen. Die Unterscheidung zwischen Wohnen und Beherbergen bzw. einem Miet- und einem Beherbergungsvertrag ist normativ[3], ob ein längeres Bleiben an einem Ort als Wohnen erlebt wird, ist subjektiv. D. h. objektive Festlegungen, die Wohnen mit Blick auf die Dauer des Bleibens an einem Ort definieren, müssen nicht mit dem Erleben übereinstimmen.

Ein Ort, an dem man längere Zeit verweilt und bleibt, wird einem vertraut. Man kennt sich dort aus und kann sich in der Umgebung mühelos zurechtfinden. Und man entwickelt eine mehr oder weniger ausgeprägte gefühlsmäßige Beziehung zu diesem Ort. Diesen letzteren Aspekt hat Saegert (1985) in ihrer Definition als Kernelement des Wohnens hervorgehoben:

> „Dwelling is the most intimate of relationships with the environment" (Saegert 1985, S. 288).

Die Konzeption von Wohnen als Mensch-Umwelt-Beziehung macht es leicht, die Bedeutung der Umweltbedingungen für das Wohnen zu erkennen. Dass Mensch-Umwelt-Beziehungen grundsätzlich *wechselseitig* sind, auch wenn je nach Situation die eine oder andere Wirkrichtung dominiert, zeigt sich daran, dass das längere Bleiben an einem Ort sowohl den Ort als auch den Menschen verändert. Die personalisierte Wohnung sieht anders aus als die Wohnung vor dem Einzug (vgl. Abb. 2.7). Wohnen als räumliches Orientiert sein, als behagliches Verweilen und Sich geborgen und zu Hause fühlen an einem Ort, den man sich zu eigen gemacht hat, ist Ergebnis fortwährender Wechselbeziehungen. Eine angeeignete Umwelt ist ein persönliches Werk, in dem man sich selbst wiederfindet.

Ein längeres Verweilen schafft Kontinuität. Es können sich räumliche und zeitliche Ordnungsstrukturen herausbilden, die das Alltagsleben erleichtern[4]. Der gleichbleibende Ort ist ein Fixpunkt, der eine soziale und kulturelle Einbindung ermöglicht (Dovey 1985).

Wie wichtig diese soziale und kulturelle Einbindung ist, lässt sich aus der Bindungstheorie von Hirschi (1969) ableiten, die besagt: Soziale und ört-

---

[3]Für Hotels, Pensionen, Ferienwohnungen oder Gemeinschaftsunterkünfte gelten die Grundsätze einer Beherbergung.

[4]Hier ist das Phänomen des Entrümpelns und der Befreiung von allzu vielen Dingen zu erwähnen. Es hat sich soviel in der Wohnung angesammelt, dass es immer schwerer fällt, Ordnung herzustellen.

Abb. 2.7 Vom House zum Home (Grafik von Niels Flade)

liche Bindungen geben dem Menschen Halt, was ihn davon abhält, eigennützig, unsozial und kriminell zu handeln. Deshalb hat Hirschi seine Theorie
auch als „control theory of delinquency" bezeichnet. Es sind vier Arten von
Mensch-Umwelt-Beziehungen, die den Menschen von unerwünschtem Tun
abhalten:

- attachment: Anbindung, emotionale Bindung an Bezugspersonen,
- commitment: Einverständnis, Akzeptanz von Normen und Regeln,
- involvement: sich für soziale Belange engagieren, Eingebundensein in
  gemeinschaftliche Aktivitäten,
- belief: Normen, Werthaltungen, Überzeugungen.

Ein fester Ort, an dem andere Menschen, die einem vertraut und wichtig sind, wohnen, fördert attachment. Es bedeutet, dass man die dort geltenden sozialen Regeln und Normen akzeptiert, dass man sich für seine Umwelt interessiert und bereit ist, sich für gemeinsame Belange wie die Erhaltung von Grünflächen, die zu Baugrundstücken werden sollen, einzusetzen. Die Komponente „belief" bezeichnet die moralische Basis, das System von Werten und Überzeugungen, die nicht infrage gestellt werden und über die man sich in der Gruppe Gleichgesinnter einig ist.

Wohnen als enge Mensch-Umwelt-Beziehung beinhaltet physische, psychologische und soziale Transaktionen, über die Menschen ihre Wohnumwelt gestalten und in ein Zuhause verwandeln, über die sie ihr alltägliches Leben und ihre sozialen Beziehungen organisieren, über die sie sich verorten und ihrem Leben Sinn und Bedeutung verleihen. Den Anfang solcher Transaktionen repräsentiert das fertig gestellte leere Haus bzw. die bezugsfertige leere Wohnung; das Ergebnis ist das Zuhause, die in Besitz und Gebrauch genommene persönlich bedeutsame Wohnumwelt (Boesch 1998). Diese personalisierte Wohnumwelt ist das Home (Bechtel 1997; van der Klis und Karsten 2009). Der Unterschied zwischen dem House, der soeben fertig gestellten noch nicht in Gebrauch genommenen gebauten Umwelt, und dem Home, dem Zuhause, wird in Abb. 2.7 veranschaulicht.

In welchem Ausmaß Umwelteinflüsse das Wohnen bestimmen und die Wohnenden prägen, ist den Bewohnern meistens nicht bewusst, denn Wohnen ist etwas Alltägliches, nichts Außergewöhnliches und Spektakuläres, das die Aufmerksamkeit auf sich ziehen würde. Diese Alltäglichkeit ist mitunter ein Hindernis, indem die Bedeutung des Wohnens für die Menschen in der Wohnbauarchitektur zu wenig Beachtung findet. Man denkt kaum nach über Gewohntes. Was jedoch das Gewohnte für den Menschen bedeutet, zeigen die Folgen, wenn es wegfällt, weil man umgesiedelt wurde oder fern von seinem Zuhause unter Heimweh leidet oder weil man obdachlos geworden ist. Genau hier tritt zutage, was Bunston und Breton (1992) als „the home's situating property" bezeichnet haben.

Weniger konkret hat Moore (2000) das Zuhause umschrieben als „an abstract signifier of a wide set of associations and meanings" (S. 208). Die Konzepte Privatheit, Sicherheit, Ortsverbundenheit, Aktivitäten, soziale Beziehungen, Identität, Ordnung und Kontinuität, die in Tab. 2.2 aufgelistet sind, liefern ein Raster, um diesen „wide set of associations and meanings" zu fixieren und zu ordnen.

Das Zuhause bietet Schutz und Sicherheit, Privatheit und Rückzug, Regeneration und Stressabbau, Umweltaneignung und Selbstdarstellung, räumliche und zeitliche Ordnung, örtliche und soziale Verbundenheit, Kontinuität und Identität, es ist Träger von Erinnerungen. Die Ordnung und die feste Struktur

Tab. 2.2 Bedeutungen von Wohnen in Stichworten

Konzept	Spezifizierungen
Privatheit	Privatheit (Smith 1994), Privatheit, Rückzug (Tognoli 1987; Aragonés et al. 2002), Rückzugsort, Erholung, Regeneration (Cooper Marcus 1995), Abschirmung, Privatheit (Bunston und Breton 1992), Ort der Privatheit (Weichhart und Rumpholt 2015)
Sicherheit	Verlässlicher Besitz (Tognoli 1987), Schutz (Aragonés et al. 2002, Weichhart und Rumpholt 2015), geschützter Raum, Sicherheit, Geborgenheit, Gefühl des Umsorgt seins (Cooper Marcus 1995), Refugium, Sicherheit (Bunston und Breton 1992), Sicherheit (Scharp et al. 2016)
Ortsverbundenheit	Ortsverbundenheit (Tognoli 1987), affektive Bindungen an Orte (Cooper Marcus 1995), räumliche Verortung (situating property) (Bunston und Breton 1992), Lieblingsorte, gefühlsmäßiges Erleben (Scharp et al. 2016)
Aktivitäten	Aneignung, Personalisierung (Smith 1994), Gelegenheit für bestimmte Aktivitäten (Scharp et al. 2016)
Soziale Beziehungen	Soziokulturelle Einbindung (Tognoli 1987), soziale Netzwerke (Smith 1994), Ort sozialer soziale Interaktionen (Aragonés et al. 2002), Verbundenheit mit der soziokulturellen Umwelt (Dovey 1985), soziale Beziehungen (Bunston und Breton 1992), Familie, Freunde (Scharp et al. 2016), Ort engster Sozialkontakte (Weichhart und Rumpholt 2015)
Identität	Identität, Selbstdarstellung, Zentralität (Tognoli 1987), Identität (Smith 1994; Dovey 1985), Identität, Ausdruck des sozialen Status (Aragonés et al. 2002), Orts-Identität (Bunston und Breton 1992)
Ordnung	Räumliche und zeitliche Ordnung (Dovey 1985; Bunston und Breton 1992), Normalität, Routinen (Scharp et al. 2016), Strukturierung und Organisation der alltäglichen Lebenspraxis, Aufbewahrungsort (Weichhart und Rumpholt 2015)
Kontinuität	Kontinuität (Tognoli 1987), Kontinuität, Erinnerungen an das Zuhause der Kindheit (Smith 1994), affektive Bindungen an frühere Wohnumwelten, Träger von Erinnerungen (Cooper Marcus 1985), Verbundenheit mit der eigenen Vergangenheit und Zukunft (Dovey 1885), persönliche Entwicklung (Bunston und Breton 1992)

des Alltagslebens wirken entlastend, denn gewohnte Abläufe müssen nicht immer wieder neu überlegt werden (Dovey 1985). Die soziokulturelle Ordnung beruht auf sozialen Normen, die übernommen und internalisiert werden. Von

Abb. 2.8 Restflächennutzung: Sitzecke in einem Flur

den im Prinzip möglichen Wohnformen werden diejenigen realisiert, die mit
den kulturellen Aktivitäten und Normen im Einklang sind. Die Wohnumwelt ist
so Teil der kulturellen Identität. Es ist der Umweltbereich, der eine kontinuierliche Lebensführung ermöglicht. Durch das Wohnen ist der Mensch mit seiner
Vergangenheit und Zukunft, mit der physischen Umwelt, mit anderen Menschen
und der Gesellschaft verbunden. Über das Zuhause als einem Ort, der an frühere
Lebensphasen erinnert, wird die Verbindung mit der eigenen Vergangenheit hergestellt.

Die Wohnung ist auch Aufbewahrungsort. Bestimmte Dinge und Sachen
braucht man nicht täglich. Oder man möchte sie behalten, weil sie einem
persönlich wertvoll und mit Erinnerungen verbunden sind oder, weil man sie
später wieder brauchen könnte. Kellerräume sind in dieser Hinsicht wichtige
Nebenräume. Es sind nutzungsoffene Räume mit einem hohen Gebrauchswert
(Fritz-Haendeler 1985). Auch „Restflächen", sofern sie nicht zu klein sind, sind
vielfältig nutzbar (Abb. 2.8).

Easthope (2004) und Graham et al. (2015) haben „home" definiert als Ort,
der mehr ist als ein place, nämlich „a particularly significant type of place"

(Easthope 2004, S. 136) bzw. „a unique place where a person's past, present, and future selves are reflected and come to life" (Graham et al. 2015, S. 346). Die Differenzierung zwischen place und home in Form einer expliziten Hervorhebung als „particularly significant" und als „a unique place" unterstreicht die Bedeutung des Wohnens als „the most intimate of relationships with the environment" (Saegert 1985, S. 288).

Die Liste der Bedeutungen des Wohnens lässt sich überprüfen, wenn man Vergleiche zwischen dem (primären) Zuhause und einer aus beruflichen Gründen angeschafften Zweitwohnung (commuter residence) anstellt. Van der Klis und Karsten (2009) sind dabei von einem Kontinuum mit drei Stufen: space, place und home, ausgegangen. Ein Space ist ein unpersönlicher neutraler Raum mit rein instrumenteller Bedeutung; ein Place ist ein Ort, mit dem sich ein Mensch emotional verbunden fühlt, ein Home ist ein besonderer Place, an den die Bindung sehr eng ist. Die Zweitwohnung ist dann ein Home, wenn man sie aneignen und dort vieles machen und wenn man dort sozial eingebunden ist.

Die Bedeutungen des Wohnens lassen sich des Weiteren erschließen, wenn man einen Blick auf die Bedürfnisse des Menschen wirft, zu deren Befriedigung die Wohnumwelt wesentlich beiträgt, des Weiteren, wenn man die Folgen von Wohnungslosigkeit analysiert und wenn man die kulturellen Einflüsse auf das Wohnen untersucht.

2.4 Bedürfnisse

Bedürfnisse sind wie Motive ein Motor und Richtungsgeber des Handelns und ein Konstrukt, mit dem erklärt wird, warum sich Menschen in einer bestimmten Weise verhalten. Der Mensch handelt zum einen, um Mangelzustände zu beseitigen (Homöostase-Prinzip), und zum anderen, um sich persönlich weiter zu entwickeln und psychisch zu wachsen (Wachstumsprinzip). Um seine Existenz zu sichern, muss sich der Mensch Nahrung verschaffen und mit Gefahren, die seine Existenz bedrohen, fertig werden. Es sind existentielle Bedürfnisse, die nach dem Homöostase-Prinzip funktionieren. Sie werden in dem hierarchischen Modell von Maslow (1954), der Bedürfnispyramide, auf den unteren Stufen der Pyramide lokalisiert. Auf dieses aus den 1950er Jahren stammende Modell wird in der Motivationspsychologie nach wie vor Bezug genommen (Heckhausen und Heckhausen 2010; Myers 2014). Basisbedürfnisse sind das Verlangen nach Nahrung, Schutz vor Kälte und Hitze, Wärme, Licht, Ruhe, Erholung, Schlaf und Schmerzfreiheit sowie das Bedürfnis nach einer sicheren, beständigen, überschaubaren und vertrauten Umwelt (Abb. 2.9). Auf den höheren Ebenen sind die sozialen

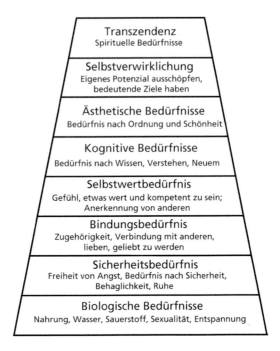

Abb. 2.9 Bedürfnispyramide von Maslow (Myers 2014, S. 441)

Bedürfnisse nach Zusammensein, Zugehörigkeit und Kommunikation sowie die Ich-Bedürfnisse nach einem positiven Selbstbild, nach Anerkennung und Ansehen angesiedelt. Auf der Spitze der Pyramide befinden sich die Wachstumsbedürfnisse. Die Bezeichnung „*Wachstum*sbedürfnisse" rührt daher, dass sie im Prinzip – ganz anders als die Mangelbedürfnisse – unerfüllbar sind. Es ist nie genug, man möchte immer mehr.

Die zentrale Annahme des *hierarchischen* Modells ist, dass immer erst die fundamentaleren Bedürfnisse befriedigt sein müssen, ehe die „höheren" Bedürfnisse überhaupt in den Sinn kommen können. Das Stufenmodell kann erklären, warum Menschen mit existentiellen Sorgen keinen Sinn für „Höheres" haben können. Die Bedeutung der Wohnung rührt auch daher, dass sie der Ort ist, an dem die existentiellen Bedürfnisse erfüllt werden können, sodass man sich „Höherem" widmen kann. Die Außenwelt mag bedrohlich und voller Gefahren sein, das Haus bietet Schutz. Man muss es nur erreichen (Abb. 2.10).

Der Mensch trachtet zuerst einmal danach, sein Bedürfnis nach Nahrung zu stillen, und sein Sicherheitsbedürfnis zu befriedigen. Die Bedürfnisse auf den

unteren Ebenen entstehen durch Mangelzustände, die der Mensch bestrebt ist
zu beheben. Sie hören dem Homöostase-Prinzip entsprechend auf zu existieren,
sobald sie erfüllt sind. Das Bedürfnis nach Sicherheit erlischt, wenn man sich
in seiner Wohnung sicher fühlt. Der Einbau von Sicherheitsschlössern oder der
Umzug in eine bewachte Wohnanlage sind Mittel, um das Sicherheitsbedürfnis zu
befriedigen.

Bedürfnisse werden während des Hineinwachsens in eine Gesellschaft soziokulturell überformt. Ein Beispiel: Während das Bedürfnis, Nahrung zu sich zu
nehmen, angeboren ist, ist das Bedürfnis nach einem bestimmten Nahrungsmittel
erworben. Wo lassen sich nun die Wohnbedürfnisse des Menschen einordnen?
Es sind zum einen Bedürfnisse, die sich prinzipiell auch in anderen Lebensbereichen, z. B. in der Freizeit oder im Beruf, befriedigen lassen, zum anderen
sind es wohnspezifische Bedürfnisse. Diese beiden Formen lassen sich zwar
theoretisch auseinanderhalten, im individuellen Wohnerleben und dem Wohnalltag sind sie jedoch nicht zu trennen. Beispielsweise kann sich das Bedürfnis
nach sozialer Anerkennung, persönlicher Geltung und einem positiven Selbstbild
in unterschiedlicher Weise artikulieren, etwa durch Anschaffung teurer Möbel.
Die kostbaren Stücke sind nicht nur bequem und komfortabel, sondern sie zeigen
auch, dass man sich so etwas leisten kann (Cooper Marcus 1995). Man schafft sie

nicht nur lediglich zum Gebrauch an sondern auch, um sich anderen Menschen gegenüber im Sinne von „So wohlhabend bin ich" oder „Einen so erlesenen Geschmack habe ich" zu präsentieren. Das Repräsentationsbedürfnis ist kein reines Ich-Bedürfnis, sondern enthält auch soziale Elemente, nämlich von anderen bemerkt und anerkannt zu werden und zugehörig zu sein.

Bedürfnisse können wie eine Sucht übermächtig werden. So wird z. B. aus dem Bedürfnis nach Geltung und Anerkennung Geltungssucht. Das klassische Beispiel ist das Grimmsche Märchen „Von de Fischer un sin Frau". Der dem Fischer verpflichtete Fisch bietet unermessliche Möglichkeiten des gesellschaftlichen Aufstiegs, zu dem auch das Wohnen gehört. Die Frau des Fischers will immer mehr.

Manche Menschen benötigen die Wohnung nicht oder kaum, um ihr Bedürfnis nach Anerkennung zu befriedigen. Sie finden Anerkennung in anderen Lebensbereichen. Doch unabhängig davon bleibt die Wohnung bzw. das eigene Zimmer[5] ein wichtiger Ort, um die Ich- und die sozialen Bedürfnisse zu befriedigen. Empirische Untersuchungen belegen, wie wichtig ein solcher „Individualraum" für die emotionale Regulation ist. Ein Beispiel ist die Untersuchung von Korpela (1992), in der Jugendliche nach ihrem Lieblingsort (favourite place) befragt wurden. Wie sich zeigte, rangiert das eigene Zimmer weit vorn. Als Gründe wurden genannt:

- Hier kann man allein und für sich sein.
- Es bietet Geborgenheit.
- Man kann sich entspannen und wohlfühlen.
- Es ist ein vertrauter und sicherer Ort.
- Hier ist man unabhängig und eigenständig.
- Es bietet die Freiheit, zu tun und zu lassen, was man will.
- Hier kann man mit sich ins Reine kommen.

Das eigene Zimmer ist ein „Multi-Funktions-Raum"; wer keinen solchen Raum hat, muss auf vieles verzichten, auch auf die Erfüllung der „höheren" Bedürfnisse. Die Kommunikation mit anderen Menschen wird erschwert. Fuhrer und Kaiser (1993) haben die kommunikative Bedeutung des Wohnens hervorgehoben,

---

[5]Erzählung von Virginia Woolf, in der sie schildert, dass „a room for one's own" Voraussetzung ist, um schöpferisch tätig sein zu können. Zu Beginn heißt es dort: „Ich kann Ihnen lediglich eine Meinung zu einer Nebensache anbieten – eine Frau muss Geld und ein eigenes Zimmer haben, um schreiben zu können".

wobei sie zwei Prozesse unterschieden haben: die Kommunikation mit sich selbst, welche die Ich-Identität stärkt, und die Kommunikation mit anderen, die erkennen können, mit wem sie es zu tun haben. Zum Beispiel führen Fotos an der Wand von den Familienmitgliedern bis hin zu den Urgroßeltern dem Bewohner seine eigene Geschichte vor Augen, was seine Ich-Identität festigt, während Außenstehende daraus die Absicht des Bewohners ablesen, sich als Mitglied einer großen Familie zu präsentieren.

2.5 Wohnungslosigkeit

Wie bedeutsam Wohnungen sind, wird sichtbar, wenn sie fehlen. Von Wohnungslosigkeit betroffen sind Obdachlose, d. h. Personen, die in Notunterkünften, Übergangswohnungen und unzureichenden Behausungen, Anstalten, Asylen und Frauenhäusern leben und keinen Mietvertrag haben, sowie Nichtsesshafte, die über kein Obdach verfügen, die umherziehen und im Freien nächtigen (Krebs 1996; Landow und Glenwick 1999; Ensign 1998; Larsen et al. 2004). Die Obdachlosen haben ein notdürftiges Obdach, die Nichtsesshaften haben überhaupt keine feste Bleibe. Beide Gruppen sind Wohnungslose, die eine ist es relativ, die andere absolut.

Ursachen von Wohnungslosigkeit sind einerseits Armut und ein fehlendes Angebot an preiswerten Wohnungen, zum anderen Persönlichkeitseigenschaften. Als arm gelten Menschen, die über so wenig Mittel verfügen, dass sie von der Lebensweise ausgeschlossen sind, die in der Gesellschaft, in der sie leben, Standard ist. Dass Armut und Mangel an bezahlbaren Wohnungen Wohnungslosigkeit nicht zur Gänze erklären können, zeigen die Ergebnisse von Bassuk et al. (1986, 1997): Nur wenige Menschen, die arm sind, werden obdachlos. Männer sind unter den Wohnungslosen überproportional vertreten, woraus Bunston und Breton (1992) geschlossen haben, dass Frauen über mehr persönliche und soziale Ressourcen verfügen als Männer, um Armut und daraus resultierende Lebenskrisen zu bewältigen.

Sowohl der Verlust der Wohnung mitsamt dem vertrauten Umfeld als auch das Leben in Notunterkünften können traumatisieren (Goodman et al. 1991). Eine eigene Wohnung schützt vor solchen Erfahrungen und übermäßigem Stress. Ersichtlich ist so, dass Wohnungslosigkeit mehr beinhaltet als nur ein nicht Verfügen können über Raum. Es ist das Nichtvorhandensein eines persönlich

und sozial bedeutsamen Ortes, an dem sich der Mensch verortet, der ihm Halt
gibt und Schutz bietet und der ihn mit der Umwelt und Gesellschaft verbindet
(Dovey 1985). Wenn man Saegert (1985) folgend davon ausgeht, dass Wohnen
„the most intimate of relationships with the environment" ist, dann bedeutet der
Wegfall dieser engsten aller Beziehungen den Verlust von Umweltverbundenheit
und damit auch eine extreme Form der Vereinzelung, eine Reduzierung auf sich
selbst.

Wohnungslosen Menschen schreibt man negative Eigenschaften zu, die eine
Stigmatisierung gerechtfertigt erscheinen lassen (Schlienz 2002). Notunter-
künfte und behördliche Maßnahmen können diese negative Entwicklung noch
zusätzlich fördern. Um dem und den damit verbundenen negativen Erfahrungen
zu entgehen, vermeiden es viele Nichtsesshafte, in Unterkünften zu nächtigen;
Kontakten mit Sozialstationen und Behörden gehen sie aus dem Weg (Larsen
et al. 2004). Wer sozial und gesellschaftlich eingebunden sein will, muss –
vergleichbar einem Ausweis – eine Wohnung haben.

Wohnungslosigkeit ist das Ergebnis eines Prozesses, sodass die gegenwärtige
Situation nur verstanden und erklärt werden kann, wenn man die Entwicklung
betrachtet. Risikofaktoren aus früheren Lebensphasen sind zerrüttete Familienver-
hältnisse bis hin zur Drogenabhängigkeit der Eltern; zeitnahe Risikofaktoren sind
Alkoholismus und Abhängigkeit von Drogen, soziale Probleme und eine fehlende
Ausdauer, z. B. es längere Zeit auf einer Arbeitsstelle auszuhalten (Bassuk
et al. 1986, 1997). Wohnungslosigkeit ist also in vielen Fällen kein plötzlicher,
unerwartet über eine Person herein brechender Schicksalsschlag, sondern eine
sich über einen längeren Zeitraum erstreckende Entwicklung.

Die Auswirkungen von Wohnungslosigkeit lassen die räumlich-physische,
psychologische, soziale und gesellschaftliche Bedeutung der Wohnung für den
Menschen mit aller Deutlichkeit hervor treten. Für die wohnungslosen Frauen, die
Bunston und Breton (1992) befragt haben, bedeutet eine Wohnung weit aus mehr
als nur ein Dach über dem Kopf zu haben. Das geht aus den Aussagen der von
Bunston und Breton befragten Frauen hervor. Die Forscher haben die Aussagen der
wohnungslosen Frauen zur Frage, was für sie Lebensqualität bedeutet, sieben Kategorien zugeordnet:

- das Vorhandensein eines Orts, an dem man geschützt ist und Geborgenheit
  findet
- ein eigenes Einkommen und berufliche Tätigkeit
- körperliche und psychische Gesundheit
- eine ausgewogene und gesunde Ernährung
- gutes Aussehen, Hygiene und körperliche Gepflegtheit

- keiner Gewalt ausgesetzt sein
- soziale Beziehungen aufnehmen und unterhalten können.

Die Wohnung ist ein Ort, der Schutz bietet, der Aktivitäten, darunter auch eine berufliche Tätigkeit, und ein Sozialleben ermöglicht. Wenn all dies fraglich wird oder entfällt, ist hochgradiger Stress bis hin zum Trauma die Folge. Die charakteristischen Symptome psychischer Traumata sind nach Goodman et al. (1991) sozialer Ausschluss und gelernte Hilflosigkeit, d. h. ein Überzeugt sein, dass man aus eigener Kraft nichts ändern kann. Ein Ziel der „Trauma-Therapie" ist deshalb, den sozialen Ausschluss aufzuheben und einen Anschluss herzustellen sowie die Bekräftigung einer Haltung, dass man nicht hilflos ist, sondern selbst etwas ändern kann. Alle diese Ansätze, das Selbstwertgefühl und die Bewältigungskompetenz zu stärken, müssen von außen unterstützt werden.

Kinder sind in der Situation der Wohnungslosigkeit erhöhtem Stress ausgesetzt, weil sie Stress erzeugenden Situationen weniger ausweichen können und weil sie weniger als Erwachsene über Möglichkeiten und Strategien der Stressbewältigung verfügen (Landow und Glenwik 1999). Elterliche Unterstützung kann im Prinzip ihren Stress mindern; mit dieser Unterstützung ist jedoch kaum zu rechnen, weil Eltern in dieser prekären Lage dazu kaum in der Lage sind.

Wohnungslosigkeit wirkt sich auf Kinder und Jugendliche besonders negativ aus. Sie leiden noch stärker unter dem Fehlen einer den Alltag strukturierenden räumlichen und zeitlichen Ordnung. Die negativen Folgen von Wohnungslosigkeit bei Kindern und Jugendlichen sind eine labile Gesundheit, Unterernährung, Lernprobleme, schlechte schulische Leistungen, Entwicklungsverzögerungen, ein geringes Selbstwertgefühl, Verhaltensstörungen, Depressionen, extreme Stimmungsschwankungen, Aggressivität, autistische Symptome und Angstzustände (Schmitz et al. 1995; Bratt 2002; Bassuk et al. 1986; Holden et al. 1995; Ensign 1998).

Nicht nur Armut und ein fehlendes Angebot an bezahlbaren Wohnungen können zum Verlust der Wohnung führen, sondern auch Naturkatastrophen. Angesichts des Hurrikan Katrina in Mississippi haben sich Spokane et al. (2012) mit möglichen Lösungen befasst, um den durch die plötzliche Wohnungslosigkeit verursachten Stress zu verringern. Ein Lösungsansatz ist eine gemeinschaftsfördernde Anordnung der Wohncontainer-Unterkünfte. Günstiger als eine Aneinanderreihung der Wohncontainer sind kommunikationsfördernde kleine Cluster mit einem freien Raum in der Mitte.

2.6   Epochale und kulturelle Einflüsse

Die Umweltpsychologie geht über die individualpsychologische Perspektive hinaus, indem sie die reale Umwelt als Einflussfaktor des Erlebens und Verhaltens des Menschen einbezieht (Moore 2000). Kontext sind die physische, die soziale und *die kulturelle Umwelt*. Kulturen wandeln sich, sodass auch ein Blick in unterschiedliche Epochen aufschlussreich ist, um Kontexteffekte sichtbar zu machen. Die Analyse früherer Wohnformen aufgrund von Ausgrabungen und schriftlichen Quellen liefert Erkenntnisse über den Beginn des Wohnens bzw. des Sesshaftwerdens und die Vielfalt der Daseinsformen des Menschen. So weiß man, dass Menschen vor ungefähr zehntausend Jahren begannen, sich Hütten zu bauen und sesshaft zu werden.

„Menschen bauten an Orten, die für die Nahrungssuche besonders wichtig waren, Lehmhütten" (Frie 2017, S. 63). „Der Übergang vom Wildbeutertum zu Pflanzenanbau und Viehhaltung ist der radikalste Kulturwandel in der Menschheitsgeschichte. … Die Zeit der Jäger – die längste Phase menschlicher Lebensweise – fand ein Ende, die Ära der Bauern brach an. Nun begann man die Umwelt zu manipulieren, um vom natürlichen Nahrungsangebot unabhängig zu sein"[6]. Es war der Beginn des Wohnens im Sinne des Bleibens an einem Ort. Man blieb dort, nachdem man gelernt hatte, die Nahrung planvoll zu produzieren anstatt sie zu suchen oder zu erjagen. Ackerbau und Viehzucht ermöglichten nicht nur, sondern erforderten auch Sesshaftigkeit. Um eine reichhaltige Ernte zu sichern, wurden Bewässerungssysteme entwickelt. Die technische Kultur nahm ihren Lauf (Heßler 2012). Die planvolle Produktion von Nahrungsmitteln ermöglichte es, mehr Menschen als zuvor zu ernähren. Durch die Erkenntnis, dass man sich natürliche Kräfte zunutze machen kann, wurde das Bevölkerungswachstum weiter gesteigert. Die Nutzung tierischer Kräfte verhalf den jungsteinzeitlichen Zivilisationen zu einem Entwicklungsschub. Seit dem 4. Jahrtausend vor Christus wurden Ackerbau, Transport und Handel revolutioniert. Die wirtschaftlichen Erträge ließen sich drastisch erhöhen, Schwerlasten bewegen und Güter verteilen – die Grundlage für eine wachsende Bevölkerung und eine steigende Lebensqualität[7].

---

[6]Sammlung: Frühe Jungsteinzeit/Frühneolithikum (5.450-3.950 v. Chr.), Landesmuseum für Vorgeschichte Halle. https://st.museum-digital.de/index.php?t=sammlung&gesusa=686, abgerufen am 3.7.2019.

[7]vgl. die Sammlung im Landesmuseum für Vorgeschichte in Halle.

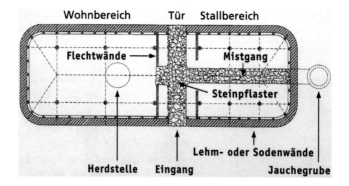

Abb. 2.11 Grundriss eines Wohnstallhauses aus der Eisenzeit (www.Naturzentrum-Amrum.de/radio-eisenz.html)

In der Eisenzeit, die etwa ab 500 vor Christus begann, baute man Häuser, in denen auf der westlichen Seite der Wohnbereich und auf der östlichen Seite der Stallbereich lag. Im Wohnstallhaus[8] lebte die Großfamilie mit ihrem Gesinde sowie mitsamt den Haustieren unter einem Dach (Abb. 2.11). Man war ständig zusammen; Privatheit gab es noch nicht. Der Wohnbereich bestand aus einem Raum mit einer Feuerstelle, in dem gekocht, gegessen und geschlafen wurde.

Reich an den bei Ausgrabungen gefundenen Überresten, die auf frühere Wohnformen schließen lassen, sind die Städte Pompeji und Herculaneum, die durch den Ausbruch des Vesuvs 79 n. Chr. verschüttet und versiegelt wurden. Sie zeigen, dass in der Antike die Wände mit Fresken, die Szenen aus der Welt der Götter und Helden darstellten, bemalt und die Fußböden mit Mosaikmustern bedeckt waren. Schon vor 2000 Jahren ging es – zumindest den Reichen – nicht allein um Funktionalität, sondern stets auch um Ästhetik. Eine ergiebige schriftliche Quelle, die Auskunft über das „richtige" Bauen und Wohnen zu Zeiten Cäsars und Augustus' gibt, ist das von Vitruv verfasste 10-bändige Werk „De Architectura" (vgl. Fensterbusch 1996). Darin wird dargestellt, dass man bei der Anordnung der Wohnräume auf die Himmelsrichtungen achten sollte. Schlafzimmer und Bibliotheken sollten wegen der Morgensonne gegen Osten gerichtet

---

[8]Ein solches Wohnstallhaus hat man in den Dünen auf Amrum, das in der Eisenzeit noch Festland war, nachgebaut.

sein, denn bei anderen Himmelsrichtungen könnten die Bücher durch Feuchtig-
keit Schaden nehmen.

Das Wohnen im Mittelalter war auf die landwirtschaftliche Produktion
ausgerichtet (Schmidt und Dirlmeier 1998). Die Mitglieder der bäuerlichen
Großhaushalte wohnten eng beieinander unter dem gemeinsamen Dach. Beim
Essen, Arbeiten, Spielen und Schlafen war engste räumliche Nähe die Regel.
Nur wenige der Haushaltsmitglieder hatten ein eigenes Bett, und es war normal,
dieses mit anderen zu teilen. In den mittelalterlichen Großhaushalten waren
die Räume, in denen man lebte, vorwiegend Allzweckräume; sie waren nicht
spezialisiert und gingen meist ohne Flur ineinander über. Außer der Küche hatte
kein Raum einen präzisen Verwendungszweck. Auch die Betten waren bis zum
16. Jahrhundert meistens zerlegbar und wurden erst abends aufgestellt. Die
Raumnutzung war somit gekennzeichnet durch eine – gemessen an den heutigen
Maßstäben – außerordentlich hohe Nutzungsdichte. Einen Eindruck davon vermittelt das Bild „Vornehmer Besuch in einer Bauernstube" von Jan Brueghel dem
Älteren, das in dieser Zeit entstanden ist. Alles spielte sich in dem einen großen
Raum ab. Privatheit war im bäuerlichen Haushalt unbekannt.

Im Mittelalter waren die Häuser der Handwerker schmale einfache hölzerne
Fachwerkbauten mit wenigen kleinen Fenstern. In ihnen befand sich ein großer
Hauptaufenthaltsraum. Auch um den wegen der zahlreichen Bewohner meist
engen Wohnraum zu erweitern, ragte das Obergeschoss häufig über das Erdgeschoss hinaus, wodurch die schmalen Gassen noch schmaler wurden.
Handwerker- und Kaufmannshäuser unterschieden sich in ihrer Lage und Aus-
gestaltung. Die Patrizierhäuser der reichen Kaufleute, die sich um den Markt-
platz herum gruppierten, hatten aufwändig gestaltete Fassaden mit Erkern und
Arkadenfenstern. Wohnkomfort wurde geschätzt.

Die im 18. Jahrhundert beginnende Industrialisierung veränderte auch das
Wohnen. Wohn- und Arbeitsbereich wurden getrennt; damit wurde die Einheit von Produktion und Hauswirtschaft aufgelöst. Das galt aber nicht für alle
Bevölkerungsgruppen. Die Wohnsituation der Ärmeren verschlechterte sich
drastisch, nachdem sich die Produktionsgemeinschaften der großen Kaufmanns-
und Handwerkshäuser sowie der Bauernhöfe auflösten. Der freigesetzte Leib-
eigene oder Tagelöhner wurde mangels Kapital und mangels eigenem Grund und
Boden obdachlos. Die Lebens- und Wohnbedingungen waren bei den unteren
sozialen Schichten so ungünstig, dass sich ein eigenständiges Familienleben im
bürgerlichen Sinne lange Zeit nicht entwickeln konnte. Diese Familien besaßen
meist nur einen Raum, in dem gekocht, gewohnt, geschlafen und Heimarbeit
verrichtet wurde. Aus wirtschaftlicher Not und infolge nicht bezahlbarer Mieten
wohnten oft mehrere Familien in einer Mietwohnung eng zusammen.

Der reiche Bürger hatte ein Haus für seine Familie und seine Dienerschaft. Für das Bürgertum wurde es üblich, den familiär privaten Bereich von der Öffentlichkeit abzugrenzen. In der bürgerlichen Schicht bildete sich zu dieser Zeit das Bedürfnis nach Privatheit heraus, erkennbar daran, dass die einzelnen Zimmer nun von einem Flur aus erschlossen wurden, was eine interne Abschirmung ermöglichte. Es bildete sich eine Differenzierung der Wohnraumnutzung heraus, eine Aufteilung in Vorzimmer, Speisezimmer, Salon, Wohnzimmer, Kinderzimmer und Schlafzimmer.

Zur internen Differenzierung kam eine Abschirmung nach außen dazu. Privater und öffentlicher Bereich wurden zu unterschiedlichen Sphären. Der Mann war außer Haus tätig und war dadurch mit dem öffentlichen Leben verbunden, die Frau wurde zur „Hüterin" des Heims und der Kinder. Diese Konstellation wurde als Zwei-Sphären-Modell bezeichnet (Peterson 1987). Berufstätigkeit und Interesse an politischen und wirtschaftlichen Fragen galten bei Frauen als unnatürlich: „From early times until today and in societies throughout the world, women have been associated with and even restricted to the private sphere of the dwelling whereas men have had freer rein to frequent public spaces" (Franck und Paxson 1989, S. 122). Doch auch hier haben sich die Normen vervielfältigt: Die geschlechtstypische Zuordnung zur häuslichen bzw. öffentlichen Sphäre ist heute nur noch ein Modell unter anderen.

Welche Wohn- und Hausformen in einem Land oder einer Region zu finden sind, hängt von den physischen Bedingungen wie dem Klima, der Bodenbeschaffenheit und den verfügbaren Ressourcen ab. So werden Häuser aus den in einer Region verfügbaren Materialien gebaut: aus Schnee und Eisblöcken, wie der Iglu der Eskimos, oder aus Tierhäuten, wie die Yurten mongolischer Nomaden, oder aus Baumstämmen, Zweigen und Blättern, Lehmziegeln und Steinen (Boesch 1998). Je nach Klima und den verfügbaren Ressourcen sind bestimmte bauliche Formen naheliegender und besser geeignet als andere. Wenn es in einem Land oft regnet, sind geneigte Dächer günstiger, denn sie leiten das Wasser schnell zu Boden; regnet es dagegen selten, sind flache Dächer mit aufgebogenen Kanten günstiger, um nämlich das Regenwasser zu sammeln und in Zisternen zu leiten.

Der Vergleich der Wohnformen in verschiedenen Kulturen macht den Einfluss der kulturellen Umwelt auf das Wohnen sichtbar (Altman und Chemers 1980). In dem bereits erwähnten Modell von Bronfenbrenner (1996) gehören diese Einflüsse zum Makrosystem, dem übergreifenden System, von dem es abhängt, wie Wohnumwelten (das Mikrosystem) beschaffen sind. Altman und Chemers haben Kultur definiert als ein System gemeinsamer Normen und Werte in einer Gesellschaft. Dieses System umfasst Traditionen, gesellschaftliche Leitbilder, Normen,

Gesetze, Bauordnungen, Vorschriften, Erhaltungssatzungen, den Denkmalschutz, technisches und theoretisches Wissen. Ein poetisches Beispiel zum Wandel von Leitbildern findet sich in der Versdichtung „Eugen Onegin" von Alexander Puschkin[9]:

> „Das Gutshaus war, wie man es wollte / in jener guten alten Zeit, / und wie man Häuser bauen sollte: / Geräumig, herrschaftlich und weit. / Die hohen Zimmerwände waren / geschmückt mit Bildern unsrer Zaren, / die Kachelöfen bunt verziert / und der Empfangsraum tapeziert. / Dass dies nicht mehr modern, ist schade".

Die kulturellen Einflüsse treten besonders deutlich hervor, wenn man die Wohnformen in sehr unterschiedlichen Kulturen vergleicht, z. B. hat Rapaport (1969) das japanische und das amerikanische Haus einander gegenübergestellt. Yoshida (1981) hat das japanische Haus beschrieben, das nach außen durch hohe Wände oder Zäune abgeschirmt ist, wohingegen innerhalb des Hauses kaum zwischen zugänglichen und unzugänglichen Bereichen getrennt wird. Beim amerikanischen Haus ist dagegen die Abschirmung nach außen weniger strikt, was an den großen Fenstern abzulesen ist, die gegenseitigen Sichtkontakt ermöglichen. Auch die Grundstücke sind nicht unbedingt deutlich voneinander abgegrenzt. Innerhalb der Wohnung ist jedoch die Zugänglichkeit zu bestimmten Bereichen genau geregelt. Die Privatsphäre des einzelnen wird respektiert, indem Individual- und Kommunikationsbereiche voneinander getrennt werden. Die Flexibilität des Grundrisses, also die leichte Veränderbarkeit der Raumeinteilung und die vielseitige Verwendbarkeit der Räume, kennzeichnen das japanische Wohnhaus (Yoshida 1981). Diese Nutzungsoffenheit ist nicht nur architektonisch bedingt, sondern hängt auch mit der Möblierung zusammen. Die Japaner, die beim Betreten des Hauses ihre Schuhe ausziehen, sitzen, auf Knien und Fersen hockend, direkt auf dem aus Matten bestehenden Fußboden oder auf einer besonderen Art von Kissen, das auf die Matten gelegt wird. Als Bett dient eine Matratze, die unmittelbar auf dem Fußboden liegt und tagsüber zusammengerollt in eingebauten Wandschränken aufbewahrt wird. Es gibt keine Platz beanspruchenden Sitzmöbel. Dies und die hockende Sitzweise ermöglichen eine ökonomische Raumgestaltung auch was die Raumhöhe betrifft. Die Zimmerhöhe kann niedrig und die Raumgröße klein gehalten werden. Feste Wände gibt es nur wenige. Durch das Öffnen oder Schließen von Schiebetüren kann das Haus in

---

[9]Alexander Puschkin: Eugen Onegin und andere Versdichtungen, Dramen und Gedichte. München: Winkler Verlag 1972, S. 35, erstmals veröffentlicht 1833.

Abb. 2.12 Aktueller städtischer Wohnungsbau

einen einzigen großen Raum oder mehrere kleinere Räume verwandelt werden. Maak (2014) hat die Yokohama-Apartments beschrieben, eine Architektur in Japan, die auf Alleinwohnende zugeschnitten ist. Es gibt autonome kleine Räume, in die man sich aus den großen kollektiven Räumen, die nahtlos in den öffentlichen Raum übergehen, zurückziehen kann. Eine Zwischenzone zwischen dem privaten und dem öffentlichen Bereich gibt es nicht, was nach Ansicht von Maak auf die Absicht schließen lässt, die Bewohner keinem Gemeinschaftszwang auszusetzen.

Der kulturelle Einfluss spiegelt sich deutlich im Architekturprogramm des Bauhauses wider, das ab 1919 mit der Gründung der Kunstschule in Weimar Vorgaben für ein „richtiges" Bauen geliefert hat. Als Ziel wurde proklamiert, Wohnungen und Häuser billiger, besser und zahlreicher als bisher zu bauen, denn „Die menschliche Behausung ist eine Angelegenheit des Massenbedarfs" (Gropius 1925). Die Lösung sah Gropius in der Normierung von Bauteilen, die zu unterschiedlichen Behausungen zusammen gefügt werden können. Auch bei gleichartigen Bauteilen sei Eintönigkeit nicht zu befürchten, denn die Art der Zusammensetzung der einzelnen Teile zu einem Baukörper kann variieren. Der individuellen Gestaltung würden so, wie Gropius meinte, keine Grenzen gesetzt.

Abb. 2.13 Bauliche Individualität durch unterschiedliche Haustüren

Die Ideen des Bauhauses wurden in der ganzen Welt aufgegriffen. Eine große Vielfalt an Bauformen lässt sich darunter subsumieren.

Ein Beispiel für Wohngebäude aus der heutigen Zeit, das an die Bauhaus-Phase erinnert, ist in Abb. 2.12 dargestellt.

Eine Kategorisierung von Wohnformen ermöglichen die drei Dimensionen, die Altman und Chemers (1980) bei der Analyse der Wohnformen unterschiedlicher Kulturen zugrunde gelegt haben. Es sind:

- die Wohndauer: permanent oder temporär,
- die Bauweise: differenziert oder einfach,
- die Betonung von Kollektivität oder Individualität.

Das längere Bleiben an einem Ort ist zwar nach wie vor ein Kennzeichen des Wohnens, doch auch kürzere Aufenthaltsdauern gelten zunehmend als Wohnen. Ein temporäres Wohnen an einem von mehreren Wohnorten ist heute keine Seltenheit mehr (vgl. Abschn. 9.3). Differenzierungen ermöglichen wegen der entstehenden Vielfalt mehr Individualität als es einfache gleichförmige Bauweisen vermögen. Normen, Gesetze und Vorschriften begrenzen bauliche Vielfalt. Wie viel Individualität verwirklicht werden kann, hängt davon ab, wie viel soziale Differenzierung in einer Gesellschaft gewünscht und toleriert wird.

Kulturen unterscheiden sich nicht nur in der Akzeptanz von Individualität, sondern auch von deren Wertschätzung. In unserer Gesellschaft wird Individualität hoch bewertet und auch geschützt, wie aus Artikel 2 des Grundgesetzes zu entnehmen ist:

„Jeder hat das Recht auf die freie Entfaltung seiner Persönlichkeit, soweit er nicht die Rechte anderer verletzt und nicht gegen die verfassungsmäßige Ordnung oder das Sittengesetz verstößt". Die eigene Wohnung ist als primäres Territorium für „die freie Entfaltung der Persönlichkeit" prädestiniert.

In individualisierten Gesellschaften wird erwartet, dass man die eigene Besonderheit betont, was auf unterschiedliche Weise geschehen kann, z. B. indem man sich eine Haustür anschafft, die sich von anderen Haustüren unterscheidet. Gleich aussehende Reihenhäuser werden auf diese Weise unverwechselbar (Abb. 2.13).

Durch neue Technologien und die Erfindung und Herstellung neuer Materialien erweitert sich das Spektrum möglicher Bau- und Wohnformen. Aus psychologischer Sicht bedeutet das, dass die Art und Weise, wie ein Mensch wohnt, noch mehr über ihn aussagt, als je zuvor.

Von der Philosophie zur Theorie 3

Planungsphilosophien sind Denkweisen bzw. Weltsichten (world views), die den Ideen und Entwürfen von Planern und Architekten zugrunde liegen. Trotz deren immenser Bedeutung werden sie nicht explizit formuliert. Es sind Leitbilder, die bestimmend dafür sind, wie Städte, Häuser, Wohnungen und Wohnumgebungen aussehen und wie gut es sich darin leben lässt. Planungsphilosophien werden nur selten bewusst gemacht, sodass man sie auch nicht hinterfragt. Sie bestimmen mit, wie die Menschen wohnen, wie die gebaute Welt beschaffen ist und wie sich das Verhältnis zwischen Mensch und Umwelt gestaltet. Auch wenn sich die Entwürfe von Gebäuden, Räumen, Grundrissen, Eingangs- und Außenbereichen, Siedlungen, Straßen, Wegen und öffentlichen Plätzen usw. an baurechtliche Bestimmungen und Vorgaben halten müssen, bleiben Spielräume für unterschiedliche Entwürfe.

Beispiele für Weltsichten sind die im Jahr 1919 in Weimar gegründete Bauhaus-Schule und Jahrzehnte später das von Sommer (1983) beschriebene Social Design (nutzerorientierte Architektur), das er dem formalistischen Design gegenüber gestellt hat. Eine formal-ästhetische Gestaltung von Umwelt ist auf Bau*kunst* ausgerichtet, weniger im Blick ist dabei der Gedanke an eine *Gebrauchs*architektur. Social Design Ansätze unterscheiden sich von formalistischen Entwürfen, indem Räume nicht nur als kunstvoll zu gestaltende bauliche Formen und Hüllen, sondern als erlebbare und leicht in Gebrauch zu nehmende Räume verstanden werden. Die Kriterien eines Social Design sind erst annähernd erfüllt, wenn von Mensch-Umwelt-Beziehungen ausgegangen und auf Funktionalität und ergonomische Passungen geachtet wurde. Dies macht die Kategorisierung von Saegert und Winkel (1990) deutlich, die zwischen drei Paradigmen unterschieden haben:

© Springer Fachmedien Wiesbaden GmbH, ein Teil von Springer Nature 2020
A. Flade, *Wohnen in der individualisierten Gesellschaft*,
https://doi.org/10.1007/978-3-658-29836-4_3

- dem Anpassungsmodell (adaptation paradigm)
- dem Gelegenheitsstrukturmodell (opportunity structure paradigm)
- dem soziokulturellen Modell (sociocultual paradigm).

Den Entwürfen gebauter Umwelt liegt selten ausschließlich ein Modell zugrunde. Um jedoch den Blick für diese impliziten Planungsphilosophien zu schärfen, werden sie in ihrer Reinform vorgestellt. Dass man mit Bauprojekten, denen das „formalistic design" zugrunde liegt, Schiffbruch erleiden kann, wird anhand einiger Beispiele geschildert. Abschließend wird auf den Sinn und den Nutzen von Theorien eingegangen, um deutlich zu machen, dass Theorien unverzichtbar sind, um zu Aussagen zu gelangen, die verallgemeinerbar sind.

3.1   Das formalistisch ästhetische Paradigma

Das formalistisch-ästhetische Paradigma ist das Credo für Bau*kunst*. Hier geht es um kunstvolle Gestaltung und weniger um die Bedürfnisse derjenigen, welche die Bauwerke nutzen und bewohnen (Sommer 1983). Spektakuläre Bauten können mit öffentlicher und medialer Aufmerksamkeit rechnen[1]. Touristen strömen herbei, um sich die kunstvollen Bauwerke anzuschauen. Markante Bauwerke sind zugleich Landmarken, die eine Stadt räumlich strukturieren. Außengewöhnlich gestaltete öffentliche Gebäude wie Museen, Konzerthäuser und Verwaltungsgebäude haben nicht nur eine bauliche sondern auch eine städtebauliche Funktion. Sie prägen das Stadtbild und machen eine Stadt unverwechselbar. Erst ein herausragendes Zeichen verleiht einem Ort Bedeutung.

> „Im Zeitalter der Postkarte war das besonders sinnfällig: ‚Gruß aus dem schönen Wolkenheim' – was wurde da gezeigt? Ein markantes Bauwerk. Ein Ort, der kein Postkartenmotiv aufbieten kann, existiert eigentlich nicht" (Schmidt 2019, S. 61).

Der Grundgedanke leitet sich aus dem Lateinischen her: „architectura = Baukunst", Architektur ist Kunst (Abb. 3.1)[2]. Mit Baukunst wird das Ent-

---

[1]Dieses Phänomen wird als „Bilbao-Effekt" bezeichnet. Mit dem Bau des Guggenheim Museums in Bilbao hat der Architekt Frank Gehry eine einzigartige Landmarke geschaffen.
[2]Diese Ansicht hatte der Aufbauminister der DDR Lothar Bolz vertreten. Siehe „Die 16 Grundsätze des Städtebaus" http://www.bpb.de/themen/RCVPOD,0, abgerufen am 31.08.2019.

The architects of our era today need the belief in architecture as art. – Lothar Bolz, 1950

Abb. 3.1 Architektur ist Kunst

werfen, Gestalten und Konstruieren von Bauwerken und die handwerkliche Beschäftigung sowie ästhetische Auseinandersetzung des Menschen mit dem gebauten Raum bezeichnet.

Ein Verfechter einer streng formalistisch-ästhetischen Architektur war der zur Bauhaus-Gruppe gehörende Georg Muche. Das Verändern des perfekten Bauwerks hielt er für einen Frevel:

„Die altmodische Gesinnung macht auch das schönste und praktischste Haus zu einer Rumpelkammer, die mit unzweckmäßigen, veralteten Möbeln, mit überflüssigen kunstgewerblichen Gegenständen, mit Erinnerungs- und Erbstücken angefüllt ist, oder zu einem Hausmuseum, das durch die Anhäufung von Kunst und Gegenständen aus den verschiedenen Stilepochen vergangener Handwerkskulturen den besonders guten Geschmack der Bewohner zum Ausdruck bringen soll. Derartige Häuser gehören nicht in die Gegenwart. … Die Küche soll die Arbeitsstelle, das Laboratorium der Hausfrau sein, in dem jede überflüssige räumliche Größe und jede unhandliche Anordnung der Einrichtungsgegenstände zu dauernder Mehrarbeit führen. Sie muß zu einem Mechanismus, einem Instrument werden. Die Zeit sollte der Frau des Hauses zu kostbar sein, um tagaus, tagein die Mühseligkeiten der altmodischen Küchenbewirtschaftung zu ertragen. … Die Küche soll nur Küche und nicht zugleich Aufenthaltsraum für die Familie sein (also keine Wohnküche). Sie ist praktisch mit allen erleichternden Einrichtungen: Heißwasserbereiter, Spülbecken, besonderem Ausgußbecken, Stadt- und Haustelephon, Steckkontakt für elektrischen Kraftstrom, Gas- und elektrischem Kochherd, Speisekammer, Besen- und Eimerschrank eingerichtet. Der Tisch steht vor dem Fenster und bildet mit dem Herd, den Deckplatten der niederen Geschirrschränke und mit dem Spülbecken eine breite, gleichmäßig hohe durchgehende Arbeitsfläche, so daß dieser kleine Raum die nutzbare Fläche einer zwei bis dreimal so großen üblichen Küche hat" (Muche 1925, S. 15 ff.).

Diese Auffassung verweist bereits auf das Anpassungsmodell, in dem Funktionalität oberstes Gebot ist. Hier kann man sich voll und ganz auf die Kompetenz der Fachleute verlassen.

Im Wohnungsbau ist jedoch eine bis ins kleinste Detail reichende formalistisch ästhetische Architektur wenig geeignet, denn diese würde die Umwandlung eines House in ein Home blockieren (vgl. Abb. 2.7). Anders verhält es sich bei spektakulären Bauten im öffentlichen Raum, die einer solchen Umwandlung nicht bedürfen. Ein Beispiel ist das weltbekannte Guggenheim Museum in Bilbao, das der Stadt eine Landmarke geliefert und eine überregionale Bedeutung verschafft hat.

3.2   Das Anpassungsparadigma

In der *Wohnbau*architektur ist das Anpassungsmodell (adaptation paradigm) eine bedeutende Planungsphilosophie. Die Leitvorstellung ist, Menschen mit passenden Wohnungen, Räumen und Einrichtungen zu „versorgen". Raum- und Funktionsprogramm sollen zusammen passen. Um das zu gewährleisten, richten sich die Raummaße, Anordnungen und Einrichtungen nach den (durchschnittlichen) körperlichen Maßen wie Körpergrößen, Schrittlängen, Griffhöhen und Griffweiten sowie den ausgeübten Tätigkeiten. Ein anschauliches Beispiel ist eine Treppe, deren Schräge den Rhythmus des Gehens beeinflusst (Schönhammer 2009). Griffhöhen und Griffweiten sind wichtige Parameter der von Grete Schütte-Lihotzky in den 1920er Jahren entwickelten, rund 6 qm kleinen Funktionsküche, die als „Frankfurter Küche" allgemein bekannt wurde (Abb. 3.2).

Die Frankfurter Küche ist ein Beispiel für einen Entwurf nach dem Anpassungsparadigma. Die auf eine Person zugeschnittene rund 1,9 m breite und rund 3,4 m lange Küche ist ein reiner Funktionsraum mit fest eingebautem Mobiliar. Sie ist ein bis ins Kleinste geplanter Raum, der auf die Arbeitsschritte in der Küche abgestimmt ist (Heßler 2012). Die Arbeit sollte wie am Fließband ablaufen können. Unterstützt wurde diese Konzeption von der Möbelindustrie, die an Standardmaßen interessiert war, um in großen Serien produzieren zu können (Wenz-Gahler 1979).

Das Funktionalitätsprinzip war nicht auf die Küche beschränkt. Die Größe eines Raums sollte sich danach bemessen, dass alles, was nötig ist, seinen Platz findet. So gehört z. B. in die Individualräume in Studentenwohnanlagen ein Schreibtisch, weil diese Räume auch Lernräume sind. Angestrebt wird eine ergonomische Passung (Fuhrer 1996). Was jedoch als passend gilt, ist wandelbar. In den 1970er Jahren hielt man für ein Kinderzimmer acht Quadratmeter für ausreichend, denn es passten ein Bett, ein Schrank, ein Tisch und ein Stuhl hinein; eine 2,16 qm große Spielfläche blieb frei (Flade 2006). Offen blieb, ob diese Freifläche eigentlich ausreicht.

Abb. 3.2 Frankfurter Küche (https://de.wikipedia.org/wiki/Frankfurter_K%C3%BCche#/
media/Datei:Frankfurterkueche.jpg)

Planen nach dem Anpassungsparadigma heißt: Es ist durchgeplant, die
Bewohner können und brauchen nichts selbst zu entscheiden. Sie sollten es
auch besser nicht, denn es könnte die ausgeklügelte ergonomische Kongruenz
verringern. Das Problem ist jedoch, dass es ein statisches Modell ist, d. h. es
berücksichtigt nicht, dass sich die Anforderungen an die Wohnung im Laufe des
Lebens verändern können. Auch wenn die Lebenslage und der Lebensstil gleich
bleiben, so ändert sich doch die Lebensphase: Aus dem jüngeren Menschen
wird ein älterer, aus dem Kleinkind ein Jugendlicher, die Familie wächst und
schrumpft. Ein starres Anpassungs-Modell, das auf eine bestimmte Lebensphase
zugeschnitten ist, z. B. auf die Familiensituation mit Kleinkind, ist nur für eine
begrenzte Zeit passend.

Das Anpassungsmodell ist insofern auch nicht-psychologisch, als der Mensch
auf seine Körperlichkeit reduziert wird und innerpsychische Prozesse außen vor
bleiben. Es ist ein behavioristischer Ansatz. Bischof (1996) hat sich zu solchen,
Kognitionen und Gefühle außer acht lassenden Ansätzen kritisch geäußert: „Aber
ein Menschenbild, bei dem die Innerlichkeit randständig bleibt, ist wirklich ein
Torso" (S. 15). Mit anderen Worten: Es fehlt die Psychologie.

Abb. 3.3 Möblierung

3.3   Das Gelegenheitsstrukturparadigma

Es reicht nicht aus, den Menschen mit Wohnraum zu „versorgen". Zum Wohnen gehört, dass man aus einem House ein Home machen kann (vgl. Abb. 2.7). Erforderlich dazu sind bauliche Gestaltungen, die den Bewohnern Handlungsspielräume bzw. Gelegenheiten, etwas so oder anders zu machen, lassen. Saegert und Winkel (1990) haben diese Planungsphilosophie als „opportunity structure paradigm" bezeichnet.

Nutzungsflexibilität und Nutzungsoffenheit sind die grundlegenden Elemente, die es den Bewohnern ermöglichen, ihre Wohnumwelt mit zu gestalten und an sich verändernde Bedingungen anzupassen. Der Eigeninitiative wird Raum gegeben, indem nicht alles bis ins Kleinste bestimmt und festgelegt wird, sondern Freiräume für individuelle Gestaltungen, Nutzungen und Umnutzungen gelassen werden. Die Bewohner können dann selbst entscheiden, ob sie sich z. B. ein Home Office einrichten oder ob ihnen ein Schreibtisch in einer Ecke eines Wohnraums für die Arbeit am Laptop genügt. Es bleibt ihnen überlassen, wie sie ihre Räume nutzen und möblieren (Abb. 3.3).

Grundprinzip des Gelegenheitsstrukturmodells ist: Es werden keine fix- und fertigen unveränderbaren „Lösungen" geliefert. Es wird stattdessen so gebaut, dass individuelle Modifikationen möglich sind. Ein Beispiel ist eine Wohnung mit

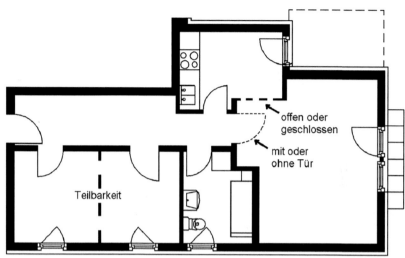

offen oder
geschlossen

mit oder
ohne Tür

Teilbarkeit

Entwurf: Rojan-Sandvoss

Abb. 3.4 Wohnungsgrundriss mit teilbarem Raum

einem Grundriss, der für unterschiedliche Familienphasen geeignet ist (Abb. 3.4): Für zwei Kinder im Kleinkindalter ist ein großes Zimmer günstig, für zwei Jugendliche sind zwei einzelne, wenn auch nur halb so große Zimmer passender, denn im Jugendalter ist Privatheit, das Bedürfnis, sich von den anderen Familienmitgliedern abgrenzen zu können, wichtiger als eine große Spielfläche.

Räume, die geteilt oder zusammen geschaltet werden können, oder ausreichend große Räume, deren Nutzung und Einrichtung nicht festgelegt ist, sind Merkmale einer nutzerorientierten Wohnbauarchitektur. Diese Flexibilität ist nicht nur wegen der unterschiedlichen individuellen Bedürfnisse und Anforderungen an die Wohnung erstrebenswert, sodass unterschiedliche Bewohner-Generationen damit zufrieden sind, sondern sie bietet auch Vorteile für Bau- und Wohnungsunternehmen, weil das heute Gebaute auch in den kommenden Jahren und Jahrzehnten noch brauchbar ist und weil man es relativ unaufwändig ändern kann.

Dass diese Planungsphilosophie längst Fuß gefasst hat, lässt sich den von der GdW (2013) in repräsentativen Befragungen ermittelten Trends entnehmen. Es sind die vermehrte Nutzung digitaler Technologie, die zunehmende Flexibilisierung der Arbeitszeiten, ein Umstieg auf eine Sharing Economy, indem man sich z. B. ein Auto teilt, vermehrtes Gesundheitsbewusstsein, das dazu führt, dass man Wert auf Fitness Center, Sportstätten und Parks in Wohnnähe legt, und nicht zuletzt flexible Grundrisse, sodass man die Wohnfläche individuell nutzen und aufteilen kann.

Die „zu Stein gewordene Inelastizität" baulicher Formen (Novy 1991) passt nicht zum Leitbild der Flexibilität. Bauwerke sind langlebige Güter, sie können nicht beiseite getan werden, sobald sich der Zeitgeschmack ändert. Umso wichtiger ist, eine unflexible steinerne Umwelt gar nicht erst zu bauen, sondern bei den Entwürfen vom Gelegenheitsstrukturmodell auszugehen.

3.4 Das soziokulturelle Paradigma

Die gestaltete Umwelt ist nicht nur physisch-materielle Umwelt, sie ist auch Bedeutungsträger und Kommunikationsmittel. Ein monumentales Gebäude, das den Menschen klein erscheinen lässt, bringt Macht zum Ausdruck, eine prächtige Villa, von einem Park umgeben, lässt auf den Wohlstand der Bewohner schließen. Dass bauliche Formen auch etwas mitteilen, wird in dem soziokulturellen Paradigma aufgegriffen (Saegert und Winkel 1990). Wie Umwelten gestaltet werden, hängt nicht nur von den beabsichtigten Nutzungen, sondern auch davon ab, wie sie wirken sollen. Von Gebäuden von Regierungen und großen Konzernen wird geradezu erwartet, dass sie die Macht, die sie haben, ausstrahlen. Nicht selten mündet dies in eine einschüchternde Architektur, die das Größenverhältnis zwischen dem kleinen Menschen und dem großen Gebäude einsetzt, um den Unterschied zwischen der großen mächtigen Institution und dem kleinen machtlosen Individuum sichtbar zutage treten zu lassen (Abb. 3.5).

Doch nicht nur bei öffentlichen Gebäuden, sondern auch in der Wohnbauarchitektur sind bauliche Formen und die Fassadengestaltung nonverbale Kommunikationsmittel, indem sie etwas über die Vorlieben und den sozialen Status der Bewohner mitteilen (Abb. 3.6).

Dass diese Zeichen verstanden werden, haben Cherulnik und Wilderman (1986) nachgewiesen: Versuchspersonen, denen Fotos von Häusern, die am Ende des 19. Jahrhunderts in Boston für Haushalte der Ober-, Mittel- und Unterschicht gebaut worden waren, stimmten in ihren Urteilen über den sozialen Status der Bewohner der Häuser und deren berufliche Tätigkeit überein. Während in den schlichteren Häusern z. B. Pförtner, Kellner und Automechaniker angesiedelt wurden, ordnete man den aufwändiger gestalteten Häusern Anwälte, Ärzte und Versicherungsagenten zu.

Die Symbole sind kulturell sehr unterschiedlich – deshalb heißt es bei Saegert und Winkel auch *soziokulturelles* Paradigma. So ist es bei dem polygamen

Abb. 3.5 Staatliche Macht ausstrahlendes Gebäude (Auswärtiges Amt in Berlin)

Stamm der Moundang üblich, wie Rapaport (1969) berichtet hat, dass jede Frau eine eigene Hütte bewohnt. Den Reichtum eines Mannes kann man direkt an der Größe des Wohnkomplexes ablesen, denn sein Reichtum drückt sich an der Zahl der Hütten aus, die auf dem Gelände stehen.

Maak (2014) hat das über das rein Funktionale hinausgehende Gestalten eine Ästhetik des „mehr als nötig" genannt, eine Verschwendung von Ressourcen, die man hätte einsparen können. „Man kann auch in einem Haus ohne Karyatiden, Erker und Rustifizierungen wohnen, aber die Architekten des Berlins der Kaiserzeit wollten ein Zeichen souveräner Großzügigkeit setzen: Hier in diesem Haus muss man sich nichts „vom Munde absparen. …" (S. 292).

Bauliche Formen dienen nicht erst heute im Zeitalter der „Stararchitekten" sowie der immensen technischen Möglichkeiten als Symbole. Bereits mit dem Bau des Turms zu Babel wollte man demonstrieren, dass man bis zum Himmel hinauf reichende Bauten errichten kann. Damals scheiterte das Projekt des Turmbaus, heute sind hohe Bauten problemlos realisierbar. Sie sind Zeichen für vielerlei: für die Finanzkraft des Bauherrn, das technologische Know-how, den

Abb. 3.6 Fassade mit Skulpturen

Einfallsreichtum des Architekten und für die Selbstdarstellung eines Landes als „auf der Höhe der Zeit"[3].

Bauliche Formen und Gestaltungen sind ein mögliches Mittel, um die eigene Besonderheit und Individualität zum Ausdruck zu bringen. Wer seine Wohnung in einer bestimmten Weise einrichtet und nutzt, schafft sich damit nicht nur ein persönliches Zuhause, der teilt den Mitmenschen zugleich etwas über sich selbst, seinen Lebensstil und seine Geschmacksvorlieben mit (Fuhrer und Kaiser 1994). Auch der Erhaltungszustand von Häusern und die Gepflegtheit des Außenbereichs sind mehr als nur physisch-materielle Umwelt; sie sagen immer auch etwas über die Bewohner, denen das Aussehen des Außenraums nicht gleichgültig ist, oder über die Haltung der Vermieter gegenüber den Mietern aus (Abb. 3.7).

Nicht geplante Zeichen sind „Incivilities" (Unzivilisiertheiten). Sie senden die Botschaft aus, dass die Gesellschaft nicht mehr funktionsfähig ist. Incivilities sind zerstörte Gegenstände, leerstehende heruntergekommene Gebäude, seit langem

---

[3]Ein Beispiel ist die Architektur als Symbol des Aufstiegs in der Hauptstadt Astana in Kasachstan (Waldherr, G.: Manhattan in der Steppe. FAZ vom 7.10.10, S. 33).

Abb. 3.7 Fahrradabstellfläche vor dem Haus

unbenutzte Einrichtungen, Schmutz und Müll, überquellende Müllbehälter, besprühte und beschmierte Hauswände, verfallene Fassaden, ungepflegte leerstehende Grundstücke, zerschlagene Fensterscheiben und dergleichen mehr. Mit diesen Zeichen befasst sich die Disorder-Theorie (Skogan 1990; Häferle 2013, vgl. Abschn. 6.4).

Viel diskutiert wird derzeit über die neue Altstadt in Frankfurt, die mit den dicht an dicht stehenden Fachwerkhäusern wie ein Ensemble aus früheren Zeiten aussieht. Auch wenn in den fachlichen Kommentaren dazu von einem sentimentalen Städtebau oder von Nostalgie die Rede ist[4], so löst diese *Altstadt* zweifellos positive emotionale Reaktionen bei den Besuchern aus. Sie symbolisiert eine kleinteilige, überschaubare, heile Welt.

---

[4]„Die Sehnsucht nach dem Gestern". Beitrag von Freddy Langer in der FAZ vom 2.10.19, S. R1.

3.5   Scheitern formalistischer Entwürfe – Beispiele

Gebaute Umwelt, die in der Fachwelt der Architekten positiv beurteilt
wurde, kann sich zum *Wohnen* als untauglich erweisen. Beispiele sind die
von Le Corbusier Ende der 1920er Jahre gebaute Villa Savoye und die
Großwohnsiedlung Pruitt-Igoe, die 1954 errichtet wurde. Der Villa Savoye hatte
die „wohnliche" Atmosphäre gefehlt, das Haus wurde von Bewohnern als nicht
behaglich und kalt empfunden, außerdem fiel es ihnen schwer, das Haus zu
personalisieren, d. h. ein Zuhause daraus zu machen.

„Although the design was exciting to many architects of the day, to many of the
inhabitants the apartments were cold and difficult to personalize" (Susanka und
Obolensky 2008, S. 181)[5].

Heute ist die Villa Savoye ein Museum, in dem die Grundprinzipien des Archi-
tekturmanifests von Le Corbusier vorgeführt werden. Das Fazit ist: Ein Gebäude,
das sich als Museum eignet, taugt nicht unbedingt auch zum Wohnen.

Das viel zitierte klassische Beispiel für ein misslungenes großes Projekt ist
die Siedlung Pruitt-Igoe in St. Louis in Missouri, die 1972, nach weniger als
20 Jahren seit ihrer Errichtung, abgerissen wurde (Bell et al. 2001). Die aus 43
jeweils 11-geschossigen Häuserzeilen bestehende Großsiedlung wurde 1954
für Haushalte mit geringem Einkommen gebaut. In Architekturzeitschriften
wie dem „Architectural Forum" wurde die Gestaltung der Siedlung gelobt,
wobei besonders hervorgehoben wurde, dass kein Platz für vermeintlich überflüssige räumliche Bereiche verschwendet worden sei. Die Gestaltung umfasste
Elemente wie abwaschbare Wände, von denen man Graffiti relativ problemlos
entfernen kann, oder gegen Zerstörung geschützte Beleuchtungskörper, Heiz-
körper und Aufzüge. Doch das Projekt verwandelte sich innerhalb weniger
Jahre in ein Desaster: Auf den Flächen, die als Parkplätze oder Spielflächen vorgesehen waren, sammelten sich Schrottautos sowie Scherben, Flaschen, Dosen
und Abfall; viele der Fensterscheiben waren eingeschlagen; innen – etwa in den
Fluren und Treppenhäusern – stank es nach Urin und Abfällen; die Fahrstühle
waren als Toilette benutzt worden; die Installationen waren teilweise aus den

---

[5]Die Villa Savoye ist die konsequente Umsetzung der Formensprache Le Corbusiers aus
seinem Architekturmanifest „Fünf Punkte zu einer neuen Architektur" von 1923: das Haus
auf Stützen, der Dachgarten, der freie Grundriss, das lange Fenster (Fensterband) und die
freie Fassade. https://de.wikipedia.org/wiki/Villa_Savoye, abgerufen am 6.9.18.

Wänden gerissen. Es erwies sich als unmöglich, nachbarliche Beziehungen aufzunehmen und sich gegenseitig zu unterstützen. An Räumlichkeiten für soziale
Kontakte hatte man bei der Platz sparenden Planung nicht gedacht. Die Gebäude
hatten nur enge Korridore, es gab keinen Platz, um sich bekannt zu machen und
zu treffen. Es bildeten sich Gangs; in den Aufzügen und Korridoren kam es zu
Diebstählen und Raubüberfällen. Anfang der 1970er Jahre standen 27 der 43
Gebäude leer. Die Situation spitzte sich so zu, dass als Ausweg nur der Abriss
der Siedlung übrig blieb. Die Sprengung wurde medienwirksam in Szene
gesetzt[6]. Die Sprengung eines Hochhauses oder einer ganzen Siedlung macht,
wenn sie medial vermarktet wird, das Misslingen allgemein bekannt. Es wird
beschrieben, aber es wird nicht erklärt, warum es eine Fehlplanung gewesen ist.
Einen kritischen Kommentar hat Bechtel (1997) geliefert, indem er Pruitt Igoe als
Symbol für die Arroganz und Ignoranz einer Architektur bezeichnet hat, die sich
im Grunde nicht für die Nutzer und deren Bedürfnisse interessiert. Eine genauere
Analyse bietet das Gelegenheitsstrukturmodell. Das, was als besonders gelungen
dargestellt worden war, dass nämlich kein Platz verschwendet worden ist, war der
gravierende Fehler gewesen: Es gab in der Großsiedlung keine Zwischenräume
(sekundäre Territorien) zwischen privater Wohnung und öffentlichem Raum.
Nachbarliche Beziehungen konnten sich so nicht entwickeln und die Anonymität
in der großen Siedlung nicht reduziert werden.

Kaum bekannt und auch nicht vom Abriss bedroht sind kleine unspektakuläre
Inkongruenzen wie z. B. in der Goldstein-Siedlung in Frankfurt am Main.
Die Siedlung wurde in den 1990er Jahren gebaut. Die verschwenderische und
aus der Sicht der Bewohner unmotivierte Verwendung von Zinkblech an den
Außenfassaden nach dem Entwurf des berühmten Architekten Frank Gehry trug
der Siedlung bei den Bewohnern die Bezeichnung „Blechsiedlung" ein. Die
markanten brückenartigen Eingänge in das Haus wurden ohne Rücksicht auf das
Drinnen angelegt. Die Wohnqualität eines Raums wird jedoch verringert, wenn
zu wenig Tageslicht hineinfällt und man nicht nach draußen schauen kann, weil
ein Betonpfeiler den Blick versperrt (Abb. 3.8). Nicht nutzerorientiert ist ein Entwurf, der nur auf das äußere Erscheinungsbild ausgerichtet ist, ohne sich um das
Innere zu kümmern.

---

[6]Abrisse werden zu einem medialen Ereignis, so auch bei dem als „weißer Riese"
bezeichneten Hochhaus in der Großwohnsiedlung Hochheide in Duisburg. https://
www.waz.de/staedte/duisburg/west/hochheide-nach-der-sprengung-kommen-die-
truemmertouristen-id216745343.html.

Abb. 3.8 Bewohnerunfreundlicher Hauseingang

In   einem   Kommentar   im   April   2018   unter   der   Überschrift „Dekonstruktivismus oder Brutalismus" hieß es dazu:

> „Die Gehry-Siedlung könnte ein Mahnmal für städtebauliche Sünden sein. Der Stararchitekt Frank O. Gehry entwarf zwischen 1994 und 1996 etwa 160 dieser Sozialwohnungen für damals etwa 51,5 Mio. Deutsche Mark. Die Fassaden der Häuser sind in die Jahre gekommen und glänzen längst nicht mehr wie einst"[7].

Das Fazit ist: Eine rein formalistisch-ästhetische Bauweise, die nur das Äußere im Blick hat, reicht im *Wohnungs*bau nicht aus.

---

[7]http://www.fnp.de/lokales/frankfurt/Goldstein-Die-Wohnsiedlung;art675,2949589, abgerufen am 15.8.18.

3.6   Zum Nutzen von Theorien

Theorien sind gedankliche Werkzeuge, um empirische Phänomene durch Bezug auf eine relativ kleine Zahl abstrakter Konzepte zu erklären und zu verstehen (Bechtel 1997; Moore 1997). Das Unbeobachtbare wird in den Naturwissenschaften nach und nach durch neu verfügbare Technologien sichtbar gemacht, in der Psychologie durch Untersuchungspläne, die so angelegt sind, dass aus dem Beobachteten auf das Nichtbeobachtbare: die innerpsychischen Prozesse, geschlossen werden kann. Theorien sind in der Forschung aus mehreren Gründen unverzichtbar (Dieckmann et al. 1998):

- Sie ordnen Phänomene.
- Sie vermögen es, Einzelbeobachtungen und Ergebnisse miteinander in Beziehung zu setzen und zu integrieren.
- Sie liefern Erklärungen und Begründungen.
- Sie ermöglichen Vorhersagen und begründete Empfehlungen.

Ein Beispiel für *die ordnende Funktion* ist die Unterscheidung von drei Kategorien von Merkmalen in der umweltpsychologischen Forschung (Dieckmann et al. 1998):

- Umweltmerkmale: räumlich-geographisch abgrenzbare Einheiten, die nach ihrer Größenordnung oder Ausdehnung geordnet werden können, und ambiente Umwelten wie Luft, Wasser, Boden, Klima, Wetter und Lärm. Planungseinheiten sind Umwelten verschiedener Art und Größenordnung.
- Personmerkmale: Alter, Geschlecht, Lebensstil usw., betrachtete Einheiten sind Individuen und Gruppen.
- Interrelationsmerkmale: Umweltwahrnehmung, Umweltkognition, Umweltwissen, Umwelt-bezogenes Handeln, Umweltaneignung, Privatheit, Territorialität, Umweltverbundenheit, Orts-Identität usw., Untersuchungseinheiten sind Mensch-Umwelt-Beziehungen.

Ein Beispiel für *die integrierende Funktion* von Theorien ist das Stress-Konzept, das psychische und körperliche Prozesse in einen Zusammenhang bringt.
Die Ästhetik-Theorie, die eine Begründung liefert, warum Umwelten als schön wahrgenommen werden, ist ein Beispiel für *die erklärende Funktion*.
Ein grundsätzliches Problem, das einer Anwendung psychologischer Erkenntnisse in der Praxis im Wege steht, sind unterschiedliche Denk- und Herangehens-

weisen (Keul 1990). Die Psychologie ist *ideographisch* orientiert, sie befasst sich mit der Individualebene. Das bedeutet, dass es keine einheitliche Meinung sondern stattdessen viele verschiedenen Ansichten gibt. So sind z. B. die einen an einem Home Office interessiert, die anderen arbeiten lieber im Büro in der Firma.

Architekten und Planer benötigen *nomothetische* Aussagen, die eine Planung ermöglichen, die nicht nur für einige Personen oder Gruppen passend ist, sondern für viele Menschen. Eine Lösung bietet eine Planung auf der Grundlage des Gelegenheitsstrukturparadigmas. So könnte eine architektonische Lösung die Einplanung eines kleinen nutzungsoffenen Raums im Eingangsbereich der Wohnung sein, der als Home Office dienen, aber auch für andere Zwecke genutzt werden kann. Susanka und Obolensky (2008) haben einen solchen nutzungsoffenen Raum am Eingang als „away room" bezeichnet.

Die Psychologie will das Erleben und Verhalten des Menschen nicht nur beschreiben, sondern auch erklären. Sie erforscht die Wirkungszusammenhänge zwischen dem Erleben und Verhalten und den Umweltbedingungen. Innerpsychische Vorgänge wie Kognitionen, Gefühle und Motive, ohne die Erleben und Verhalten nicht erklärt werden können, sind jedoch nicht so leicht zu erfassen wie etwa objektiv messbare körperliche Merkmale oder physiologische Vorgänge. Um Innerpsychisches „greifbar" zu machen, benötigt man Theorien und Konzepte wie Ortsverbundenheit oder Privatheit. Eine systematische theoriegeleitete Evaluation neuer Wohnkonzepte und innovativer Bauformen kann eine Entscheidungshilfe sein, inwieweit diese künftig in größerem Umfang genauso oder in modifizierter Form realisiert werden sollten.

Ortsverbundenheit und Orts-Identität

4

Von der umweltpsychologischen Prämisse ausgehend, dass nicht allein der Mensch sondern der Mensch in realen Umwelten Gegenstand der Forschung ist, kommt dem Konzept der Ortsverbundenheit (place attachment) eine Schlüsselrolle zu. Die gefühlsmäßige Bindung an einen Ort oder eine Umgebung ist charakteristisch für das Wohnen. Place attachment wird zwar unterschiedlich definiert und erfasst, was die Vergleichbarkeit der Ergebnisse verschiedener Untersuchungen erschwert, ein gemeinsamer Nenner ist die Auffassung von Ortsverbundenheit als *enger emotionaler* Bindung zwischen Mensch und Umwelt.

Weitere Begriffe, die das Phänomen der Verbundenheit mit Orten bezeichnen, sind sense of place, connectedness to place, place dependence und place identity (Anton und Lawrence 2014). Mit der Bezeichnung „place dependence" wird zum Ausdruck gebracht, dass Menschen von ihrem physischen und sozialen Lebensraum existentiell und im Hinblick auf bestimmte Aktivitäten, die dort ausgeführt werden können, abhängig sind. Sie sind auf Orte und deren Angebote und Ressourcen angewiesen, um ihre Bedürfnisse befriedigen und Absichten verwirklichen zu können.

Low und Altman (1992) haben Ortsverbundenheit als das Phänomen der gefühlsmäßigen Anhänglichkeit eines Menschen an einen Ort definiert. In anderen Konzeptionen werden die kognitive und die Verhaltensebene dazu gerechnet. Ortsverbundenheit wird dann verstanden als Konzept, das eine gefühlsmäßige, eine kognitive und eine Verhaltensebene umfasst (Genereux et al. 1983). Die Begründung ist, dass die Bedeutung eines Ortes außer von den Gefühlen, die man mit diesem Ort verbindet, immer auch von den dort gemachten Erfahrungen sowie den Aktivitäten abhängt, denen man an diesem Ort nachgeht oder nachgegangen ist. Wie prägend und sinnstiftend diese Aktivitäten sind, zeigt sich daran, dass von einem Ort weniger die architektonischen Details im

© Springer Fachmedien Wiesbaden GmbH, ein Teil von Springer Nature 2020
A. Flade, *Wohnen in der individualisierten Gesellschaft*,
https://doi.org/10.1007/978-3-658-29836-4_4

Gedächtnis bleiben als das, was man dort gemacht hat (Genereux et al. 1983).
Was ein Mensch an einem Ort tut und was er künftig dort zu tun meint, verleiht
dem Ort einen Sinn, den „sense of place" (Kaltenborn 1998). Der Unterschied
zwischen den beiden Konzepten wird im Allgemeinen darin gesehen, dass Ortsverbundenheit in erster Line etwas Gefühlsmäßiges ist und Ort-Identität zusätzlich Kognitionen und Handlungen umfasst.

4.1   Ortsverbundenheit

Im Phänomen der Ortsverbundenheit kommt die Mensch-Umwelt-Beziehung
besonders klar zum Ausdruck. Wegweisend ist das Wort „place" im englischen Begriff
„place attachment". Ortsverbundenheit entsteht, wenn aus einer neutralen unpersönlichen Umwelt (Space) ein subjektiv bedeutsamer Ort (Place) wird. Eine solche
Differenzierung findet sich, wie Sime (1986) geschildert hat, bereits in der Antike:

> „The concept of place can be traced back to the ancient philosophical writings
> of Aristotle, Place or 'topos', in his view, was the 'where' dimension in people's
> relationship to the physical environment, conjuring up a feeling of 'belonging'. ...
> The Romans, centuries later, used the term 'Genius Loci': the 'spirit of a place'.
> A 'genius' was the 'guardian spirit' of a physical location. Recent years have seen
> a revival of the concept of place in the theoretical discussions of certain academics
> within architecture, geography and psychology" (S. 49).

Mit dem genius loci war in der römischen Mythologie ursprünglich ein Schutz-
geist (Genius) gemeint. „Der Geist des Ortes" verlieh dem schützenswerten Ort
Bedeutung. Aus dem Space wurde so ein Place.

Ein besonderer Place ist das Home (Zuhause). Van der Klis und Karsten (2009)
haben die drei Raumkonzepte Space, Place und Home auf einem Kontinuum
angeordnet, das von „keine Beziehung" bis „sehr enge Beziehung" reicht:

- Ein *Space* ist ein unpersönlicher Ort, z. B. ein Haus, das noch nicht in Gebrauch
  genommen wurde und so noch keinerlei Spuren von Aneignung aufweist.
- Ein *Place* ist ein vertrauter Ort, der persönliche Bedeutsamkeit erlangt hat.
- Ein *Home* ist ein spezieller Place, ein intimer, sehr persönlicher Ort, mit dem
  man sich emotional eng verbunden fühlt.

Mit diesem Kontinuum haben sich verschiedene Forscher befasst. Easthope
(2004) und Graham et al. (2015) haben unter „home" einen Ort verstanden,
der mehr ist als ein Place, nämlich „a particularly significant type of place"

(Easthope 2004, S. 136) bzw. „a unique place where a person's past, present, and future selves are reflected and come to life" (Graham et al. 2015, S. 346). Bei van Klis und Karsten (2009) heißt es: „Home viewed as intimate is a stage further than thoroughly familiar, which makes home a particularly special place. … Over time, spaces can be transformed into places and places into homes" (S. 236). Die Betonung als ein *besonderer* Place unterstreicht die Bedeutung des Wohnens als *„the most intimate of relationships with the environment"* (Saegert 1985, S. 288). Das Wohlbefinden und das Gefühl, mit der Umwelt im Einklang zu sein, hängen von dieser „most intimate" Beziehung ab (Easthope 2004).

Gebaute Umwelt, die noch nicht in Gebrauch genommen wurde, ist ein Space. Künstlerische Darstellungen bringen diese Beziehungslosigkeit eindrucksvoll zum Ausdruck (Abb. 4.1). Neue Wohnsiedlungen mit Gebäuden, die noch nicht oder gerade erst bezogen sind, mit Baustellen und vor kurzem angepflanzten noch kleinen Bäumen, sind für die einziehenden Bewohner zunächst ein Space. Erst im Laufe der Zeit wird für sie daraus ein Place und vielleicht auch ein Home.

Umwelten variieren in ihrer Größenordnung (scale). Die Skala reicht vom einzelnen Wohnraum über Wohnungen und Wohnumgebungen bis hin zu Stadtteilen und ganzen Städten. Auch der Siedlungstyp kann zum Gegenstand emotionaler Bindungen werden, z. B. fühlt sich ein Mensch mit dem ländlichen

Abb. 4.1 Gebaute Umwelt in der Space-Phase (mit freundlicher Genehmigung von Katrin Graalmann)

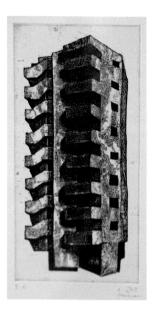

Raum verbunden, der andere möchte, wenn ein Wohnungswechsel ansteht, immer wieder in eine Großstadt ziehen. Ein Umzug in einen ähnlichen Siedlungstyp wird als weniger einschneidend erlebt als in einen unähnlichen (Feldman 1996). Es ist nicht nur der Ort selbst, sondern auch der Ortstyp wie die Großstadt oder das Dorf, zu dem sich enge Bindungen entwickeln und die dann auch Wohnort-entscheidungen bestimmen.

Für viele Jugendliche ist das eigene Zimmer ein Home, ein persönlich besonders wichtiger Ort und ein Favourite Place (Lieblingsort), der gegenüber allen anderen Orten bevorzugt wird. Es ist ein Ort, der ihnen Autonomie, Handlungsfreiraum, Schutz, Privatheit, Entspannung und Geborgenheit bietet (Korpela 1992).

Ein Home ermöglicht vieles. Entsprechend nachteilig ist es, wenn es ein solches Home nicht gibt. Der Mensch ohne Home ist „homeless", d. h. *psychisch* wohnungslos (Dovey 1985).

Die Definitionen verschiedener Forscher, die um das Phänomen der Ortsver-bundenheit kreisen, unterscheiden sich in ihren Akzentsetzungen. So wird der „sense of place" von Banning et al. (2010) definiert als emotionale Verbunden-heit mit einem bestimmten geographisch-physischen Ort, während Ross und Searle (2018) die Verbundenheit mit der sozialen Umwelt als ausschlaggebend hervor heben. In der Bewohnertypologie von Riger und Lavrakas (1981) spielen beide Dimensionen eine Rolle. Als „Verwurzelung" (rootedness) haben die Forscher die Verbundenheit mit der physischen Wohnumwelt bezeichnet, als soziale Einbindung (bondedness) die Verbundenheit mit der sozialen Umwelt, d. h. den Mitbewohnern und Nachbarn. Kombiniert und dichotomisiert man die beiden Dimensionen, ergeben sich vier Typen. Wie häufig diese jeweils sind, hängt vom Kontext ab. In Tab. 4.1 ist als Beispiel die Häufigkeitsverteilung dar-gestellt, die sich bei einer telefonischen Befragung von 1158 Bewohnern aus drei amerikanischen Städten ergeben hat. Als häufigster Typ erwiesen sich die Bewohner, die sowohl verwurzelt als auch sozial integriert sind. An zweiter Stelle folgt mit fast einem Drittel der mobile Typ, der weder räumlich noch sozial mit der Wohnumwelt verbunden ist. Er ist das Gegenteil des räumlich verwurzelten

Tab. 4.1 Bewohnertypen (Riger und Lavrakas 1981, S. 60)

Ortsverbundenheit		Rooted (räumlich integriert)	
		Gering %	Stark %
Bonded (sozial integriert)	Gering	31,6	12,6
	Stark	21,5	34,3

und sozial eingebundenen Typs. Die restlichen beiden Typen machen zusammen nur rund ein Drittel aus. Klar erkennbar ist somit, dass räumliche und soziale Ortsverbundenheit hoch korrelieren.

Ein nicht geringer Teil der Bewohner ist nicht ortsverbunden. Je nach Ort und Gebietstyp ist deren Anteil unterschiedlich. Der mobile Typ ist im Mittel jünger als der sozial und räumlich integrierte Typ. Die jungen Singles bilden die Gruppe, für die „home is where the heart is" weitaus weniger gilt (Anton und Lawrence 2014). Jüngere mobile Personen mit einem erlebnisorientierten Lebensstil[1] sind an einer sozialen Einbindung weniger interessiert (Schneider und Spellerberg 1999; Hidalgo und Hernandez 2001). Bei älteren Bewohnern ist das Interesse an einer sozialräumlichen Eingebundenheit erheblich größer. Wie subjektiv wichtig Ortsverbundenheit ist, hängt so auch von der Lebensphase ab.

Thomas et al. (2008) haben im Stadtteil Buckow in Magdeburg die Ortsverbundenheit der Bewohner untersucht, wobei sie nicht allein die Gefühlsebene sondern auch kognitive und Verhaltensaspekte einbezogen haben. Eine Stichprobe von rund 3000 Bewohnern beantworteten den schriftlichen Fragebogen mit sechs Aussagen, die auf einer 4-stufigen Skala von „trifft überhaupt nicht zu" bis „trifft voll und ganz zu" zu kommentieren waren[2]:

• Buckau ist für mich das ideale Wohnviertel.
• Ich würde gerne aus Buckau wegziehen.
• Es gibt Orte in Buckau, mit denen ich mich innerlich sehr verbunden fühle.
• Es würde mir schwer fallen, aus Buckau wegzuziehen.
• Buckau ist ein „Teil" von mir.
• Ich würde nicht gerne aus Buckau in einen anderen Stadtteil von Magdeburg umziehen.

Mit der Aussage „Es gibt Orte in Buckau, mit denen ich mich innerlich sehr verbunden fühle" wird die Gefühlsebene erfasst, mit der Aussage „Buckau ist für mich das ideale Wohnviertel" die kognitive Komponente und mit der Aussage „Es würde mir schwer fallen, aus Buckau wegzuziehen" die Verhaltenskomponente.

---

[1]Der Lebensstil ist ein mehrdimensionales Konzept (Böltken et al. 1999; Schneider und Spellerberg 1999); Dimensionen sind Bildungsniveau, Einkommen, Werthaltungen, Einstellungen, Interessen, kulturelle Vorlieben, Lebensziele, Freizeitaktivitäten, Konsumverhalten und Mediennutzung.

[2]Die Fragen, die sich auf den Stadtteil Buckow beziehen, sind prototypisch; sie können überall gestellt werden.

Das Ergebnis lieferte eine Bestätigung, dass die Verbundenheit mit dem Stadt-
teil umso stärker ausgeprägt ist, je positiver – unabhängig von Einkommen und
Bildung – die soziale Kohäsion im Stadtteil bewertet wird. Das soziale Leben
ist somit ein bedeutender Einflussfaktor der Ortsverbundenheit. Das lässt den
Schluss zu, dass die Bindung an die Wohnumwelt geschwächt wird, wenn dieser
Faktor entfällt.

Dass Ortsverbundenheit auch auf kulturellen und religiösen Faktoren beruhen
kann, hat Billig (2006) in ihrer Untersuchung in Israel nachgewiesen. Die
befragten Siedler im Gaza Streifen fühlten sich aus religiösen Gründen an das
Land gebunden.

Wie stark die Bindungen eines Menschen an seine Wohnumwelt sind, hängt
nicht allein von individuellen Merkmalen und sozialen Bedingungen sowie
von kulturellen und religiösen Faktoren ab, sondern wesentlich auch von der
Beschaffenheit der physisch-räumlichen Umwelt, deren Ästhetik und Gestaltung
sowie der wahrgenommenen Qualität der Umgebung (Thomas et al. 2008). Das
Erscheinungsbild ist ein bedeutender Einflussfaktor, weil auf Umwelten, die als
unschön und hässlich erlebt werden, emotional negativ reagiert wird, was dazu
führt, dass man diese Orte bzw.Umwelten, wenn irgend möglich, vermeidet
(Mehrabian und Russell 1974). Diese Orte lernt man weder kennen, noch wird
man sich daran emotional binden. Sie bleiben ein unbekannter Space, eine Terra
Incognita.

Worauf Ortsverbundenheit jeweils beruht, ob es vor allem die physische oder
die soziale Umwelt ist, hängt vom Kontext ab. Dies wird sichtbar, wenn man
Untersuchungen einander gegenüberstellt, die in unterschiedlichen Regionen
durchgeführt wurden. So haben z. B. Raymond et al. (2010) die Ortsverbundenheit von Landbesitzern in ländlichen Regionen in Australien untersucht, während
Ross und Searle (2018) Hausbesitzer in Arizona befragt haben. Bei den von
Raymond et al. (2010) interviewten Farmern zeichneten sich drei Dimensionen
ab, die ihre Ortsverbundenheit bestimmen: die physisch-räumliche Umwelt, die
soziale Umwelt und die Natur (Tab. 4.2).

Die Bedeutung der Dimension „Natur" für die Ortsverbundenheit der Farmer
erklärten die Forscher mit der unmittelbaren Präsenz der Natur in ländlichen
Lebensräumen. Die sozialen Kontakte und das Gefühl der Zugehörigkeit (sense
of community) ist dagegen für die Farmer weniger wichtig als für die befragten
Hausbesitzer in Arizona.

Den „sense of community" der Befragten in Arizona, d. h. das Gefühl dazu zu
gehören und die damit einhergehenden sozialen Interaktionen, haben Ross und
Searle als wesentlich für die Entstehung von Sozialkapital angesehen.

Tab. 4.2 Dimensionen der Ortsverbundenheit (Raymond et al. 2010, S. 429)

Ortsverbundenheit	Beispiele
Orts-Identität/Ortsabhängigkeit	I have a lot of fond memories about the region. The region is the best place for the activities I like to do
Soziale Bindungen Zugehörigkeit zu einer Gemeinschaft	The friendships developed by doing various community activity strongly connect me to the region. I live in the region because my family is here
Naturverbundenheit	I would feel less attached to the region if the native plants and animals that live here disappear

„This social interaction creates … a ‚feeling' of support and belonging that members of a community share. This emotional and practical support, built upon trust and engagement with neighbors, promotes a sense of empowerment and acts as a catalyst for the building of social capital" (Ross und Searle 2018, S. 2).

Angesichts der vielen Einflussfaktoren, von denen die Ortsverbundenheit abhängt, und deren Mehrdimensionalität sind allgemeine Aussagen wie: Großstädter sind weniger ortsgebunden als Bewohner im ländlichen Raum, nicht möglich. Wenn z. B. Anton und Lawrence (2014) bei ihrem Vergleich der Ortsverbundenheit von Bewohnern in Städten und in ländlichen Regionen Australiens feststellen, dass die Stadtbewohner weniger verwurzelt sind, dann heißt das noch nicht, dass sie auch sozial weniger eingebunden sind.

Verallgemeinernde Aussagen werden auch dadurch erschwert, dass die Ortsverbundenheit auf unterschiedlichen Faktoren beruhen kann. So zeichneten sich in der Untersuchung von Lewicka (2013) *zwei* Formen von Ortsverbundenheit ab: eine „traditionelle" örtliche Bindung, die auf Verwurzelung und sozialen Bindungen beruht, und eine, die durch die an dem Ort ausgeübten Aktivitäten entsteht. So fühlt sich z. B. ein Mensch mit einem Ort verbunden, weil er dort häufig spazieren geht oder sich dort sportlich betätigt. Wie sich zeigte, korrelieren Stadtgröße und traditionelle Ortsverbundenheit negativ, Stadtgröße und eine auf Aktivitäten basierende Ortsverbundenheit jedoch positiv. Dieses Ergebnis besagt, dass Großstädter nicht einfach weniger, sondern auf eine andere Weise ortsverbunden sind als die Bewohner kleinerer Orte.

Nicht nur die Aktivitäten, auch die *Erfahrungen,* die man an einem Ort macht, beeinflussen die Ortsverbundenheit. Eine lange Wohndauer kann förderlich sein, wie Raymond et al. (2010) herausgefunden haben, dennoch kommt es vor allem darauf an, wie man in dieser langen Zeit den Ort erlebt und wie man sich dort betätigt hat.

Verallgemeinernd lässt sich feststellen, dass sich die Verbundenheit mit einem Ort entwickelt,

- wenn der Ort mit angenehmen Erfahrungen in Verbindung gebracht wird,
- wenn er an die Kindheit erinnert,
- wenn man sich dort sicher und geborgen fühlt,
- wenn er als etwas Eigenes, selbst Gemachtes und zu einem Zugehöriges empfunden wird,
- wenn man sich mit den anderen dort lebenden Menschen verbunden fühlt.

Das Konzept der Ortsverbundenheit ist nicht nur von akademischem Interesse, denn es hat Auswirkungen. So korreliert Ortsverbundenheit negativ mit der Angst, an dem betreffenden Ort Opfer einer kriminellen Tat zu werden (Brown et al. 2004). D. h. Orte, zu denen eine Bindung besteht, werden eher als sicher erlebt. Ortsverbundene Bewohner ziehen seltener oder zögerlicher um, und sie interessieren und engagieren sich verstärkt für Umweltbelange. So haben Anton und Lawrence (2014) festgestellt:

> „Developing place attachment to one's home and local area is beneficial. It has been linked with many positive health and community participation outcomes. People with higher place attachment report greater social and political involvement in their communities ..., and communities comprised of highly attached people are more likely to work together to achieve a desired outcome, such as protecting the environment ... and protecting the social and physical features that characterise their neighbourhoods..." (S. 451).

Die „verwurzelten" Bewohner bleiben lieber wohnen, engagieren sich und investieren in ihre Wohnumwelt (Evans et al. 2003; Mesch und Manor 1998). Diese Bereitschaft stellt eine Ressource dar, die nach Ansicht von Brown et al. (2003) viel mehr und zwar vor allem dort, wo der Verbesserungsbedarf besonders groß ist, genutzt werden sollte.

Menschen, die sich mit ihrer Umwelt verbunden fühlen, setzen sich für deren Erhaltung ein. Sie betätigen sich z. B. als Naturschützer. Fehlt diese Verbundenheit, ist das Interesse an Umweltbelangen geringer (Frantz et al. 2005). Ein Wohngebiet, in dem der Typus des örtlich und sozial ungebundenen Mobilen die Mehrheit bildet, ist eine „liberated community". Es ist nach Mesch und Manor (1998) eine Gemeinschaft mit verringerter Verantwortlichkeit (community of limited liability), in die man sich nur so weit freiwillig einbringt, als es dem eigenen Nutzen dient.

Dass Vermieter und Wohnungsunternehmen großes Interesse an einer Ortsverbundenheit der Bewohner haben, liegt auf der Hand, denn Ortsverbundenheit ist ein Stabilitätsfaktor. Man zieht nicht um, sofern es nicht zwingend erforderlich ist, wenn man sich mit seiner Wohnumwelt im Einklang fühlt.

Eine stark ausgeprägte Ortsverbundenheit kann jedoch auch ein Hindernis sein, denn sie erschwert es, sich von einem Ort zu lösen, auch wenn alles dafür spricht, z. B. eine ungünstige geografische Lage, bei der Überschwemmungen, Erdbeben und Vulkanausbrüche häufig vorkommen (Linneweber und Lantermann 2010). In Gebieten wohnen zu bleiben und ein Immer wieder dorthin zurück-kehren, obwohl die Wahrscheinlichkeit von Naturkatastrophen unverändert hoch ist, scheint irrational zu sein. Doch es gibt rationale Gründe wie den in dem Gebiet vorhandenen fruchtbaren ertragreichen Boden. Neben solchen Nützlich-keitserwägungen ist es jedoch vor allem die emotionale Ortsverbundenheit, die Menschen wider alle Vernunft dort hält.

Eine starke Ortsverbundenheit ist es auch, die bewirkt, dass man in einem Gebiet wohnen bleibt, obwohl es wegen feindlicher Nachbarn und zu befürchtender terroristischer Angriffe gefährlich ist, wie Billig (2006) in ihrer Untersuchung in Israel festgestellt hat, in der sie im Gaza Streifen wohnende Siedler befragt hat. Positive Korrelationen fanden sich zwischen der Religiosi-tät, Ortsverbundenheit und der Bindung an das Zuhause; negativ korrelierten die Risikoeinschätzung und die Bleibeabsicht. Je stärker die Religiosität, die Ver-bundenheit mit dem Gebiet und die emotionale Bindung an das Zuhause, umso ausgeprägter ist die Bleibeabsicht und die Unterschätzung der Gefahren. Sehr hoch korrelierten die Verbundenheit mit dem Gebiet und die emotionale Bindung an das Zuhause (Tab. 4.3).

Nach dem hierarchischen Modell der Bedürfnisse von Maslow (1954) müssten Menschen alles daran setzen, ihr Sicherheitsbedürfnis zu erfüllen, z. B. indem sie aus einer gefährlichen Region wegziehen. Der Grund, wenn sie dennoch dort wohnen bleiben, ist eine sehr stark ausgeprägte Ortsverbundenheit. Diese kann nicht nur rationales Handeln blockieren, sie kann auch in einer anderen Richtung negativ wirken und zwar in der Weise, dass man Veränderungen in seiner Wohn-umwelt mit Skepsis und Misstrauen begegnet (Anton und Lawrence 2014): Es soll alles so bleiben wie es ist und schon immer war; neu Hinzugezogene werden als nicht hierher passende Fremde wahrgenommen.

Noch ein weiterer Effekt einer starken Bindung an einen Ort sind psychisch belastende Verlustgefühle. Es ist zum einen das Heimweh, das einen Menschen befällt, wenn er fern von seinem Zuhause ist (Boesch 1998; Scopelliti und Tiberio 2010; Tognoli 2003), zum anderen ist es Trauer um ein verlorenes Zuhause nach einer nicht selbst gewollten Umsiedlung (Fried 1963). Die emotionalen Bindungen

Tab. 4.3 Korrelate der Ortsverbundenheit (Billig 2006, S. 257)

Variable	Religiosität	Bindung an das Gebiet	Bindung an das Zuhause	Gefahrenein-schätzung
Religiosität	–			
Bindung an das Gebiet	0,54	–		
Bindung an das Zuhause	0,37	0,70	–	
Gefahrenein-schätzung	−0,32	−0,29	−0,55	–
Bleibeabsicht	0,33	0,62	0,55	−0,35

an einen zutiefst vertrauten Ort werden oftmals erst richtig bewusst, wenn man diesen Ort verlassen muss und man daraufhin Kummer und Leid erfährt (Mesch und Manor 1998). Der englische Begriff home*sickness* bringt treffender zum Ausdruck als der deutsche Begriff Heim*weh,* dass man es hier nicht mit einem bloßen „Wehwehchen", sondern mit einer *Krankheit* zu tun hat. Symptome sind Verlustgefühle, Angst, Depressionen, somatische Störungen, gesundheitliche Beschwerden, Zerstreutheit, Konzentrationsstörungen und Leistungseinbußen (Scharp et al. 2016).

Ortsveränderungen unterbrechen gewohnte Verhaltensroutinen; die üblichen raumzeitlichen Ordnungsstrukturen sowie die positiv erlebten sozialen Inter-aktionen entfallen. Ein solcher Wechsel kann zwar als persönliche „Erneuerung", als Auflockerung verfestigter alltäglicher Abläufe und Gewohnheiten gesehen werden, auf der anderen Seite aber auch als verunsichernd und belastend. Wie Fuhrer und Kaiser (1993) festgestellt haben, sind der Verlust der gewohnten Ordnung und fehlende Kontakte mit vertrauten Menschen die Hauptursachen des Heimwehs. Das Ergebnis unterstreicht die Bedeutung des Zuhause als Halt und Ordnung gebender Ort und als sozialer Raum.

Oftmals von Heimweh betroffen sind diejenigen, die längere Zeit an einem Ort fern von ihrem Zuhause verbringen müssen. Es sind zum einen Studierende, zum anderen Angestellte in internationalen Konzernen. Wie Tognoli (2003) ermittelt hat, leiden nicht wenige Studierende unter Heimweh, was gravierende Folgen hat:

„Homesick students showed lower scores on measures of self-esteem, ego identity and internal locus of control, and indicated an emphasis on denial, a longing for family and friends, and missing one's house and hometown" (S. 35).

Wie Scopelliti und Tiberio (2010) in einer Befragung von rund 200 in Rom lebenden Studierenden festgestellt haben, leiden bis zu 74 % von ihnen mehr oder weniger stark an Heimweh. Es sind Gefühle des Verlusts der Familie, der sozialen Kontakte und der vertrauten Lebenswelt. Man lernt schlechter, wenn man niedergeschlagen, depressiv und krank ist, was schlechte Leistungen, nicht bestandene Prüfungen und noch mehr Depressionen, Niedergeschlagenheit, ein vermindertes Selbstwertgefühl und ein „ego depletion" – ein Zustand der inneren Leere und des Verlusts des Selbstwertgefühls – nach sich zieht.

Heimweh versetzt nicht nur die davon betroffene Person in einen krankheits-ähnlichen Zustand, sondern kann auch Nachteile für ein multinationales Unternehmen mit sich bringen, in dem Mitarbeiter aus unterschiedlichen Ländern tätig sind. Eine Befragung von Angestellten aus verschiedenen europäischen Ländern in einer multinationalen High-Tech-Gesellschaft mit Sitz in den Niederlanden, die Eurelings-Bontekoe et al. (2000) durchgeführt haben, ergab, dass etwa rund 50 % der Befragten an Heimweh litten. Nicht diejenigen, die noch nicht so lange fern der Heimat waren, waren am meisten betroffen, und auch nicht diejenigen, die schon mehr als acht Jahre in der Ferne lebten, sondern diejenigen, die sich seit sechs bis acht Jahren in dem anderen Land aufhielten. Man hat sich bereits von der Heimat gelöst, ist aber noch nicht wirklich am neuen Ort angekommen. Heimwehbedingte Leistungsabfälle und häufiges Kranksein der Mitarbeiter sind für die Unternehmen zweifellos nachteilig, sodass nicht nur die Heimweh-Kranken, sondern auch die Unternehmen Interesse daran haben, diese Krankheit zu heilen.

Ein naheliegender Ansatz ist, den Aufbau von Bindungen an den neuen Ort zu fördern und zwar vor allem dann, wenn man weiß, dass der Aufenthalt lange dauern wird.

„A positive bond with the new place of residence can reduce homesickness. Future research ... could lead to the development of programs for newcomers that support the formation of a positive relationship with the novel environment" (Scopelliti und Tiberio 2010, S. 347).

Bei Studierenden ist die Wohndauer am Studienort absehbarer. Doch auch ihr Heimweh könnte, wie Tognoli (2003) gemeint hat, gemildert werden, wenn man auch die Wohnungen, in denen man nur für eine bestimmte Zeit lebt, so gestaltet, dass sie nicht wie eine institutionelle Einrichtung aussehen, sondern „wohnlich" wirken.

Was es eigentlich ist, was man vermisst und was das Zuhause für die an Heimweh Leidenden bedeutet, haben Scharp et al. (2016) in Interviews heraus gefunden. In einer vorab durchgeführten Pilotstudie mit 12 Studierenden,

die an Heimweh litten, wurden der Interviewleitfaden und die Auswertungs-
methode entwickelt. In der sich anschließenden Hauptstudie wurden 34 unter
Heimweh leidende Universitätsangehörige befragt. Vermisst wurden Gelegenheiten für Aktivitäten, denen man sonst nachgeht, die Familie, Geborgenheit und
Zuwendung sowie Orte, an denen man sich gern aufhält. „Home means physical,
social, and emotional comfort … a place of comfort, where participants could be
"safe," "loved," and free to be themselves" (Scharp et al. 2016, S. 1184 f.).

Diese Ergebnisse bestätigen nicht nur, dass Heimweh einer Krankheit gleicht,
sondern auch die psychologische Bedeutung des Zuhauses:

• Es ist ein physischer Ort, der als persönlicher Handlungsraum wichtig ist, an
  dem man gewünschten Aktivitäten nachgehen kann.
• Es ist ein sozialer Ort, an dem man auf vertraute Menschen trifft, mit denen
  man kommuniziert und denen man sich zugehörig fühlt.
• Es ist ein Ort, der mit positiven Gefühlen verbunden ist.

Am fremden Ort fehlt der gewohnte Handlungsraum mitsamt den Aktivitäten, denen man zuhause nachgehen kann, das Zusammensein mit der Familie
und anderen Menschen, die man mag, sowie das Gefühl von Geborgenheit und
Sicherheit.

Bei Umsiedlungsaktionen, die im Rahmen von Sanierungsprogrammen und
Großprojekten durchgeführt werden, ist eine Rückkehr ausgeschlossen. Den
Schmerz, den die Bewohner erleiden, hat Fried (1963) mit „grieving for a lost
home" beschrieben. In der von ihm durchgeführten Untersuchung hatte es sich
um die ehemaligen Bewohner eines Slums in Boston gehandelt, der abgerissen
wurde. Aus objektiver Sicht stellte der Wechsel eindeutig eine Verbesserung
dar. Dennoch trauerten viele über ihr verlorenes Zuhause und litten nach der
Umsiedlung an Depressionen und zwar am meisten diejenigen, deren Bindung
sehr eng gewesen war.

Manzo et al. (2008) haben ähnlich wie Fried, jedoch über eine Fallstudie
hinausgehend, die Auswirkungen unfreiwilliger Umsiedlungen analysiert. Im
Rahmen des Programms des US Department of Housing and Urban Development sind, wie Manzo et al. berichtet haben, bereits über 50 Tausend Bewohner
aus Gebieten mit objektiv geringer Wohnqualität in sozial gemischte Wohngebiete
mit objektiv besserer Wohnqualität umgesiedelt worden. Angesichts solch umfang-
reicher Aktionen stellt sich umso mehr die Frage, wie ein nicht gewollter Wohnortswechsel erlebt wird und welche negativen Auswirkungen damit verbunden sein
könnten. Fried hatte mit einem Fallbeispiel bereits Erkenntnisse darüber geliefert.
Die Untersuchung von Manzo et al. fand in einem an der Pazifikküste gelegenen

Problemgebiet statt, in dem vor der bevorstehenden Umsiedlungsaktion rund 500 Bewohner befragt wurden. Etwa zwei Drittel der Bewohner äußerten, dass sie unglücklich darüber sind, ihr Wohngebiet verlassen zu müssen, 20 % waren sich nicht im Klaren, ob sie es gut oder nicht gut finden, nur eine Minderheit von rund 13 % begrüßte den Wechsel. Dass eine solche Umsiedlung für die Mehrheit ein kritisches und belastendes Lebensereignis ist, hat viele Gründe. Ein Hauptgrund ist der Wegfall der sozialen Beziehungen. Im bisher bewohnten Gebiet haben sich stabile Nachbarschaften herausgebildet, in denen gegenseitige Unterstützungsleistungen wie eine arbeitsteilige Kinderbetreuung oder ein Mitbesorgen das Alltagsleben erleichtert haben. Funktionierende Nachbarschaften vertiefen „bondedness" und damit die Ortsverbundenheit und das Zugehörigkeitsgefühl, sie erzeugen Sozialkapital und kollektive Effizienz. Dementsprechend gravierend ist es, wenn diese gewachsenen hocheffizienten nachbarlichen Beziehungen entfallen.

Umsiedlungsaktionen finden nach wie vor statt, z. B. in Deutschland im Zusammenhang mit dem weiträumigen Abbau von Braunkohle (Abb. 4.2).

Ein Beispiel ist die Umsiedlung der Bewohner des Dorfes Horno (sorbisch Rogow) in der Lausitz, das 2003 abgebaggert wurde. In der 15 km entfernten Stadt Forst entstand ein neuer Ortsteil Horno, der wie der alte Ort als Angerdorf mit

Abb. 4.2 Verlust des Zuhauses durch den Braunkohlenabbau

Abb. 4.3 Neue Wohn- und Freizeitumwelten in Gebieten, in denen früher Braunkohle abgebaut wurde

Dorfteich gestaltet wurde, in dem auch die Straßennamen übernommen wurden. Im Dokumentations- und Informationszentrums „Archiv verschwundener Orte" in Forst sind die zahlreichen bergbaubedingten Umsiedlungen dokumentiert[3]. Es ist das kulturelle Gedächtnis in Gestalt eines Archivs, das Wissen über vergangene Orte bewahrt.

Zugleich entstehen dort, wo einmal Braunkohle abgebaut worden ist, neue Lebenswelten (Abb. 4.3).

Boesch (1998) hat das vertraute Zuhause und die unvertraute Fremde in einen Zusammenhang gebracht: „Heimat benötigt Fremde, um erlebt zu werden, und Fremde wird zu einer Realität nur im Kontrast zur Heimat" (S. 63). Neben dem Heimweh gibt es so auch das Gegenteil: ein Fernweh, das Verlangen nach einer unbekannten Welt, nach neuen Eindrücken und Erlebnissen. Neben der Ortsverbundenheit, die sich im Wunsch, an einem vertrauten Ort zu bleiben, ausdrückt, gibt es auch eine Sehnsucht nach dem Unvertrauten, dem noch unbekannten „Anderswo".

---

[3]http://www.archiv-verschwundene-orte.de/de/startseite/70224, abgerufen am 17.11.18.

4.2   Orts-Identität

Der Begriff „Identität" hat mehrere Bedeutungen. Es kann gemeint sein, dass Dinge oder Menschen sich gleichen bzw. identisch sind, und dass jemand unverwechselbar und einzigartig ist (Graumann 1983). Der Mensch wird von den anderen Menschen als Individuum mit bestimmten Eigenschaften und als unverwechselbar wahrgenommen. Die Faszination beim Anblick eineiniger Zwillinge rührt nicht zuletzt daher, dass zwei Menschen sich so sehr gleichen, dass sie verwechselbar sind. Die personale bzw. Ich-Identität umfasst das Selbstkonzept, die soziale und die Orts-Identität. Individuen definieren sich nicht nur über ihr Selbstkonzept sondern auch über ihre soziale Identität, der Zugehörigkeit zu Gruppen (Six 2014). Die Zugehörigkeit zu einer Ingroup, die sich definitiv von einer Outgroup abgrenzt, stärkt die soziale Identität (Tajfel 1982).

Eine Schlüsselfrage ist: „Wer bin ich?" Aus der Antwort lässt sich entnehmen, wie sich ein Mensch wahrnimmt. Er wird etwas über sein Alter, sein Geschlecht, seinen Beruf, seine Familiensituation, seine Vorlieben und Aktivitäten, seine Zugehörigkeit zu bestimmten Gruppen und etwas über seinen Herkunfts- und Wohnort sagen. Die Bündelung und Organisation sämtlicher Informationen über sich selbst ergibt die relativ stabile psychische Struktur der Ich-Identität. Neben dieser *synchronen* gibt es die *diachrone* Ich-Identität: die Gewissheit, gestern, heute und morgen ein und dieselbe Person geblieben zu sein (Fuhrer 2008).

Die sich auf Orte beziehende Substruktur tritt zutage, wenn auf die Frage „Wer bin ich?" Orte genannt werden. Orte sind damit Bestandteil der Ich-Identität. Die *Orts-Identität* umfasst Erinnerungen, Gedanken, Gefühle, Einstellungen, Werte, Vorlieben, Erfahrungen, Bedeutungen und Bewertungen sowie Verhaltensmuster bezogen auf Orte. Es sind Erinnerungen an die aus Orten und Umwelten bestehende individuelle „Umweltvergangenheit" (environmental past), die in früheren Zeiten auch für die Befriedigung der Bedürfnisse und das Realisieren von Handlungsabsichten eine Rolle gespielt haben.

Orte, mit denen man sich identifiziert, können bewirken, dass man sich über die Zeit hinweg als gleichbleibend erlebt und dass über diesen Ort das Selbstwertgefühl gestärkt wird (Anton und Lawrence 2014). Fehlen solche Orte, wird die Ich-Identität um die Substruktur der Orts-Identität geschmälert.

Der Ort, mit dem man sich identifiziert, den man als zu sich gehörig oder als Teil von sich selbst erlebt, kann sich – wie auch bei der Ortsverbundenheit – auf Orte unterschiedlicher Größenordnung beziehen. Lalli (1992) hat die Verbundenheit und Identifizierung mit der Stadt analysiert. Mit der von ihm konzipierten Urban-Identity Scale hat er festgestellt, in welchem Ausmaß sich Bewohner in Mannheim (rund 300 Tausend Einwohner) und in Heidelberg (rund 150 Tausend

Einwohner) mit ihrer Stadt identifizieren. Die Urban-Identity Scale setzt sich aus 20 Aussagen zusammen. Die Befragten kommentieren diese Aussagen durch Ankreuzen eines Skalenwerts auf einer 5-stufigen Skala von „stimme überhaupt nicht zu" bis „stimme ganz und gar zu". Mit der Urban-Identity Scale werden fünf Dimensionen erfasst. Diese sind:

- Bewertung *(evaluation):* ein Vergleich zwischen der eigenen Stadt mit anderen Städten. Ein Beispiel: „Verglichen mit anderen Städten hat diese Stadt viele Vorteile",
- emotionale Verbundenheit *(attachment):* das Gefühl, in dieser Stadt zuhause, zugehörig und verwurzelt zu sein. Ein Beispiel: „Ich fühle mich in dieser Stadt richtig zu Hause",
- örtliche Kontinuität (continuity): die Verbindung zwischen der eigenen Biographie und der Stadt. Ein Beispiel: „Vieles in dieser Stadt erinnert mich an meine Kindheit",
- Vertrautheit *(familiarity):* Kenntnis der räumlichen Struktur und diverser Orte der Stadt. Ein Beispiel: „Diese Stadt ist mir sehr vertraut",
- Engagement, persönlicher Einsatz *(commitment):* das Einverstandensein mit der Stadt für die eigene Zukunft und die Absicht dort zu bleiben. Ein Beispiel: „Ich möchte immer hier leben".

Die Ergebnisse von Lalli waren, dass die Identifikation mit der Stadt mit zunehmender Wohndauer zunimmt, dass man sich stärker mit ihr identifiziert, wenn man in der Stadt geboren wurde, und dass die Bewohner, die sich mit ihrer Stadt identifizieren, diese in einem positiveren Licht sehen.

„Highly-identified participants consistently assessed urban quality in more positive terms" (Lalli 1992, S. 298).

Wer sich mit seiner Stadt weniger oder nicht identifiziert, nimmt eher die negativen Seiten der Stadt wahr z. B. den herum liegenden Müll, die kaputten Rolltreppen, die beschmierten Briefkästen. Zu einem ähnlichen Ergebnis ist Félonneau (2004) gelangt.

Durch örtliche Kontinuität wird die diachrone Ich-Identität gestärkt. Es fällt leichter, sich dessen gewiss zu sein, dass man derselbe Mensch geblieben ist, wenn auch die Wohnumwelt gleich geblieben ist.

Durch seine Zugehörigkeit zu einem bestimmten Ort teilt ein Mensch den anderen etwas über sich selbst mit (Proshansky 1978; Proshansky et al. 1983; Fuhrer und Kaiser 1993, 1994). Das bekannte Sprichwort: „Sage mir wie du wohnst, und ich sage dir, wer du bist", bringt das treffend zum Ausdruck. Besteht keine solche Zugehörigkeit, weil man ständig unterwegs und nirgendwo zuhause ist, entfällt nicht nur die Substruktur der Orts-Identität, sondern auch die Ich-Identität bekräftigende Kommunikation mit sich selbst und die Kommunikation mit den anderen, die sich ein Bild von einem machen, das auch Orte einschließt.

Privatheit 5

5.1　Zum Begriff

Privatheit ist im Unterschied zum territorialen Verhalten, das auch bei Tieren zu beobachten ist, nicht biologischen Ursprungs. Es ist ein soziokulturelles Phänomen, erkennbar z. B. daran, dass die im Mittelalter lebenden Menschen nicht gewusst hätten, was „Respektierung der Privatsphäre" heißt. Aus dieser Zeit stammende Bilder, wie sie unter anderem Brueghel gemalt hat, geben Auskunft über frühere Wohn- und Lebensformen. Geht man von dieser Quelle aus, gab es eine räumlich differenzierende Architektur mit einer Unterteilung in Individual- und Gemeinschaftsräume noch nicht (Schmidt und Dirlmeier 1998). Sie wurde, wenn man die Menschen auf diesen Bildern betrachtet, auch nicht vermisst.

Heute hat der Mensch einen Rechtsanspruch darauf, unbehelligtes Einzelwesen zu sein. Privatheit wird für so wichtig gehalten, dass dieser Sachverhalt im Grundgesetz verankert wurde. Im Artikel 2 des Grundgesetzes heißt es, dass jeder das Recht auf die freie Entfaltung seiner Persönlichkeit hat, soweit er nicht die Rechte anderer verletzt und nicht gegen die verfassungsmäßige Ordnung oder das Sittengesetz verstößt.

Die Vorstellungen, was Privatheit ist, sind jedoch nicht einheitlich. Im Alltagsverständnis sowie auch im Grundgesetz wird Privatheit mit Alleinsein und sich zurück ziehen können und unbehelligt zu sein, gleichgesetzt. Aus psychologischer Sicht ist diese Auffassung nur die eine Seite der Medaille. Nach der Definition von Altman (1975) beinhaltet Privatheit, die Grenze zwischen einem selbst und den anderen kontrollieren zu können. Diese Grenze kann physisch-räumlich-sensorisch oder informatorisch sein. Der wesentliche Punkt sind die *zwei* Seiten: Privatheit ist nicht nur Rückzug und ein Abschotten gegenüber der physischen und sozialen Umwelt, wie es dem Alltagsverständnis entspricht, sondern umfasst auch

© Springer Fachmedien Wiesbaden GmbH, ein Teil von Springer Nature 2020　　73
A. Flade, *Wohnen in der individualisierten Gesellschaft*,
https://doi.org/10.1007/978-3-658-29836-4_5

ein Sich öffnen können. Es ist eine Kontrolle der Grenze in *beide* Richtungen. Je
nach Richtung bedeutet eine mangelnde Kontrolle nicht nur ein Zuviel sondern
auch ein Zuwenig an Alleinsein bzw. Zusammensein. Die Folgen sind entweder
Sozialstress, der durch ein Zuviel an Zusammensein entsteht, weil man sich nicht
verschließen und zurückziehen und die anderen nicht fern halten kann, oder Einsamkeit, ein Übermaß an Alleinsein, weil es keine Gelegenheiten gibt, sich zu
öffnen, mit anderen in Kontakt zu kommen und zusammen zu sein.

Auf das Wohnen bezogen heißt eine mangelnde Kontrolle, dass man entweder über keinen eigenen Bereich in der Wohnung verfügt und sich nicht zurück
ziehen kann oder dass man die ganze Wohnung für sich hat, aber niemanden, mit
dem man kommunizieren kann.

Inwieweit die Grenze zwischen einem selbst und den anderen kontroll-
bar ist, hängt weitgehend von den räumlichen Strukturen und den räumlichen Ressourcen ab (Evans und McCoy 1998). Problematisch ist z. B., wenn
mehr Personen in einer Wohnung leben als diese Räume hat. Die in Abb. 5.1

Abb. 5.1 Privatheit in
einer Wohnung für vier
Bewohner (Evans und
McCoy 1998, S. 89)

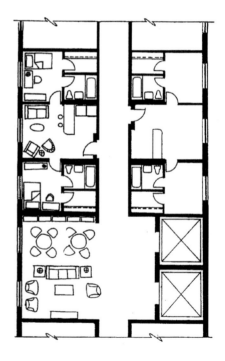

dargestellte Wohneinheit für vier unabhängige Personen ist räumlich differenziert. Es ist ein abgestuftes territoriales Gefüge, das Privatheit gewährleistet: man kann sich zurück ziehen und allein sein, man kann aber auch zusammen sein. Alle vier Bewohner haben ein eigenes Zimmer, jeweils zwei teilen sich einen direkt davor gelegenen kleinen Gemeinschaftsraum. Im Eingangsbereich befindet sich ein Gemeinschaftsraum für alle, in dem auch Besuch empfangen werden kann.

> „Privacy in this dormitory is well supported by a spatial hierarchy. Spaces for solitude or intimacy, small groups, and for larger social gatherings are all accommodated and well defined" (Evans und McCoy 1998, S. 89).

Privatheit im Sinne von „Alleinsein können" beinhaltet Verfolgen von Zielen, ohne dabei behindert zu werden, und Verwirklichen von Absichten, ein emotional entlastendes „being off stage", freies Agieren und Gefühle zeigen, Unbeobachtet sein und aus sozialen Rollen heraus können, geschützte Kommunikation, Schutz vor belästigender akustischer Stimulation und unerwünschten Einblicken. Wer über Privatheit verfügt, hat Spielräume, er kann etwas ausprobieren, seinem Bedürfnis nach Selbstentfaltung frönen und damit den Eindruck von Selbstwirksamkeit sowie das Selbstwertgefühl stärken.

Ob man allein oder mit anderen zusammen sein möchte, hängt von individuellen Vorlieben und Befindlichkeiten, dem Kontext und der jeweiligen Situation ab. Wer etliche Stunden allein in seinem Zimmer in der Studentenwohnanlage verbracht hat, geht gern nach draußen, um andere zu treffen. Wer lange mit anderen zusammen war, möchte wieder einmal allein sein. Für den, der die Grenze zwischen sich und den anderen in beiden Richtungen kontrollieren kann, ist beides möglich. Grundmuster ist ein Raum mit einer Tür, die man schließen oder öffnen kann. Zwei kleinere Einzelräume sind mit Blick auf Privatheit besser als ein doppelt so großer Raum für zwei Personen, die sich räumlich nicht voneinander abgrenzen können.

Ein spezieller Raum taucht in den Entwürfen der Architektin Susanka auf. Es ist ein kleiner, im Eingangsbereich gelegener Raum, den sie als „away room" bezeichnet hat. Er kann z. B. als Home Office fungieren, in dem man *ungestört* arbeiten kann (Susanka und Obolensky 2008). Passende Assoziationen dazu sind Zurückgezogenheit und Ruhe.

Außerhalb des Hauses bieten Mauern mit einem Tor, das man öffnen oder zusperren kann, Sichtschutz und damit visuelle Privatheit (Abb. 5.2). Akustische Privatheit beinhaltet die Kontrolle über akustische Stimulation. Hier sind es Wände und Mauern bis hin zu Lärmschutzvorrichtungen, die von unerwünschtem Schall abschirmen. Auch Kopfhörer sind ein Mittel, um akustische Privatheit

Abb. 5.2 Visuelle Privatheit

herzustellen; man hört das, was man möchte und schließt unerwünschte Geräusche aus.

Sitzanordnungen können die Kontrollmöglichkeiten einschränken, indem sie nur eine Sitzposition zulassen (Gifford 2007). Eine soziopetale Sitzanordnung erleichtert es, sich anderen zu zuwenden; ein soziofugales Muster, das soziale Distanz schafft, passt besser, wenn man nicht behelligt werden möchte (Abb. 5.3). Nutzungsoffene Muster sind z. B. Stühle, die man beliebig anordnen kann. Bänke bieten Privatheit, wenn sie so gestaltet sind, dass sie es den Nutzern überlassen, ob sie miteinander kommunizieren oder sich lieber voneinander abwenden wollen (Abb. 5.4).

Wie sich auch bei beschränkter Wohnfläche Privatheit realisieren lässt, hat Maak (2014) mit dem Beispiel des Moriyama Hauses im Süden von Tokio, das von dem japanischen Architekten Ryue Nishizawa für den Bauherrn Moriyama entworfen wurde, beschrieben. Das Haus besteht aus zehn zimmerartigen Wohnkuben. Einen davon bewohnt Moriyama selbst, die anderen hat er vermietet. Die Korridore zwischen den Wohnkuben sind nicht überdacht, sie ähneln einem Garten mit Bäumen. Entscheidend ist:

Abb. 5.3   Soziopetale und soziofugale Sitzanordnungen

Abb. 5.4   Privatheit fördernde Rundbank

„Jeder hat ein Minihaus mit Bad und Kochplatte. Wer nicht will, nutzt den Gemeinschaftsraum nicht und verlässt die Agglomeration, ohne durch das soziale Labyrinth
zu spazieren" (Maak 2014, S. 189).

Wer andere treffen will, steigt eine kleine Leiter hinauf auf das Dach, auf dem
sich ein Gemeinschaftsraum befindet.

In einer individualisierten Gesellschaft haben Individualität und Selbst-
bestimmtheit einen hohen Stellenwert, was Privatheit voraussetzt (Rössler 2001).
Ohne Privatheit kann der Mensch kein autonomes Leben führen.

5.2   Kontrollverluste

Zu unterscheiden ist zwischen physischer (visueller, akustischer, olfaktorischer
und räumlicher) und informatorischer Privatheit. Ein Verlust der informatorischen
Privatheit bedeutet, dass der Mensch nicht mehr bestimmen kann, wann, wie und
in welchem Ausmaß Informationen, die ihn persönlich betreffen, anderen bekannt
werden.
      Ein Wohnungseinbruch ist eine reale Grenzverletzung. Er bedeutet für die
Bewohner, dass sie nicht in der Lage gewesen sind, die Grenze zwischen sich
und den unerwünschten Eindringlingen zu kontrollieren. Für den Einbrecher ist
ein Einbruch eine gewollte Grenzverletzung und ein Nichtbeachten territorialer
Strukturen. Der Architekt Oscar Newman hat mit dem Konzept des Defensible
Space Vorschläge geliefert, wie solche Grenzverletzungen verhindert oder
erschwert werden können. Er fragte sich, wie man Wohngebäude so gestalten
kann, dass sie den Eindruck hervorrufen, gegen Eindringlinge verteidigt zu
werden. Ein Defensible Space ist ein Raum, der uneinnehmbar wirkt, sodass
mögliche Angriffe scheitern würden (Newman 1995; Hellbrück und Fischer
1999). Ob ein Raum als Defensible Space wahrgenommen wird, hängt ab von
der räumlichen Struktur und von der Überschaubarkeit des „Space". Territoriale
Strukturen, die vom primären Territorium der Wohnung bis in den öffentlichen
Raum hinein reichen, lassen sich planen. Ein Beispiel einer abgestuften
territorialen Struktur ist in Abb. 5.5 dargestellt. Zwischen den Häuserzeilen
befinden sich sekundäre Territorien, die zwar nach außen hin offen und im
Prinzip für jedermann zugänglich sind, die jedoch, weil sie nicht als öffentliche
Durchgangswege wahrgenommen werden, nur derjenige betritt, der dort wohnt
oder ein Anliegen hat. Außerhalb davon liegt der öffentliche Raum, in dem sich
auch ein Schulgelände befindet.
      Funktionierende territoriale Strukturen in Wohngebieten fördern nachbarliche
Beziehungen, darunter auch den „neighborhood watch". Die Nachbarn passen
auf, dass nebenan nicht eingebrochen wird oder sprechen Fremde an, warum sie
sich im Umfeld der Wohnungen aufhalten. Potenzielle Täter werden so zusätzlich von Wohnungseinbrüchen abgehalten, wenn sie den Eindruck haben, dass
die Nachbarn ihr Tun verfolgen. Dadurch wird die Wohnumwelt auch objektiv

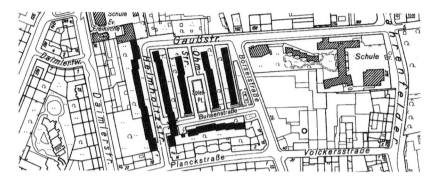

Abb. 5.5 Differenziertes territoriales Gefüge

sicherer. Die durch differenzierte territoriale Strukturen erreichte räumliche Kontrolle wirkt somit nach zwei Seiten (Brown et al. 2004):

• Die Bewohner fühlen sich sicherer.
• Potentielle Täter werden abgeschreckt.

Die Frage nach den Gründen, warum räumliche Strukturen nicht funktionieren und deshalb angreifbar werden, hat die umweltpsychologische und kriminologische Forschung beflügelt und zur Gründung der Institution Crime Prevention Through Environmental Design (CPTED) geführt.

„The CPTED approach states that the proper design and effective use of the built environment can lead to a reduction in the fear and incidence of crime, and an improvement in the quality of life" (Montoya et al. 2016, S. 517).

Empirische Forschungsergebnisse bestätigen die Bedeutung räumlicher Strukturen. Wie Brown und Bentley (1993) nachgewiesen haben, wird seltener in Häuser eingebrochen, die von einer funktionierenden territorialen Struktur umgeben sind. Ihre Stichprobe waren 72 Gefängnisinsassen, die bei einem Einbruch erwischt worden waren. Ihnen wurden in den Interviews Fotos von Häusern gezeigt. Sie sollten angeben, wie wahrscheinlich ein Einbruch in das jeweilige Haus ist. Sie schätzten die Einbruchswahrscheinlichkeit als geringer ein, wenn die Häuser einen bewohnten Eindruck machen, wenn sie schwer zugänglich sind, wenn nebenan vermutlich aufmerksame Nachbarn wohnen und wenn eine klare räumliche Struktur mit nicht nur öffentlichem Territorium zu erkennen ist. Die Bedeutung, die eine territoriale

Struktur mitsamt deren Zugänglichkeitsregeln, die Wachsamkeit der Nachbarn und die Schwierigkeit in das Haus hinein zu gelangen, hat, trat deutlich zutage. Anzumerken ist hier, dass die im Gefängnis sitzenden Einbrecher trotz dieser Merkmale, die sie selbst als relevant erkennen, einen Wohnungseinbruch verübt hatten. Das bedeutet letztlich, dass man Wohnungseinbrüche nicht gänzlich verhindern kann.

Robinson und Robinson (1997) haben die Einbrüche in drei studentischen Apartments analysiert. Überproportional viele Apartments, in die eingebrochen wurde, waren Eckwohnungen im Erdgeschoss. Diese Apartments grenzten an öffentliche Territorien an, d. h. an Bereiche, die für jedermann problemlos zugänglich sind; es fehlte die Pufferwirkung sekundärer Territorien. Auch die Tageszeit hat einen Einfluss, wie Montoya et al. (2016) in einer Untersuchung in den Niederlanden festgestellt haben, in der sie zwischen Wohnungseinbrüchen tagsüber und nachts differenziert haben. Rund 800 Häuser wurden ausgewählt, von denen in der Hälfte eingebrochen worden war. Das Ergebnis war, dass Wohnungseinbrüche am Tag von der territorialen Struktur und der Zugänglichkeit abhängen. Bei Einbrüchen zur Nachtzeit spielt die territoriale Struktur dagegen eine geringere Rolle, wohl aber die Zugänglichkeit, die von speziellen Schutzvorrichtungen (target hardening) abhängt. Das „target hardening" ist eine klassische Präventionsstrategie. Sicherheitsschlösser, Alarmanlagen und Bewegungsmelder usw. sind starke Barrieren. Eine Barriere sind auch Zäune und Mauern oder auch Sackgassen, die ein schnelles Entkommen erschweren.

Die Tauglichkeit des Defensible Space Konzepts für die Planungspraxis hat Cherulnik (1993) im Zusammenhang mit der Durchführung verschiedener Sicherheitsmaßnahmen demonstriert. In dem Wohnprojekt Clason Point Gardens in New York wurde die Beleuchtung von Fußwegen verbessert und eine große „Niemandsfläche" in kleinere Teilbereiche mit klaren Verantwortlichkeiten umgewandelt, d. h. aus einem größeren öffentlichen Territorium wurden mehrere kleine sekundäre Territorien. Die Bewohner fühlten sich nach der Umgestaltung viel sicherer und zugleich auch verantwortlicher. Etwa die Hälfte der Bewohner meinte, dass sie auftauchende Fremde nach ihrem Anliegen fragen würden. Zuvor war es nur etwa ein Viertel gewesen. Konkret heißt das: Vor der Wohnungs- bzw. Haustür sollte nicht gleich das öffentliche „Niemandsland" beginnen, sondern es sollten sich sekundäre Territorien als „Zwischenräume" anschließen.

Sodhi (1957), der sich schon vor Jahrzehnten mit der „Sozialpsychologie des Wohnungsbaus" befasst hat, hatte die Bedeutung kleiner Vis-á-vis Gruppen betont, aus denen sich Nachbarschaft konstituiert. Diese kleinen Gruppen fördern zugleich die soziale Identität (Tajfel 1982). Sie können sich jedoch nur herausbilden und stabilisieren, wenn die entsprechenden räumlichen Strukturen vorhanden sind, in diesem Fall: wenn es vor der Wohnungstür sekundäre Territorien gibt, die Nachbarschaft ermöglichen und fördern.

Ein Wohnungseinbruch ist ein gravierender Verlust von Privatheit und ein massiver Eingriff in ein territoriales Gefüge mit der Wohnung als dem primären Territorium. Was eine Verletzung der Privatheitssphäre für die Bewohner bedeutet, lässt sich an den Folgen ablesen, die ein Wohnungseinbruch für die betroffenen Bewohner hat. Korosec-Serfaty (1985), die Bewohner, bei denen im letzten Jahr in die Wohnung eingebrochen worden war, befragt hat, stellte fest, dass es vielfältige Gefühle sind wie Verletzlichkeit, Traurigkeit wegen abhanden gekommener Dinge, Ärger und Wut sowie eine vermehrte Angst vor Einbrüchen. Ein Wohnungseinbruch ist wegen dieser fatalen Folgen weitaus mehr als nur ein Diebstahl. Es ist eine Vereinnahmung eines primären Territoriums, eines Zuhauses, das für die Bewohner Teil ihrer Ich-Identität ist, eine Grenzverletzung, die zu verhindern man nicht in der Lage war.

Deegener (1996) hat eine Befragung von Opfern von Wohnungseinbrüchen und Raubüberfällen durchgeführt. Eine der Fragen lautete: „Wie würden Sie Ihre Gefühle, die Sie damals dem Täter gegenüber empfanden, am ehesten einstufen?" (S. 194). Die häufigsten Reaktionen waren Wut und das Gefühl der Hilflosigkeit (Tab. 5.1).

Dass ein Wohnungseinbruch eine enorme psychische Belastung darstellt, haben Wollinger et al. (2014) in einer schriftlichen Befragung von betroffenen Personen in fünf Großstädten (Bremerhaven, Stuttgart, München, Berlin, Hannover) erneut bestätigt. Pro teilnehmender Stadt wurden auf Basis aller im Jahre 2010 polizeilich registrierten und in der Kriminalstatistik erfassten Wohnungseinbrüche 500 Fälle zufällig ausgewählt. Diese Zufallsstichprobe bestand aus insgesamt 854 Personen, bei denen ein Wohnungseinbruch stattgefunden hatte, und 461 Personen, bei denen ein Wohnungseinbruch versucht worden war. Vorgegeben wurden verschiedene Gefühle. Antwortkategorien waren „trifft nicht zu", „trifft nur innerhalb der ersten acht Wochen zu", „trifft bis zu

Tab. 5.1 Reaktionen auf Wohnungseinbrüche und Raubüberfälle – Antworthäufigkeiten in % der Befragten (Deegener 1996, S. 194)

Reaktionen	Gar nicht	Wenig	Mittel	Ziemlich stark	Sehr stark	Σ
Wut	3,6	4,8	4,8	32,1	54,8	100
Hilflosigkeit	12,7	7,0	15,5	25,4	39,4	100
Furcht	31,7	19,0	31,7	11,1	6,3	100

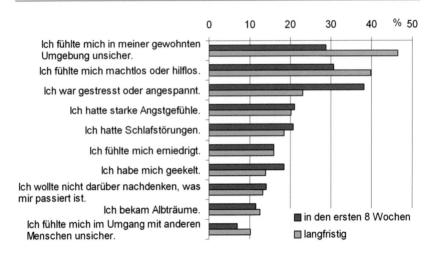

Abb. 5.6 Emotionale Folgen nach einem Wohnungseinbruch in Prozent (Wollinger et al. 2014, Forschungsbericht Nr. 24, S. 53, modifizierte Grafik)

12 Monate danach zu" und „trifft bis heute zu". Die beiden letzten Kategorien sind in Abb. 5.6 als langfristige Folgen zusammengefasst.

Dreiviertel der Befragten fühlten sich verunsichert. Bei knapp der Hälfte hielt dies längere Zeit an. Von Gefühlen der Macht- und Hilflosigkeit, die längere Zeit bestanden, berichteten ebenfalls über der Hälfte der Betroffenen. Typische Folgen sind Stress und Anspannung (Abb. 5.6).

Zweifellos hat ein Wohnungseinbruch weitreichende Folgen. Die selbstverständliche enge Mensch-Wohnumwelt-Beziehung wird empfindlich gestört, das Basisbedürfnis nach Sicherheit wird definitiv nicht erfüllt.

Zuviel Verteidigung, eine übermäßige territoriale Kontrolle und ein übereifriger neighborhood watch sind indessen auch Zeichen, die etwas ausdrücken. So weist eine übermäßige Beleuchtung und Verbarrikierung auf viel Angst und Verletzlichkeit hin (Zurawski 2014). Ein literarisches Beispiel findet sich in der Schilderung einer Reise von Nordamerika nach Patagonien von Paul Theroux (1998):

„Ich hatte keine Lust, hier anzuhalten. Wer aus Oklahoma oder Texas stammt, brüstet sich gern mit seiner Freiheit und redet davon, wie eng zusammengepfercht die New Yorker leben müssen, aber die Landstädte hier kamen mir zum Ersticken

eng vor. Schon die Art, wie sie angelegt waren, deutete auf Verteidigungsbereitschaft hin, als seien sie nur aus einer allgemeinen Angst entstanden. Das Raster ent-
sprach dem einer Wagenburg"[1].

Wer eine Burg errichtet, bringt damit ein starkes Bedürfnis nach Sicherheit zum
Ausdruck und zugleich die Befürchtung, dass es nicht befriedigt wird, wenn man
sich nicht wappnet.

Der Verlust der informatorischen Privatheit ist im Zuge der Digitalisierung zu
einem immer bedeutenderen Thema geworden. Die Möglichkeit, mit den verfügbaren technischen Mitteln unbegrenzt persönliche Daten sammeln, speichern und
nutzen zu können, weckt Befürchtungen, dass sich der Mensch in ein „gläsernes
Wesen" verwandelt, das nichts mehr verbergen kann, sodass andere alles über
ihn wissen. Er hat die Kontrolle verloren. Dieser Kontrollverlust kann so weit
reichen, dass er noch nicht einmal bemerkt, dass er keine Kontrolle ausüben kann.
Er spürt nicht, dass er jedes Mal, wenn er Online-Dienste und das Internet nutzt,
Spuren hinterlässt bzw. Daten erzeugt, und dass er auf diese Weise Informationen
über sich selbst preis gibt (Lück 2013).

Auf der anderen Seite bietet das Internet auch die Möglichkeit, sich anderen
gegenüber zu öffnen und Kontakte zu knüpfen. Der Mensch öffnet sich im Internet noch viel bereitwilliger als im realen Leben; er schirmt sich weniger ab,
wenn die Kommunikation computerbasiert abläuft. „Self disclosure" ist ein freiwilliges Sich öffnen: „Self-disclosure is the act of revealing personal information
to others" (Joinson 2001, S. 178). Dieses vermehrte „self disclosure" zeigt sich
daran, dass man sich in Online-Befragungen unverblümter äußert und mehr von
sich preis gibt als in traditionellen mündlichen oder schriftlichen Befragungen
(Joinson 2001). Mit der Bezeichnung „online disinhibition effect" hat Suler
(2004) auf die vermehrte Anonymität im online Bereich aufmerksam gemacht.
Self disclosure bzw. der disinhibition effect ist umso wahrscheinlicher, je
anonymer es zugeht. Der Grund für ein bereitwilliges Sich öffnen ist nach Suler
die doppelte Anonymität: die vermutete verringerte Identifizierbarkeit der eigenen
Person und die Unbekanntheit der anderen.

Self disclosure geschieht vom Individuum aus, das Sammeln, Speichern und
Nutzen der persönlichen Daten findet außerhalb seiner Sphäre statt, wozu es eines
freiwilligen Sich öffnens gar nicht bedarf (Whitaker 1999; Wehrheim 2012).
Kameras werden zur Überwachung öffentlicher Territorien eingesetzt. Sensoren
und Überwachungskameras können Menschen identifizierbar machen und Ver-

---

[1]Paul Theroux: Der alte Patagonien-Express. München. Deutscher Taschenbuch Verlag, 3.
Aufl. 1998, S. 52 f.

halten erfassen, aus denen auf persönliche Eigenschaften rückgeschlossen wird. Eine verstärkte Überwachung der Bürger wird mit dem Gewinn an öffentlicher Sicherheit begründet: Sie sei erforderlich, um Straftaten und terroristische Aktionen zu verhindern (Wehrheim 2012; Mayer-Schönberger und Cukier 2013).

Auch die Wohnung – ein primäres Territorium – ist kein Ort der Verschwiegenheit mehr, wenn aus dem Home ein Smart Home wird, in dem über Sensoren und digitale Geräte diverse Daten der Bewohner gesammelt und gespeichert werden, ohne dass es ihnen bewusst ist (Mühlichen 2018). Das Smart Home ist kein geschützter Raum (Marquardt 2018). Raum- und zeitunabhängige Online-Kontakte stoßen nicht an physische Barrieren, vielmehr ermöglichen sie eine permanente Konnektivität, was die Kontrolle der Grenze zwischen dem eigenen Selbst und den anderen verringert. Auch im Smart Home wird überwacht; über Sensoren und digitale Geräte werden persönliche Daten in der Wohnung gesammelt (Marquardt 2018). Dazu zu rechnen ist die „Nannycam", eine Videokamera in der Wohnung, mit der die Kinderfrau (nanny) kontrolliert wird (Whitaker 1999). Die Kamera lässt sich über eine spezielle Software mit einem PC koppeln, der es Eltern ermöglicht, während der beruflichen Tätigkeit zu verfolgen, was in der Wohnung geschieht. Berufstätige sind so, auch wenn sie real abwesend sind, virtuell ihr Kind umsorgende Eltern.

Die Möglichkeiten des Internet, weltweite Gemeinschaften zu bilden, hat Rheingold (1994) als einen der großen Pluspunkte der Digitalisierung hervorgehoben. Zugleich hat er jedoch auf die damit einher gehende Gefährdung von Privatheit hingewiesen.

„Das größte Problem liegt dabei darin, dass das, was gemeinhin als Privatsphäre bezeichnet wird, in vielfacher Hinsicht untergraben wird, wenn die Cyberspace-Technologien es so leicht machen, detaillierte Informationen über Individuen zusammen zu stellen und zu verbreiten" (Rheingold 1994, S. 339 f.).

Weil es so einfach ist, geschieht es auch und zwar, ohne dass es den Menschen bewusst wird.

Erleben der Wohnumwelt

6

Wahrnehmungen und Kognitionen als interne Repräsentationen der Umwelt und die damit verbundenen Gefühle und Gestimmtheiten machen das menschliche Erleben aus. Das subjektive Abbild, die erlebte Umwelt, unterscheidet sich von der objektiven Umwelt, d. h. von dem, was abgebildet wird, denn: Das Wahrgenommene hängt nicht nur von der Beschaffenheit der realen Umwelt, sondern immer auch von den Eigenschaften und Absichten des wahrnehmenden Menschen ab. Der Förster sieht z. B. den Wald mit anderen Augen als der Spaziergänger.

Dennoch gibt es Übereinstimmungen, denn die Abbildungen haben eine reale Basis, es sind keine reinen Konstruktionen. Man kann sich also fragen, welches die objektiven Merkmale der Umwelten sind, die von vielen Menschen als schön empfunden werden, oder was Bauwerke auszeichnet, in denen sich die meisten Menschen wohl fühlen, oder was es mit Umwelten auf sich hat, die häufiger als andere Stress hervorrufen.

Damit man trotz vieler individuell unterschiedlicher Sichtweisen zu einer zusammenfassenden Aussage gelangen kann, greift man auf die deskriptive Statistik zurück. Man berechnet Mittel- und Prozentwerte und schafft damit ein Gesamtbild. Wenn z. B. 60 % der Bewohner in der Neubausiedlung die Qualität ihrer Wohnung als hoch einstufen, 25 % als teils/teils und 15 % als unzureichend, dann heißt das für das Wohnungsunternehmen, man auf dem richtigen Wege ist, weil schließlich die Mehrheit der Bewohner den neuen Wohnungen eine hohe Qualität bescheinigt. Mit deskriptiver Statistik wird so eine Brücke zwischen der psychologischen Individual- und der für Architekten und Planer maßgeblichen überindividuellen Ebene geschlagen. Abgesehen davon ist eine Analyse der Gründe, die von denjenigen angeführt wurden, die kritischer geurteilt haben, aufschlussreich.

© Springer Fachmedien Wiesbaden GmbH, ein Teil von Springer Nature 2020
A. Flade, *Wohnen in der individualisierten Gesellschaft*,
https://doi.org/10.1007/978-3-658-29836-4_6

Tab. 6.1 Mathematischer und erlebter Raum. (nach Bollnow 1963)

Der mathematische Raum	Der erlebte Raum
Ist homogen und isotrop.	Ist anisotrop, er hat einen Mittelpunkt und eine Umgebung.
Ist durch und durch gleichmäßig sowie standort- und richtungsunabhängig.	Wird durch den Standort der wahrnehmenden Person, ihre Blickrichtungen und ihre Bewegungen im Raum konstituiert.
Ist wertfrei. Kein Punkt und keine Richtung sind vor den anderen ausgezeichnet.	Enthält Valenzen. Die Abstände sind ungleich, die Richtungen qualitativ verschieden; oben wird positiver konnotiert als unten, rechts positiver als links.
Erstreckt sich nach allen Seiten hin bis in die Unendlichkeit.	Hat Grenzen.

Umweltwahrnehmung und Umwelterleben sind umfangreiche Themen. Ein Gesichtspunkt ist die Gegenüberstellung von objektiver und erlebter Umwelt, der deutlich macht, dass die objektive gebaute Umwelt nicht unbedingt auch so wahrgenommen wird, wie die Erbauer meinen. Daran schließt sich das Thema Umweltästhetik an, bei dem es um weitaus mehr geht als nur darum, ob etwas schön oder weniger schön ist. Sowohl Wohlbefinden als auch Stress sind keine reinen innerpsychischen Vorgänge, sondern hängen wesentlich von den Umweltbedingungen ab. Für die wahrgenommene Wohnqualität und die Wohnzufriedenheit interessiert sich nicht nur die Umweltpsychologie, sondern auch die Wohnungsunternehmen. Bewohner, die zufrieden sind, möchten bleiben.

6.1   Objektiver und erlebter Raum

Wahrnehmen beginnt bei den Sinnesorganen. Durch deren Reizung werden Informationen aus der Umwelt aufgenommen, diese werden verarbeitet, gedeutet und bewertet. Es sind innerpsychische Vorgänge, die beeinflusst werden von den individuellen Einstellungen, Vorlieben, Motiven, Interessen, Bedürfnissen, Stimmungen, subjektiven Normen und dem Erfahrungswissen. In Anbetracht dieser vielen Einflussfaktoren wundert es nicht, dass reale und erlebte Umwelt unterschiedliche Kategorien sind (Tab. 6.1). Der reale Raum ist homogen und isotrop, standort- und richtungsunabhängig. Kein Punkt, keine Strecke und keine Richtung sind vor allen anderen ausgezeichnet; er erstreckt sich nach allen Seiten hin bis in die Unendlichkeit. Dagegen wird der erlebte Raum durch den Stand-

Abb. 6.1 Häuser mit Bäumen davor

ort des Menschen, seine Blickrichtungen und Bewegungen im Raum konstituiert. Der Wahrnehmungsraum ist begrenzt, er ist anisotrop; er hat einen Mittelpunkt und eine Peripherie, die Abstände sind ungleich, die Richtungen qualitativ verschieden; das Oben wird im Allgemeinen positiver konnotiert als das Unten, die rechte Seite positiver als die linke. Jeder Ort hat eine spezifische Bedeutung, d. h. der erlebte Raum besitzt Valenzen.

> „Es sondern sich bevorzugte und gemiedene Bezirke. Erinnerungen angenehmer wie unangenehmer Art verbinden sich mit einzelnen Orten" (Bollnow 1963, S. 69).

Im erlebten Raum ist der wahrnehmende Mensch Mittelpunkt, er setzt sich ins Verhältnis zum umgebenden Raum. Indem er das tut, spürt er seine Größe oder seine Kleinheit. Das menschliche Maß wird eingehalten, wenn Bauwerke dem Menschen nicht den Eindruck vermitteln, dass er recht klein und unbedeutend ist. Deshalb sollten, wie der Stadtplaner Röhrbein (1986) gemeint hat, Häuser nicht höher sein als Bäume reichen, d. h. nicht höher als etwa vier Stockwerke. Hochhäuser überschreiten das menschliche Maß bei weitem. Ihre Dominanz kann jedoch durch Bäume davor gemildert werden (Abb. 6.1).

Vorgänge in den Sinnesorganen und die kognitive Verarbeitung der Sinneseindrücke verwandeln den objektiven Raum in einen erlebten Raum. Trotz der unverkennbaren Subjektivität ist der erlebte Raum keine Konstruktion, denn am Beginn befindet sich die reale Umwelt, welche die Sinnesorgane aktiviert. Welche der vielen Informationen aus der Umwelt von den Sinnesorganen aufgenommen werden und welche nicht und wie sie schließlich verstanden und bewertet werden, hängt immer auch von der wahrnehmenden Person, ihren Einstellungen, Vorlieben, Bedürfnissen, Gewohnheiten, Fähigkeiten, Absichten und Befindlichkeiten und von dem im Langzeitgedächtnis gespeicherten Erfahrungen und dem im Laufe des Lebens erworbenen Wissen ab. Ohne einen solchen Wissens- und Erfahrungsschatz wäre es kaum möglich, den sensorischen Eindrücken Sinn und Bedeutung zu verleihen und daraus *Wahr*-Nehmungen zu machen.

Der erlebte Raum ist zwar standort- und blickrichtungsabhängig, da jedoch der Mensch ein mobiles Lebewesen ist, das die umgebende Umwelt aus unterschiedlichen Blickwinkeln betrachten kann, entstehen viele Einzeleindrücke, die zu einem kohärenten Gesamtbild zusammen geschmolzen werden.

Der sinnlich erfassbare Raum ist der Wahrnehmungsraum. Er bemisst sich nach der Reichweite unserer Sinne, deren Leistungsvermögen durch technische Geräte und Vorrichtungen enorm gesteigert werden kann. Doch auch, wenn wir durch das Mikroskop oder Fernrohr blicken, ist es doch immer das Auge, das die Reize aufnimmt. Der Wahrnehmungsraum umfasst außer visuellen auch auditive, haptische und olfaktorische Sinneseindrücke, die aber wegen des Primats des Sehens vor allen anderen Modi sinnlicher Anschauung weitaus weniger im Zentrum des Forschungsinteresses stehen (Schönhammer 2009).

Wie vorrangig visuelle Eindrücke sind, hat Porteous (1985) geschildert:

„Up to 90 per cent of our perceptual intake is visual, and much of the rest is auditory and tactile. Unlike many other animals, we rely on shape and colour for distinguishing objects and inhabit a smell poor sensory environment" (S. 356).

Elemente der visuellen Wahrnehmung sind Form, Farbe, Textur und räumliche Relationen wie Nähe und Entfernung, die im Prozess der Informationsverarbeitung gedeutet und bewertet werden. Räumliche Nähe suggeriert z. B. Zugehörigkeit, die Farbe rot wird mit Wärme und Erregung assoziiert; Konnotationen von blau sind Kälte und Ruhe.

Wie diskrepant objektive und die erlebte Umwelt sein können, lässt sich am Zufriedenheitsparadox demonstrieren. Der eine Bewohner ist z. B. sehr zufrieden, der andere nicht, obwohl die objektiven Wohnbedingungen gleich sind. Der eine beurteilt die Wohnung als ausreichend groß, der andere hält sie trotz gleicher Wohnfläche und Wohndichte für zu klein. Es ist so offenkundig, dass hier ein individueller Maßstab am Werk ist, der bewirkt, dass objektive und subjektive Umwelten verschieden sind.

Auch wenn das Sehen vor allen anderen Modi sinnlicher Anschauung Vorrang hat, werden Räume grundsätzlich multisensorisch erlebt, d. h. mit allen Sinnen (Schönhammer 2009). Visuelle Eindrücke können durch akustische Reize modifiziert werden. Ein Raum, in dem Musik erklingt, ist wegen seiner vermehrten Komplexität sensorisch anregender als ein stiller Raum. Wer in der Wohnung das Radio anmacht, erhöht die sensorische Stimulation im Raum.

6.2 Umweltästhetik

Mit der Frage, welche Orte und Umwelten ein Mensch als schön oder unschön empfindet, befasst sich die *psychologische* Ästhetik (Allesch 2006). Deren Grundannahme ist, dass Schönheit kein Merkmal ist, das einem Ort oder einer Umwelt anhaftet, sondern ein Interrelationsmerkmal, wie es in der David Hume zugeschriebenen Aussage treffend formuliert wird, dass Schönheit erst im Auge des Betrachters entsteht. Schönheit existiert allein im Bewusstsein des Betrachters, es ist keine Eigenschaft der Dinge an sich (Allesch 2006). Eine Umwelt ist schön, wenn es einen Betrachter gibt, der sie schön findet. Nietzsche hat dies Zarathustra in den Mund gelegt, der beim Anblick der Sonne ausruft:

> „Du großes Gestirn! Was wäre dein Glück, wenn du nicht Die hättest, welchen du leuchtest!" (Allesch 2006, S. 13).

Zweifellos würde die Sonne auch existieren, wenn es die Menschen nicht gäbe, denn der Realraum, die objektive Umwelt, besteht auch dann, wenn es niemanden gibt, der ihn zur Kenntnis nimmt. Doch es gäbe auch nicht die Gefühle, die dieses Gestirn auslöst.

Der ästhetische Eindruck ist eine positive emotionale Reaktion auf eine Umwelt, ein *unmittelbares* Wahrnehmen, dass etwas schön ist (Nasar 1997). Die bereits in der griechischen Antike gängige Unterscheidung der menschlichen Erfahrungsmöglichkeiten: der „aísthesis" und der „nóesis", macht klar, was diese positive emotionale Reaktion beinhaltet, nämlich aísthesis: die durch die Sinne vermittelte Erfahrung. Nóesis bezeichnet dagegen „geistige Erfahrung". Wissen erwirbt der Mensch durch den Gebrauch der Sinne *und* des Verstandes (Allesch 2006).

Das ästhetische Erleben ist sinnliche Erfahrung. Doch worauf gründet die Erfahrung von Schönheit? Berlyne (1971) hat diese Frage experimentell zu beantworten versucht, indem er Reizmuster systematisch variiert hat und diese von Versuchspersonen beurteilen ließ. Er fand heraus, dass Neuartigkeit, Komplexität und Unerwartetheit Reizqualitäten sind, die den ästhetischen Eindruck maßgeblich beeinflussen. Dass es ein subjektiver Eindruck ist, lässt sich leicht erklären: Es ist individuell unterschiedlich, ob eine Umwelt neu, komplex und unerwartet ist. Was die eine Person als neu und komplex wahrnimmt, kann für eine andere vertraut und unterkomplex sein. Begründet hat Berlyne den Einfluss dieser Reizqualitäten mit der Evolutionstheorie: Die Fähigkeit des Menschen, auf neuartige Reize zu reagieren und sie als Erfahrungszuwachs zu verwerten, erhöhte seine Überlebenschancen.

Warum Menschen bestimmte Umwelten bevorzugen, haben Kaplan und Kaplan (1989) ebenfalls evolutionstheoretisch begründet: Menschen geben unbewusst den Umwelten den Vorzug, die ein Überleben am ehesten garantieren, was umso wahrscheinlicher ist, wenn sie ihre Umwelt genau kennen *und* wenn sie ihren Lebensraum durch Erkundung erweitern. Die Kaplan'sche Ästhetik-Theorie kann somit erklären, warum etwas gar nicht Neues wie die vertraute Wohnumwelt ebenfalls ein bevorzugter Ort ist, denn es sind *zwei* Gründe, warum man eine Umwelt positiv bewertet:

- wenn man eine Umwelt unmittelbar verstehen kann, was der Fall ist, wenn sie kohärent und lesbar sind, sodass man sich darin entspannt und sicher fühlt,
- wenn eine Umwelt zum Erkunden anregt, weil sie komplex und geheimnisvoll ist.

Wohnumwelten sind keine neuartigen, komplexen und geheimnisvollen Umwelten. Sie werden aus anderen Gründen als schön wahrgenommen als z. B. fremde Länder, die man aufsucht, weil sie neuartige Erlebnisse und neue Erfahrungen verheißen (Evans und McCoy 1998; Ikemi 2005).

Die vier Umweltmerkmale Kohärenz, Lesbarkeit, Komplexität und Mystery sollen noch etwas erläutert werden:

Kohärenz meint Zusammenhalt. Dieser bezieht sich auf die innere Organisation eines Bauwerks oder einer Umwelt. Der Eindruck von Kohärenz entsteht, wenn sich die einzelnen Teile gut zusammenfügen und etwas Ganzes ergeben. Eine kohärente Umwelt ist ein stimmiges Gesamtbild. Das Gegenteil ist Zusammenhanglosigkeit. Konkrete Beispiele sind strukturlose zersiedelte Landschaften oder Gebäude aus diversen Elementen, die keinen Bezug zueinander haben.

Lesbarkeit ist der Grad an Klarheit und Deutlichkeit, der es dem Menschen erleichtert, das, was er sieht, zu verstehen und einzuordnen. Eine Umwelt ist lesbar, wenn man sich darin orientieren, den richtigen Weg finden und die räumliche Struktur mental abbilden kann. Eine verbesserte Lesbarkeit kann Stress reduzieren, weil man nicht herum irrt und viel Zeit aufwenden muss, um den Weg zum Ziel zu finden.

Die zentrale Reizqualität, die den ästhetische Eindruck ganz entscheidend bestimmt, ist *Komplexität,* formal definiert als Zahl heterogener Teilelemente in einem Setting (Umweltausschnitt). Je zahlreicher und unterschiedlicher die einzelnen Elemente sind, umso höher ist der Komplexitätsgrad des Setting (Singh et al. 2008). Ein konkretes Beispiel: Wenn man die einzelnen Halme eines Getreidefeldes oder die Entwässerungsgräben einer Marschlandschaft addieren würde, käme man auf eine beachtliche Anzahl. Doch die Halme und die Gräben ähneln sich, es sind keine verschiedenartigen Elemente, sodass die Umwelt trotz der Vielzahl der Elemente unterkomplex ist. Ein weiteres Beispiel: Eine Siedlung, die sich aus einem Mix aus ganz unterschiedlichen Häusern zusammensetzt, ist komplexer als eine Siedlung, die aus gleichförmigen Hochhauszeilen besteht.

Mittlere Komplexität ist kognitiv optimal, weil der Mechanismus der Informationsaufnahme und Informationsverarbeitung weder unter- noch überfordert wird. Auch wenn das Optimum individuell unterschiedlich ist, so besteht darüber doch ein weitgehender Konsens. Ein Innenraum mittlerer Komplexität in einem großen Gebäude, der den meisten Menschen weder als zu monoton noch als zu überfrachtet erscheint, der verschiedenartige Elemente wie Säulen, eine Treppe, eine Fensterfront usw. enthält, ist in Abb. 6.2 dargestellt.

Man erwartet bei Gebäuden, dass die Mauern und Wände senkrecht sind. Eine schräge anstelle einer senkrechten Wand erhöht die Komplexität. Der ästhetische Reiz schräger Wände liegt darin, dass sie *unerwartet* sind (Abb. 6.3). Die Verunsicherung über die Lage des Lotes, wenn man sich in einem Raum mit schrägen Wänden befindet oder vor einem Gebäude mit schrägen Mauern steht, ist beabsichtigt. Der Architekt will den Nutzern und Betrachtern einen ungewöhnlichen Anblick verschaffen und ihnen damit ein besonderes ästhetisches Erlebnis bescheren (Schönhammer 2009). Das visuelle Bezugssystem – die vorherrschende Ausrichtung des sichtbaren Umfelds auf die Vertikale – und die Signale, die der Gleichgewichtssinn sendet, stimmen in Gebäuden mit schrägen Wänden nicht überein. Sie können den Menschen leicht aus dem Gleichgewicht bringen, was, wenn das Gleichgewicht tatsächlich abhanden kommt, den ästhetischen Eindruck schmälern könnte (Schönhammer 2009).

Einem allzu schlichten Baustil und einem Außenraum, der aus einer Asphalt- oder einer mit spärlichem Gras bewachsenen Abstandfläche zwischen den Häuserblocks besteht, mangelt es an Komplexität; es sind Umgebungen ohne ästhetischen Reiz. Details wie umrahmte Fenster, besondere Türen, Vorsprünge, Säulen, Ausformungen, Figuren, Zierleisten und Ornamente erhöhen die Komplexität von Gebäuden. Asymmetrie, Lückenhaftigkeit und grüne Natur inmitten des Gebauten wie Bäume, Grasflächen und Fassadenbegrünungen

Abb. 6.2 Mittelkomplexer Innenraum (HKW)

steigern die Komplexität der Umgebung durch Vermehrung der Vielfalt der
einzelnen Elemente.

Die experimentelle Ästhetik-Forschung hat die Bedeutung des Merkmals
Komplexität immer wieder bestätigt. Dazu sind vor allem die Untersuchungen
von Stamps (2000) zu rechnen. Er hat in seinen Experimenten Bildmaterialien
verwendet, welche die gebaute Umwelt in schematisierter Form abbilden.
In einem seiner Experimente hat er sich mit der Komplexität von Gebäude-
silhouetten befasst. Da Gebäude – mit wenigen Ausnahmen – ein waagerechtes,
am Boden befindliches Fundament besitzen, variieren Gebäudeformen vor allem
im darüber liegenden Teil. Die Variabilität besteht im Hinblick auf die Ecken bzw.
Richtungsänderungen, die Längen der jeweiligen Teilstrecken, die Winkel und die
Symmetrie. Wie Stamps gezeigt hat, wird die wahrgenommene Komplexität in
allererster Linie von der Zahl der Richtungsänderungen bzw. der Zahl der Ecken
bestimmt. Symmetrie reduziert Komplexität.

Der Eindruck von Schönheit verflüchtigt sich, wenn Gebäude zu massig
wirken. Wie Stamps (2000) herausgefunden hat, lässt sich wahrgenommene
Massigkeit durch Differenzierungen wie vertikale Unterteilungen und das Ein-
fügen von Fenstern verringern (Abb. 6.4).

Abb. 6.3 Schräge Wände – „tanzende Türme"

Vor allem Fenster sind ein wichtiges Element, um Gebäudeflächen aufzu-
lockern; sie reduzieren den Eindruck monotoner Massigkeit.

Unterkomplexe bis hin zu extrem reizarmen Umwelten können wegen ihres
mangelnden Anregungsgehalts geradezu lebensfeindlich sein, wie aus Untersuchungen zur Auswirkung sensorischer Deprivation hervor geht, in denen nachgewiesen wurde, dass Menschen es in Umwelten, in denen die Sinne überhaupt
nicht aktiviert werden, nicht lange aushalten, ohne dabei psychisch aus dem
Gleichgewicht zu geraten.

Für Kinder sind reizarme Umwelten besonders schädlich, weil sie nicht zum
Erkunden motivieren und sich dadurch ihr Lebensraum weniger erweitert als es
für eine normale kognitive, emotionale und motivationale Entwicklung erforderlich ist. In reizarmen Umwelten fehlt es an Eindrücken, die im Langzeitgedächtnis gespeichert werden und die zur Deutung neuer Sinneseindrücke benötigt
werden. Deshalb gilt:

„The environment should sometimes be made more complex and stimulating" (Bell
et al. 2001, S. 108).

Abb. 6.4 Reduzierung von Massigkeit durch vertikale Einschnitte

Wie Stamps (2000) in seinen Experimenten festgestellt hat, erhöhen Bäume vor Hausfassaden die Komplexität. Deshalb sind das Anpflanzen von Bäumen und die Begrünung von Fassaden Möglichkeiten, Umwelten komplexer und interessanter zu machen. Dass es sich lohnt, zeigt das Ergebnis von White und Gatersleben (2011). In ihrem Experiment haben sie Versuchspersonen Fotos von unterschiedlichen Wohnhäusern vorgelegt, die sich hinsichtlich ihrer Fassaden- und Dachbegrünung unterschieden. Die Beurteilung erfolgte auf Skalen, die von 1 (= dislike it a lot; strongly disagree) bis 7 (= like it a lot; strongly agree) reichten. Bewertet werden sollten die Gebäude unter anderem hinsichtlich ihrer Präferenz, ihres ästhetischen Eindrucks und ihrer affektiven Qualität. Fragen waren zum Beispiel:

- Wie sehr mögen Sie dieses Haus?
- Wie weit stimmen Sie mit der Aussage überein: Ich würde gern hier wohnen?
- Inwieweit sind Sie der Meinung, dass dieses Haus schön und ansprechend aussieht?

Abb. 6.5 Künstlerisches Graffiti

Ein klares Ergebnis war: Häuser mit begrünten Fassaden und begrünten Dächern werden im Mittel als schöner erlebt als Häuser mit kahlen Mauern.

Der Ausgangspunkt, Vandalismus von der Ästhetik her zu deuten, waren Beobachtungen, dass vor allem das beschädigt wird, was sich durch übermäßige Schlichtheit und Monotonie auszeichnet. D. h. zu wenig Komplexität kann ein Auslöser für vandalistisches Verhalten sein. Unterkomplexe monotone Umwelten fordern geradezu dazu auf, sie komplexer zu machen (Allen 1984; Allen und Greenberger 1978).

Die Grenze zwischen unerwünschtem Graffiti und akzeptierter und erwünschter Street Art ist dabei nicht immer leicht zu ziehen. Street Art verwandelt reizarme Wandflächen in anregungsreiche Umgebungen (Abb. 6.5).

Einen hohen, zur aktiven Erkundung motivierenden Anregungsgehalt besitzt die Reizqualität *Mystery*. Mit Mystery ist hier nicht das Mysterium, sondern das Mysteriöse, Geheimnisvolle, Rätselhafte, Ungewisse und Unbekannte gemeint. Weil es keine wirklich passende Übersetzung gibt, wird die Bezeichnung Mystery beibehalten.

Mystery ist das Ausmaß an verborgener Information in einer Umwelt (Stamps 2007). Die Neugierde wird geweckt, denn es gibt etwas zu entdecken. Mystery beinhaltet ein Versprechen auf weitere Informationen, die sich der unmittelbaren sinnlichen Erfahrung entziehen, die aber durch Erkundung beschafft werden können. Man muss sich allerdings etwas bemühen, um das Verborgene sichtbar zu machen. Die typische Situation ist: Eine Umwelt kann nur zum Teil überblickt werden, z. B. weil es dunkel oder neblig ist oder weil Sichthindernisse wie verdeckende Mauern und Bäume den Weitblick versperren. Nicht geradlinige Wege (Nasar und Cubucu 2011) oder Straßen, die hinter einer Bergkuppe oder in einem Tunnel verschwinden, sowie Rundbauten mit kreisförmigen Fluren enthalten Mystery (Abb. 6.6). ie.

Abb. 6.6 Mystery in der gebauten Umwelt (rechtes Bild: „Über Nacht", mit freundlicher Genehmigung von Ingrid Lill)

Mystery entsteht durch Dunkelheit, durch Verdeckung und durch eine hügelige Topographie, die im Unterschied zu einer flachen Ebene den Weitblick begrenzt. Man sieht z. B. nicht, wie der Weg hinter einer Baumgruppe oder Häuserwand verläuft. Szenen mit Häusern, die durch Bäume, Mauern oder andere Sichthindernisse verdeckt sind, wirken aus diesem Grund geheimnisvoll. Die Erwartung, etwas zu entdecken, wird solange als lustvoll erlebt, als dem zu Entdeckenden nichts Bedrohliches anhaftet; andernfalls verwandelt sich das Geheimnisvolle in etwas bedrohlich Unheimliches. Ein Übermaß an wahrgenommener Mystery kann so, statt zur Umwelterkundung anzuregen, Unsicherheitsgefühle hervorrufen (Herzog und Miller 1998). Zum Beispiel sind die Gefühle in einem Labyrinth zwiespältig: Man kann den Weg nicht überblicken, was einen voran treibt, und spürt gleichzeitig, dass man keine Kontrolle mehr hat, sondern tief verstrickt ist. Vor allem Dunkelheit erzeugt Mystery. Man fühlt sich unsicher, wenn es „stockfinster" ist. Die naheliegende Strategie ist künstliche Beleuchtung[1], um allzu viel Mystery auf ein mittleres Maß zu reduzieren. Doch ein Zuviel Helligkeit kann das Ambiente so verändern, indem der ästhetische Reiz verschwindet, weil auch die kleinste Spur von Mystery beseitigt wurde. Bei allzu großer Helligkeit und vollkommener Übersichtlichkeit verflüchtigt sich das anregende Geheimnisvolle. Der Reiz der Nacht liegt nicht zuletzt in der Mystery Komponente, doch zuviel Dunkelheit und ein aversiver Kontext können diesen an sich positiven Reiz ins Gegenteil verkehren. Furcht erregende Situationen können faszinierend sein, was jedoch nur bis zu einem bestimmten Grad gilt. Dann schlägt die Angstlust in Angst um.

Die *symbolische* Ästhetik erklärt den Eindruck von Schönheit inhaltlich. Die wahrgenommene Umwelt wird nicht nur nach formalen Kriterien bewertet. Dinge und Umwelten werden als schön oder unschön erlebt, weil sie Assoziationen auslösen. Formale und symbolische Ästhetik schließen sich nicht aus. So wird z. B. durch Bäume vor Hausfassaden die Komplexität gebauter Umwelt erhöht, zugleich sind Bäume ein Symbol für Ursprünglichkeit und Unverfälschtheit statt Künstlichkeit. In den Experimenten von Berlyne und Stamps wurde mit schematisierten Bildern die *formale* Ästhetik erforscht, die unabhängig von Inhalten ist. Dinge und Umwelten werden indessen auch als schön oder unschön erlebt, weil sie mit Erinnerungen und Erlebnissen verbunden sind und dementsprechende Assoziationen auslösen.

Ein Beispiel, das zeigt, wie beide Ästhetiken zugleich wirksam sind, stellt die neue Altstadt in Frankfurt dar. Verzierungen an den Fassaden, Verwendung verschiedener Materialien, Kleinteiligkeit wie *kleine* Läden mit unterschiedlichem Sortiment fördern den Eindruck von Komplexität. Man fühlt sich in frühere Zeiten versetzt und assoziiert damit eine heile Welt, in der dereinst einmal Handwerker und nicht mächtige Bauunternehmen und Investoren gebaute Umwelt hergestellt haben.

---

[1]Ein Eintrag zum Schlagwort „Straßenbeleuchtung" in Meyers Konservations-Lexikon (1889) belegt, dass man schon in der Antike die Städte nicht im Dunkel gelassen hat: „Straßen-beleuchtung durch Laternen kannte man schon im Altertum …In Paris wurde 1524, 1526 und 1553 den Einwohnern befohlen, von 9 Uhr abends an die Straßen durch Lichter an den Fenstern der Sicherheit wegen zu erleuchten… Diesem Beispiel folgten London 1668, Amsterdam 1669, Berlin 1679 … und im Laufe des 18. Jahrhunderts bei weitem die Mehrzahl der größeren Städte".

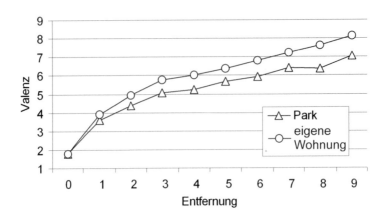

Abb. 6.7 Valenz des eigenen Hauses bzw. eines Parks nach der Entfernung zu einer Mülldeponie (Blaison et al. 2018, S. 13)

Naturnähe ist ein Vorteil, denn sie ist ein Garant von Komplexität. Eine Bestätigung hat die Bewohner-Befragung von Green (1999) in einer kleinen Küstenstadt in Australien geliefert. Die Bewohner erleben ihre Stadt als interessant, reizvoll, unverwechselbar und *natürlich*. Der Strand, der Ozean, die nahe gelegene Waldregion und die im Hinterland zu sehenden Berge sind natürliche Elemente, welche die Bewohner als Begründung anführen, warum sie ihre Stadt schön finden.

Umwelten sind im Unterschied zu Objekten, die man von einem Ort aus wahrnehmen kann, etwas den Menschen Umgebenes (Ittelson 1976). Sie sind umfassender und nicht unbedingt homogen, indem sie sich aus schönen und weniger schönen Orten zusammen setzen. Wie fällt bei einem solchen heterogenen Mix das Gesamturteil aus? Und inwieweit können attraktive Orte in einer Umgebung den negativen Eindruck hässlicher Orte kompensieren? Dieser Frage sind Blaison et al. (2018) nachgegangen. In ihren Experimenten wurden den Versuchspersonen Bilder von Umgebungen gezeigt, die unattraktive Orte wie eine Mülldeponie enthielten. Sie sollten auf einer Skala von 1 (=very unpleasant) bis 9 (=very pleasant) angeben, wie sie es finden, wenn sie in einer bestimmten Entfernung davon wohnen würden oder wie sie einen Park je nach der Entfernung zu dem hässlichen Ort bewerten würden. Die Entfernungen wurden anhand der Zahl der Häuserblocks dazwischen von 1 bis 9 gemessen. Es zeigte sich: Je weiter weg der hässliche Ort ist, um so mehr schwindet dessen Einfluss auf die Bewertung (Abb. 6.7).

Tab. 6.2 Kategorien des Wohlbefindens. (nach Stokols 1992, S. 9)

Wohlbefinden	Health promoting environments
Körperlich	Kein Lärm, saubere Luft, ausreichend Platz
Psychisch	Umweltkontrolle, ästhetische Qualitäten, Anregungen
Sozial	Gemeinschaftsräume, Treffpunkte

Ein schöner Park in unmittelbarer Nähe eines hässlichen Orts kann dessen negative Ausstrahlung kaum verringern. Die Distanz zu einem negativ bewerteten Ort ist entscheidend für die Valenz, die einem Ort wie dem Park und der eigenen Wohnung beigemessen wird. Was das Ergebnis von Blaison et al. auch zeigt, ist, dass ein größerer Umweltausschnitt einbezogen werden muss, um die ästhetische Bewertung darin liegender Orte zu verstehen.

6.3 Wohlbefinden und affektive Qualitäten von Räumen

In manchen Räumen fühlen wir uns wohl, in anderen nicht. Warum ist das so? Wohlbefinden (wellbeing) ist eine positive kognitive und affektive Bewertung des eigenen Lebens (Diener et al. 2003). Glatzer (1996) hat unter Wohlbefinden die wahrgenommene *Lebensqualität* verstanden. Stokols (1992) hat, ausgehend von seinen Überlegungen zum Begriff der *Gesundheit,* zwischen der körperlichen Gesundheit und dem psychischen und sozialen Wohlbefinden differenziert. Ähnlich haben Cooper, Marcus und Barnes (1999) die Gesundheit als Zustand optimalen körperlichen, seelischen und sozialen Wohlbefindens definiert. Auch Finlay et al. (2015) haben zwischen einem physischen, psychischen und sozialen Wohlbefinden unterschieden. Zusammenfassend ergibt sich: Wohlbefinden ist subjektive Lebensqualität, sie beinhaltet körperliches, psychisches und soziales Wohlbefinden. Wie wohl und gesund man sich in körperlicher, psychischer und sozialer Hinsicht fühlt, hängt entscheidend von den Umweltbedingungen ab. So gibt es Umwelten, die förderlich für die Gesundheit und das Wohlbefinden sind. Es sind „health promoting environments" (Tab. 6.2).

Tab. 6.3 Arten von Mensch-Umwelt-Kongruenz

Kongruenz	Beschreibung
Funktional/ergonomisch	Die Umwelt passt zu den körperlichen Maßen, Bewegungsabläufen und Aktivitäten. Beispiele sind passende Griffhöhen bei Schränken und Regalen, zur Schrittlänge passende Treppenstufen und dunkle Räume zum Schlafen
Kognitiv	Man kann sich leicht orientieren. Räumliche Strukturen und Geordnetheit erleichtern die Orientierung
Emotional	Man erlebt die Wohnung als angenehm, behaglich, gemütlich, anregend, schön, anheimelnd, sicher und nicht übermächtig
Motivational	Absichten können realisiert und viele Tätigkeiten wie arbeiten, Musik machen, kochen, spielen, schlafen usw. ausgeübt werden. Die Umwelt kann personalisiert werden

In der Kategorie „psychisches Wohlbefinden" sind, wie aus Tab. 6.2 zu entnehmen ist, auch die ästhetischen Qualitäten der Umwelt zu finden. Es leuchtet ein: In einer Umwelt, die man als schön empfindet, fühlt man sich wohl. Solche Wohnumwelten werden als reizvoll und ansprechend erlebt, sodass man gerne dort verweilt. Die Kontrolle der Grenze zwischen sich selbst und den anderen (=Privatheit) ist gegeben, wenn man allein und zusammen sein kann, wann man es will.

Der Eindruck, dass eine Umwelt zu einem passt, kann sich auf unterschiedliche Arten von Passung (=Kongruenz) beziehen. Es kann sich um ine funktionale bzw. ergonomische, eine emotionale, eine kognitive und eine motivationale Kongruenz handeln (Fuhrer 1996). Es sind unterschiedliche Aspekte des Zusammenpassens von Mensch und Umwelt, die in Tab. 6.3 näher erläutert werden.

Beispiele für *ergonomische Kongruenz* sind: Die Küche wird als funktional erlebt, wenn die Griffhöhen und Griffweiten stimmen, sodass man keine Leiter herbei holen oder ständig hin und her laufen muss, um etwas Bestimmtes zu holen. Ergonomische bzw. funktionale Kongruenz bezieht sich auf den Menschen als einem körperlichen Wesen.

„Körperlichkeit bedingt zum einen, dass wir mit Notwendigkeit einen Ort in der physisch-materiellen Welt beanspruchen. Körperlichkeit bedeutet auch, dass wir Ansprüche an unsere physisch-materielle Umwelt stellen und zur Aufrechterhaltung des körpereigenen Metabolismus und zur Befriedigung der mit der Körperlichkeit verknüpften Bedürfnisse mit dieser Umwelt interagieren (müssen)" (Weichhart 2009, S. 1).

Ein Beispiel für ergonomische Kongruenz in Werkswohnungen im 19. Jahrhundert, in denen die Arbeiter auch in den Nachtstunden tätig sein mussten, war das Dunkelzimmer ohne Außenfenster in der Wohnung, das auch tagsüber dämmrig war. Es erleichterte dem Nachtarbeiter das Einschlafen[2]. Zur Smart City und dem Smart Home passt der Smart Body, der sich über die Schnittstellen Sensoren und Smartphone nahtlos in die smarte Umwelt einfügt (Lindner 2018).

Eine Umwelt ist *kognitiv kongruent,* wenn es leicht fällt, sich darin zu orientieren. Es sind verschiedene Elemente, die dazu beitragen. Es kann ein markanter Baum sein, der als Landmarke den Weg weist. Oder es kann ein in gestalterischer Hinsicht besonderes Gebäude sein. Als Landmarken erleichtern solche Besonderheiten die Wegfindung und den Aufbau einer kognitiven Karte. Kognitive Kongruenz auf der Ebene der Wohnung meint: es fällt leicht, räumliche Geordnetheit herzustellen, z. B. weil Nebenräume verfügbar sind, in denen man etwas lagern kann, was man nicht ständig braucht.

Die *emotionale Kongruenz* von Räumen ist ein zentrales Thema und zugleich ein weites Feld. Emotional kongruent ist ein Raum, in dem man sich geborgen und sicher fühlt, den man als behaglich und als stimmig empfindet. Der erste Eindruck, den ein Raum auf einen Menschen macht, ist gefühlsmäßiger Art. Es ist eine *primäre* Reaktion. Diese erste Reaktion stellt die Weichen für das darauf folgende Verhalten und damit alles Weitere (Mehrabian und Russell 1974). Von der emotionalen Reaktion auf einen Raum hängt es ab, ob man dort bleiben (approach) oder ob man möglichst schnell wieder weg möchte (avoidance). Umwelten, die man als aversiv erlebt, z. B. weil man sich dort nicht sicher oder eingeengt fühlt oder weil man sie als zu laut wahrnimmt, werden gemieden – sofern es möglich ist. Mensch-Umwelt-Beziehungen können sich nur heraus bilden, wenn man bleibt.

Der Begriff des gestimmten Raums beschreibt einen Gesamteindruck. Räume besitzen eine Gestimmtheit bzw. Atmosphäre. Sie muten an, sie wirken nüchtern, feierlich, sachlich, behaglich, anheimelnd, einladend oder auch kalt, abweisend, düster, einschüchternd, beklemmend, bedrohlich und bedrückend (Kruse 1996). Gestimmtheit ist ein nicht gerichtetes Erfassen eines Raums bis hin zum „Ergriffenwerden" (Kruse 1996). Konkrete Beispiele sind:

---

[2]In den Grundrissen der Glasmacherwohnungen in Gernheim – heute ein Museum – sind solche Dunkelzimmer zu finden.

- Eine Wohnung wird als gemütlich und behaglich erlebt.
- Ein Büroraum mutet nüchtern und sachlich an.
- Eine Kirche wird als feierlich und erhaben empfunden.
- Der lange Flur in einem alten Schulgebäude wirkt düster und beklemmend.

Als Gesamteindruck ist die Atmosphäre eines Raums mehr als die bloße Addition von Einzeleindrücken. Manche Merkmale bestimmen indessen diesen Gesamteindruck stärker als andere. Dazu gehören:

- Raumgröße und Raumhöhe
- Helligkeit und Farbgestaltung
- Baumaterialien
- Ausstattung und Einrichtung
- Dekoration und Bebilderung der Wände
- Fenster und Türen
- Geräusche, der Soundscape
- Gerüche, der Smellscape.

Große Räume vermitteln den Eindruck von Weite, man fühlt sich frei statt beengt. Die Höhe eines Raums bestimmt das Größenverhältnis zwischen Mensch und Raum und damit auch, ob er sich klein und nichtig oder ebenbürtig fühlt. Räume können bunt oder farblos sein, sie können heller oder dunkler sein, das Baumaterial kann edel und kostbar oder billig, die Ausstattung sparsam oder üppig sein, die Wände können bebildert sein, sie können durch kleine oder große Fenster durchbrochen sein. Schöne Klänge berühren, sie wecken Emotionen und vermögen den Menschen in eine andere Welt zu versetzen. Und schließlich haften Räumen angenehme oder weniger angenehme Gerüche an. Es ist die einzigartige Kombination vieler Eindrücke, die eine spezifische Gestimmtheit erzeugt.

Auditive Sinneseindrücke tragen wesentlich zur Atmosphäre eines Raums bei. In Kenntnis solcher Effekte lässt man z. B. Musik erklingen, um eine gewünschte Gestimmtheit zu erzeugen. In Einkaufszentren möchte man mit Hintergrundsmusik eine angenehme und anregende Atmosphäre schaffen, die zum Verweilen und Einkaufen einlädt. North et al. (2004) haben festgestellt, dass die Besucher von Cafeterias, in denen eine unaufdringliche Hintergrundmusik zu hören war, eher bereit waren, Geld zu spenden, als die Besucher von musikfreien Cafeterias. Dass es auch auf die Art der Musik ankommt, haben Alpert und Alpert (1990) in einem Experiment nachgewiesen, in dem eine Gruppe eine beschwingte, froh stimmende Musik in Dur, die andere Gruppe traurige Musik in Moll hörte. Die Gestimmtheit der Versuchspersonen wurde anschließend mit einer Skala mit den Endpunkten „traurig" und „glücklich" erfasst. Die Musik hatte einen signifikanten Effekt: Dur-Klänge gingen mit einer positiveren Gestimmtheit einher als Moll-Klänge.

In der eigenen Wohnung ist man keiner Hintergrundmusik ausgesetzt, hier können die Bewohner selbst entscheiden, ob und welche Musik sie hören wollen. Erwähnenswert ist hier das Ergebnis von Schäfer und Sedlmeier (2018), die festgestellt haben, dass langsamer gelesen, weniger aufgenommen und weniger behalten wird, wenn gleichzeitig Musik gehört wird. Wie stark diese Wirkungen indessen sind, hängt vom Ausmaß der Stimulation ab (vgl. Abb. 6.9).

Der gestimmte Raum ist stets ein multisensorischer Gesamteindruck, zu dem nicht nur visuelle, sondern auch auditive, haptische und olfaktorische Reize beitragen. So können visuelle Eindrücke durch den Einfluss anderer Sinnesmodalitäten verändert, abgeschwächt oder verstärkt werden. Die Luft muss frei von unangenehmen Gerüchen sein, und der Raum eine Temperatur im Bereich von 20 bis 23 Grad Celsius haben, damit Behaglichkeit erlebt wird.

Das Erleben einer Umwelt wird wesentlich durch deren Smellscape bestimmt. Ein positiv bewerteter Smellscape ist z. B. ein Nadelwald, der durch die ätherischen Öle, die Nadelbäume produzieren, entsteht (Hellbrück und Kals 2012). Der Weihnachtsbaum, den man sich in die Wohnung holt, besitzt diesen Smellscape nur noch andeutungsweise, doch sein Anblick weckt Assoziationen an einen geheimnisvollen Wald und den Geruch von Nadelbäumen. Geruchseindrücke unterliegen im Unterschied zu visuellen Reizen keiner kognitiven Verarbeitung. Auf sie wird direkt emotional reagiert. Gerüche sind deshalb besonders wirkungsvoll, denn die dadurch ausgelösten Gefühle werden unmittelbar, d. h. ohne kognitive Verarbeitung, erlebt:

„Smell is an important sense in that it is primarily a very basic, emotional, arousing sense, unlike vision or sound, which tend to involve cognition" (Porteous 1985, S. 357).

Die durch Gerüche erzeugten Gefühle beeinflussen das Verhalten unmittelbar. Es ist eine emotionale Reaktion, auf die entweder Zuwendungsverhalten (approach) oder Abwendungsverhalten (avoidance) folgt (Mehrabian und Russell 1974). Dieser Mechanismus der reflexartigen Reaktion wird durchaus genutzt:

„Die appetitanregende Wirkung von frischem Brot- und Kaffeeduft ist ein Grund, warum sich Bäckerei und Stehcafe im Eingangsbereich eines Supermarkts befinden. Man geht davon aus, dass ein Mensch, dessen Appetit angeregt ist, auch bereitwilliger einkauft – mehr als er vielleicht vorhatte" (Hellbrück und Kals 2012, S. 40).

Oder in einer Wohnung, die vom Duft frisch gebackenen Kuchens erfüllt ist, halten sich die Gäste gern auf.

Smellscapes sind ambiente Umwelten, die nicht nur Wohnungen und Einkaufszentren usw. sondern auch Städten anhaften. Umweltbereiche werden oftmals von Reinigungs- und Desinfektionsmitteln geprägt, wenn diese in öffentlichen Gebäuden reichlich eingesetzt werden. Sliwa und Riach (2012) haben den Smellscape der Stadt Krakau vor und nach der Wende 1989 verglichen, indem sie Bewohner zum erinnerten früheren und dem heutigen Smellscape der Stadt befragt haben. Zum Smellscape vor 1989 hieß es zum Beispiel: „All kindergartens, schools, public institutions used to smell of Lizol. Also libraries, hospitals smelt of it" (S. 30), und nach 1989: „I miss the smells of different shops. ... Nowadays you go to a supermarket and everything smells the same" (S. 31).

Eine Wohnung wird als „wohnlich" empfunden, wenn sie die passende Atmosphäre bzw. Gestimmtheit besitzt. Das war z. B. in der Villa Savoye, die Le Corbusier Ende der 1920er Jahre gebaut hat, nicht der Fall. Die Bewohner hatten die Atmosphäre darin als kalt und unwohnlich empfunden (Susanka und Obolensky 2008).

Wie lassen sich Gefühle und individuelle Befindlichkeiten sowie die Atmosphäre von Räumen beschreiben? Eine geeignete Methode ist das Semantische Differential, das auf dem Konzept des semantischen Raums beruht, das Konnotationen, Gefühle und Gestimmtheiten in einen 3-dimensionalen Raum einordnet[3]. Die Dimensionen sind Valenz, Aktivierung und Dominanz (Mehrabian und Russell 1974; Flade 1984):

- Die *Valenzdimension:* Ein Raum wird als angenehm und lustvoll oder als unangenehm und kalt wahrgenommen.
- Die *Aktivierungsdimension:* Ein Raum wird als hektisch, erregend, laut, schrill, knallbunt oder als leise, monoton, beruhigend und einschläfernd erlebt.

---

[3]In der Semantik wird unterschieden zwischen der Hauptbedeutung (Denotation) einer Aussage und einer möglichen Mit- oder Nebenbedeutung (Konnotation). Der Semantische Raum (Bedeutungsraum) erfasst Konnotationen, das Semantische Differential konnotative Bedeutungen. Zum Beispiel wird mit der Skala warm-kalt die erlebte Atmosphäre eines Raums und nicht dessen Temperatur in Celsius erfasst. Die Denotation von „Nacht" ist die Zeitspanne zwischen Untergang und Aufgang der Sonne, Konnotationen können Angst, Einsamkeit, Bedrohung, Liebe, Intimität und Geborgenheit sein.

Abb. 6.8 Ungewöhnliches Größenverhältnis

Abb. 6.9 Kategorien von
Gestimmtheit (Russell
und Lanius 1984, S. 120)

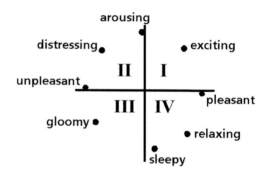

- Die *Dominanzdimension:* Ein Raum wirkt monumental, mächtig, gewaltig und herrschaftlich oder klein, unscheinbar und bescheiden.

Die Dominanz-Dimension tritt in einer Architektur zutage, die bewusst überwältigend und einschüchternd sein will, indem sie dem Menschen seine Kleinheit und Unbedeutendheit vor Augen führt. Monumentale Gebäude strahlen Macht aus; eine gotische Kathedrale überragt den Menschen um das Vielfache. Hier ist das Größenverhältnis zwischen Mensch und Bauwerk so angelegt, dass der Mensch im Vergleich zum großen Gotteshaus klein wirkt und sich auch so fühlt.

Gropius (1956) hat die Größe des menschlichen Körpers als Vergleichsmaßstab heran gezogen, wobei er hinzufügte:

„Das emotionale Interesse an einem Objekt kann dadurch verändert werden, dass es verkleinert oder vergrößert wird gegenüber der normalen Größe, die man erfahrungsgemäß erwartet" (S. 33).

So zeichnet sich zum Beispiel ein *Kunstwerk* dadurch aus, dass mit voller Absicht von diesem Maßstab abgewichen wird. Eine Bank, wie sie in Abb. 6.8 dargestellt ist, ist nicht für den Gebrauch bestimmt, sie gilt als Kunst.

Im Unterschied zu gewollt repräsentativ gestalteten öffentlichen Gebäuden wie Rathäusern, Verwaltungsgebäuden, Kunsthallen und Konzerthäusern spielt die Dominanz-Dimension bei Wohnungen und Wohngebäuden eine weniger vorherrschende Rolle – einmal davon abgesehen, dass Wohnhochhäuser durchaus sehr dominant wirken können.

Die Atmosphäre alltäglich genutzter Räume hängt jedoch vor allem von der Valenz- und der Aktivierungsdimension ab. Der Mensch fühlt sich wohl in Wohnumwelten, die er als angenehm und lustvoll und weder als sensorisch überflutend noch als reizarm erlebt. Unangenehme und laute Räume sind nie behaglich.

Ordnet man die beiden bipolaren Dimensionen Valenz und Aktivierung als Vierfelderschema an, erhält man ein Raster, mit dem sich die Gestimmtheit von Räumen schon recht gut beschreiben lässt (Abb. 6.9).

Behagliche Räume sind angenehm, sie strahlen eine wohltuende Ruhe aus, ohne jedoch verschlafen zu sein. Hektische Räume sind hochgradig erregend und unangenehm. Lautstärke, Tempo und Rhythmik von Musik beeinflussen die Gefühlslage auf der Aktivierungs-Dimension Erregung- Entspannung.

Auch auf Möbel wird emotional reagiert. Dazkir und Read (2012) sind in einem Experiment der Frage nachgegangen, ob Möbel in runden Formen als angenehmer erlebt werden als in eckige Formen. Nach der Evolutionstheorie müssten, wie sie meinten, runde Formen bevorzugt werden, weil sie mit dem Kindchenschema[4] assoziiert werden. Runde Formen sind Auslöser für Zuwendungsverhalten. Die Forscher stellten tatsächlich eine Präferenz für rund geformte Sofas und Sessel fest. Die eckigen Formen in einem ansonsten gleichen Wohnzimmer wurden deutlich seltener bevorzugt.

Farben beeinflussen die Körperphysiologie und neuronale Vorgänge und auf diese Weise auch das Wohlbefinden. So lässt sich z. B. mit dem EEG nachweisen,

---

[4]Das Kindchen-Schema bezeichnet ein pausbäckiges Kindergesicht, das zum Sympathieverhalten und zu Liebkosungen anregt. Es sichert die elterliche Pflegebereitschaft (Hofstätter 1972, S. 52).

dass die kortikale Aktivität in bunten und grauen Räumen unterschiedlich ist (Küller 1996). Farblose oder einfarbige und nicht ausreichend beleuchtete Räume sind meistens reizarm. Blau und grün wirken eher beruhigend. Rot, orange und gelb sind dagegen anregende Farben. Für Räume, die möglichst wenig aufregend sein sollten, wie z. B. Zimmer, in denen man konzentriert arbeiten oder aber zur Ruhe kommen möchte, sind deshalb Blau und Grün die zu empfehlenden Farben. In überkomplexen extrem bunten Räumen fühlt man sich schnell überfordert und hat den Eindruck, seine Umwelt nicht kontrollieren zu können und emotional im Griff zu haben (Küller 1996). Übermäßige Buntheit sowie allgemein ein hohes Erregungsniveau schließen Behaglichkeit aus.

Maler stellen in ihren Kunstwerken nicht nur Inhaltliches, sondern auch Atmosphärisches dar. Die von dem Amerikaner Edward Hopper gemalten (Wohn-)Umwelten strahlen Kälte statt Wohnlichkeit aus. Die Räume wirken nicht behaglich, ein Eindruck, der durch klare und kühle Farben, durch räumliche Leere, in der nur wenige einsam erscheinende Menschen auftauchen, verstärkt wird.

Dass der semantische Raum ein Rahmenmodell ist, das sich zur Beschreibung von Sachverhalten wie Gefühlen und Gestimmtheiten recht gut eignet, haben Egermann und Kreutz (2018) vorgeführt. Sie griffen auf das Raster Valenz/ Aktivierung zurück, um musikalisch-akustische Merkmale hinsichtlich ihres emotionalen Gehalts zu charakterisieren. Musik aktiviert subkortikale Gehirnareale, in denen das autonome Nervensystem gesteuert und Emotionen verarbeitet und reguliert werden. Musik kann auf diesem Weg das Wohlfühlen und die individuelle Stimmung beeinflussen. Sie kann – zumindest im Prinzip – dazu verhelfen, negative emotionale Reaktionen auf Räume, in denen man bleiben muss, abzuschwächen.

Der Semantische Raum ist die theoretische Grundlage des Semantischen Differentials, einer Methode, um Konnotationen zu Orten und Umwelten zu erfassen. Es besteht aus einer Reihe von Adjektiv-Skalen. Es ist einfach zu handhaben, auch die Darstellung, welche affektive Wirkung eine Umwelt auf den Betrachter hat, ist unmittelbar verständlich. Die Mittelwerte mehrerer individueller Urteile pro Skala lassen sich in Form eines Profils veranschaulichen. Das in Abb. 6.10 dargestellte Profil zeigt die Konnotationen zur Farbe „rot" und zu dem Wort „Liebe".

Semantische Differentiale unterscheiden sich in der Zahl und Art der Adjektivpaare. Canter (1969) hat mit einem Semantischen Differential Architekturstudenten Entwürfe beurteilen lassen. Bei der faktorenanalytischen Auswertung zeichneten sich drei Hauptfaktoren und weitere vier kleinere spezifische

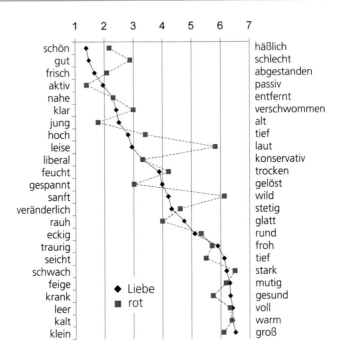

Abb. 6.10 Semantisches Differential mit Polaritätsprofilen zu „Liebe" und „rot" (Hofstätter 1972, S. 36)

Dimensionen ab. Alle drei Hauptfaktoren: Charakter, Kohärenz und Freundlichkeit, sind Ausdruck von Valenz, die jeweils einen bestimmten Aspekt von Valenz hervor heben (Abb. 6.11). Beim Faktor Freundlichkeit hat Canter auf dessen soziale Relevanz hingewiesen: „This dimension represents both the degree to which the building facilitates contact between people and the degree to which the building enables people to relate to it. This latter aspect is very similar to Rapaport's (1968) suggestion that architects should leave more room for the users of houses to exert an influence on the finished product" (S. 41). Wie aus den Profilen in Abb. 6.11 zu entnehmen ist, tritt der Faktor „Freundlichkeit", der mit den Merkmalen nett, nachbarlich, nachgiebig und weiblich umschrieben wird, nicht so markant in Erscheinung wie vor allem der Faktor „Charakter". Das Ergebnis wirft ein Licht darauf, welches die Kriterien sein können, nach denen angehende Architekten Entwürfe kreieren und beurteilen. Besonders wichtig ist, dass sie beeindruckend und interessant sind.

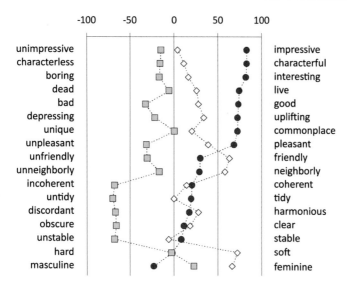

···•··· Faktor 1 Charakter   ···□··· Faktor 2 Kohärenz   ···◇··· Faktor 3 Freundlichkeit

Abb. 6.11 Kriterien zur Beurteilung von r Entwürfen (Ausschnitt aus Canter 1969, S. 40, eigene Grafik)

Die Bedeutsamkeit des unmittelbaren Eindrucks, den ein Ort auf einen Betrachter macht, kann gar nicht hoch genug veranschlagt werden, denn davon hängt es ab, ob man dort bleiben möchte oder auch nicht. Eine emotional negative Reaktion hat zur Folge, dass man gleich wieder weg möchte. Stress wird erlebt, wenn man an einem Ort, den man ablehnt, verweilen muss, z. B. weil er der eigene Wohnort ist, zu dem es keine Alternative gibt.

Eine bedeutende Kategorie, die in Tab. 6.3 erläutert wird, ist *motivationale Kongruenz*. Eine Wohnumwelt ist motivational kongruent, wenn der Bewohner vielen Aktivitäten nachgehen und seine Absichten verwirklichen kann, z. B. in Ruhe lesen, arbeiten, Gitarre spielen, Besuch empfangen, das Fahrrad reparieren, den Keller aufräumen. Motivationale Kongruenz ist die Grundlage einer „Vita activa". Wie sinnstiftend Aktivitäten für die subjektive Bedeutung eines Ortes sind, zeigt sich daran, dass in den Erinnerungen an einen Ort vor allem im Gedächtnis bleibt, was man dort gemacht hat (Genereux et al. 1983). Was man an einem Ort tut, verleiht ihm einen Sinn. Umwelten, in denen man nicht handeln und nicht aktiv sein kann, mangelt es an motivationaler Kongruenz.

6.4   Wahrgenommene Belastungen

Auf Umwelten, in denen die Handlungsmöglichkeiten eingeschränkt sind und Absichten nicht verwirklicht werden können und die man als hässlich, laut, dysfunktional, vermüllt, luftverschmutzt, beengend und unsicher erlebt, wird emotional negativ reagiert. Nasar (1990) hat solche Orte auf einer evaluativen Karte kartiert. Er hat dazu in zwei Städten in Tennessee Stadtbewohner nach den Orten in der Stadt gefragt, die sie mögen und die sie nicht mögen. Positiv bewertet wurden ältere geschichtsträchtige Gebäude und Orte, die einen natürlichen und zugleich gepflegten Eindruck machen. Hässlich fanden die Stadtbewohner Einkaufsstraßen mit aufdringlicher Werbung, Industriegebiete, verwahrloste und schmutzige Orte sowie überdimensionierte Verkehrsstraßen. Hässliche Orte werden gemieden, sofern es machbar ist und man dort z. B. nicht einzukaufen braucht, weil es einen schöneren Laden in der Nähe gibt.

Stress

Ungünstige Umweltbedingungen sind Belastungsfaktoren (Stressoren), die, wenn man ihnen nicht ausweichen kann, Stress hervorrufen. Mit Stress wird sowohl ein Zustand als auch ein Prozess bezeichnet (Schönpflug 1996):

- Stress ist ein *Zustand,* der entsteht, wenn die Umweltbedingungen als beeinträchtigend, gefährlich, bedrohlich, überfordernd und aversiv wahrgenommen werden, was sich psychisch und körperlich in vegetativen und hormonalen Reaktionen niederschlägt.
- Stress ist ein *Prozess,* der in Gang gesetzt wird, um diesen unangenehmen Zustand zu beseitigen. Der Stress verstärkt sich und geht in einen chronischen Stress über, wenn sich die ungünstigen Bedingungen nicht beseitigen lassen oder man ihnen nicht aus dem Wege gehen kann.

Die Möglichkeiten der Stressbewältigung sind objektiv gering, wenn es sich um Belastungen handelt, die durch individuelles Bemühen nicht aus der Welt geschafft werden können. Das ist bei Natur- und anderen Katastrophen der Fall, aber auch bei fortwährend einwirkenden ambienten Stressoren wie Verkehrslärm, der meistens durch den Straßenverkehr in Wohngebieten verursacht wird. Fluglärm ist ein besonderer Stressor, weil auch Lärmschutzwände hier nichts nützen (Guski 2015). Ambiente Stressoren sind Bestandteil des Kontextes. Sie wirken nicht punktuell und aus einer bestimmten Richtung, sondern von allen Seiten auf den Menschen ein. Physiologische Reaktionen auf Stress können bei fortdauernder Belastung zu psychosomatischen Erkrankungen führen. Typische Reaktionen, wenn kein Ausweg erkennbar ist, sind Resignation, negative Gestimmtheit und Depressionen sowie die Haltung der Hilflosigkeit (Evans und Stecker 2004). Diese Haltung kann sich so verfestigen, dass schließlich keine Versuche mehr unternommen werden, aktiv auf Herausforderungen zu reagieren, auch wenn irgendwann individuelle Eingriffe möglich wären. Die Lektion, dass man keine Kontrolle hat, wurde gelernt, was die Bezeichnung *gelernte* Hilflosigkeit ausdrückt.

Kinder haben vergleichsweise wenige Möglichkeiten, Stress zu bewältigen und sich vor Belastungen und zu viel Stimulation zu schützen. Wachs und Gruen (1982) haben deshalb einen „stimulus shelter" für Kleinkinder empfohlen, der sie vor Lärm, Unruhe und Hektik in der Wohnung schützen kann.

Lärm

Der urbane Soundscape ist die akustische Wohnumwelt vieler Menschen, die geprägt ist von Verkehrsgeräuschen. Werden diese Geräusche als lästig erlebt, spricht man von Lärm. Während Schall ein Umweltmerkmal ist, handelt es sich bei Lärm um ein Interrelationsmerkmal, nämlich eine wahrgenommene Geräuscheinwirkung, die negativ bewertet wird. Lärm beeinträchtigt das Wohlbefinden, die Leistungsfähigkeit, die Gesundheit und das Zusammenleben der Menschen (Hellbrück und Guski 2005; Guski 2013). Das Ausmaß der Beeinträchtigung hängt sowohl vom Schalldruck und der Frequenzverteilung als auch von nicht-akustischen Faktoren wie der Tageszeit, der Art der Situation sowie der Lärmempfindlichkeit, der Absehbarkeit und der Einstellung zur Lärmquelle, den gesundheitlichen Befürchtungen und dem individuellen Bewältigungsvermögen ab (Guski 2013). Lärmwirkungen sind physiologischer und psychologischer Art (Bronzaft 2002). Physiologische Reaktionen sind Kopfschmerzen, ein Anstieg des Blutdrucks, hormonale Störungen, Verlangsamung der Verdauungsvorgänge, Herzrhythmus- sowie Schlafstörungen. Psychologische Folgen sind Ärger, Verdruss und negative Gestimmtheit, Störungen der Kommunikation, Leistungseinbußen und Konzentrationsschwäche. Dass gestörter Schlaf infolge eines auch nachts andauernden motorisierten Straßenverkehrs ein gravierendes Problem ist, kommt in den Leitlinien zum Ausdruck, nach denen 45 dB(A) nachts nicht überschritten werden sollten. Doch „in der Stadt, die niemals schläft"[5] sind Leitlinien wirkungslos, weil sie nicht eingehalten werden.

Beeinträchtigungen der Kommunikation treten in Gesprächen, beim Telefonieren und Zuhören zutage. Je lauter es ringsum ist, umso mehr wird das Kommunizieren erschwert. Mit Leistungsstörungen ist umso eher zu rechnen, je ungleichmäßiger die Geräusche und je schwieriger und anspruchsvoller die zu erledigenden Aufgaben sind.

Lärm verzögert die Sprachentwicklung und mindert die Lesekompetenz von Kindern und verzögert damit die kognitive Entwicklung (Bronzaft 2002; Cohen et al. 1973; Imhof und Klatte 2011). Erneut bestätigt wurden diese Ergebnisse in der umfassenden NORAH Studie[6]: In stark vom Fluglärm belasteten Gebieten lernen Grundschulkinder langsamer lesen als Kinder in ruhigen Lagen (Guski 2015). Für Schulkinder im Alter des Lesen- und Schreibenlernens kann die Ablenkung durch Geräusche und die akustische Verdeckung sprachlicher Information dazu führen, dass wichtige phonologische Elemente von Wörtern und Sätzen nicht erkannt werden, das „innere Sprechen" behindert und so die Sprachentwicklung insgesamt beeinträchtigt wird. Hinzuweisen ist hier auf die Beobachtung von Imhof und Klatte (2011), dass Kinder im Vergleich zu Erwachsenen größere Schwierigkeiten haben, Sprache in Störgeräuschsituationen zu verstehen.

Die häufigste Quelle von Lärm in Wohnumwelten ist der Straßenverkehr. Flugverkehrslärm folgt an zweiter, Schienenverkehrslärm an dritter Stelle (Bundesministerium für Umwelt und Umweltbundesamt 2017). Fluglärm ist ein sehr starker Stressor; er stört die Menschen schon bei relativ niedrigen Schallpegeln mehr als ein objektiv lauterer Schienen- und Straßenverkehrslärm (Guski 2015).

Zu den kurzfristigen Lärmwirkungen hat Guski (2013) unmittelbare Störungen und Belästigungen gerechnet. Die Bewohner werden von ihren beabsichtigten Aktivitäten abgelenkt und müssen größere Anstrengungen unternehmen, um sich zu konzentrieren und ihre Absichten zu realisieren, sie müssen z. B. bestimmte Tätigkeiten wiederholen, lauter sprechen, nachfragen oder einen Text noch einmal lesen.

---

[5]In großen Städten ist die nächtliche Ruhephase verkürzt oder kaum mehr vorhanden, indem sich die Aktivitätszeiten über die Nacht hinweg erstrecken. Es sind „24-Stunden-Städte" bzw. „die Stadt, die niemals schläft" (Henckel 2009, S. 4 f.).

[6]NORAH ist ein Akronym und bedeutet: Noise Related Annoyance, Cognition, and Health.

„Zusammen genommen bedeuten auch milde Störungen am Tage zumindest eine
Zunahme der Behinderung intendierter Tätigkeiten bis hin zum Stress; in der Nacht
besteht zudem die Gefahr, dass die Geräusche zu einer Verringerung der akuten
Schlaftiefe führen, die bei häufiger Wiederholung nicht während der Nacht aus-
geglichen wird und damit die rekreative Funktion des Nachtschlafs beeinträchtigt"
(Guski 2013, S. 168).

Fortgesetzter Lärm mindert die Wohn- und Lebensqualität.

Luftverschmutzung

Luftverschmutzung bis hin zum Smog ist ein ambienter Stressor, der von
allen Seiten einwirkt. Es kann eine spürbare Verschlechterung der Luftqualität sein, wobei die Luftschadstoffe wahrgenommen werden (Bell et al. 2001),
aber auch eine sinnlich nicht zu erfassende Verschmutzung, denn auch visuell
klare und geruchsneutrale Luft kann Schadstoffe enthalten. Die Luft wird durch
Reizgase wie Schwefeldioxid, Stickoxide und Ozon, Kohlenmonoxid und
durch Schwermetalle verunreinigt, Bleiverbindungen schädigen das Nervensystem und beeinträchtigen die Blutbildung, Stickoxide erhöhen die Häufigkeit von Erkrankungen der Atemorgane. Ein hoher Kohlenmonoxidgehalt in
der Luft wird nicht direkt wahrgenommen, er führt zu einer Unterversorgung
des Gehirns mit Sauerstoff und in Folge davon zu Kopfschmerzen, Schwindel-
gefühlen, Übelkeit, einer Schwächung der allgemeinen körperlichen Belast-
barkeit, negativer Gestimmtheit und Depressionen. Kohlenmonoxid verringert
darüber hinaus die Leistungsfähigkeit bei Aufgaben, die eine fortgesetzte Aufmerksamkeit erfordern (Evans und Jacobs 1982). Schadstoffe in der Luft verändern auch das Sozialverhalten, was sich in vermehrter Aggressivität und
verringerter Hilfsbereitschaft ausdrückt (Bell et al. 2001). Luftverschmutzten
Umgebungen weicht man aus, indem man sich nach drinnen zurück zieht.
Damit schrumpft der Home Range zusammen. Von einer Luftverschmutzung
sind Kinder doppelt betroffen: Sie sind körperlich anfälliger für Schadstoffe
und wenn sie weniger draußen sind, als sie es bei guter Luftqualität wären, ist
das ihrer motorischen und sozialen Entwicklung abträglich. Sie leiden unter
Bewegungsmangel und haben weniger Gelegenheiten, mit Gleichaltrigen
zusammen zu sein.

Abb. 6.12 Die
Dichtemaße GRZ und GFZ
(Bundesministerium für
Raumordnung, Bauwesen
und Städtebau 1995, S. 55)

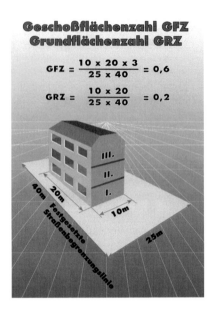

Dichte und Beengtheit

Auch eine hohe Dichte ist ein häufiger Stressor in Wohnumwelten. Dichte ist
ein Umweltmerkmal, der Quotient aus Masse und Volumen. Die Masse bei der
baulichen Dichte sind z. B. Gebäude, bei der *sozialen* Dichte sind es Menschen.
Das Volumen ist jeweils der verfügbare Raum. Je nachdem, was jeweils Masse
und was Volumen ist, die miteinander ins Verhältnis gesetzt werden, ergeben sich
unterschiedliche Maße:

- zur *sozialen Dichte:* Zahl der Bewohner pro Hektar Bauland; Zahl der
  Bewohner pro Zahl der Wohnungen im Stadtteil; Zahl der Bewohner pro
  Gebäude; Zahl der Personen pro Zahl der Wohnräume,
- zur *baulichen Dichte:* Prozentanteil von Geschosswohnungen im Stadtteil;
  Zahl der Wohnungen pro Gebäude, Wohnfläche pro Person.

Die soziale Dichte sagt aus, wie nah die Menschen an einen heranrücken; die
bauliche Dichte beschreibt, wie dicht gebaut wird, wobei sich die Bauwerke
auch noch in ihrer Höhe unterscheiden können. Die Dimension der Höhe wird
in den Dichtemaßen, die in der Architektur und Stadtplanung verwendet werden,

berücksichtigt. Es sind die Geschossflächenzahl (GFZ), definiert als Verhältnis der Summe der Geschossflächen zur Grundstücksfläche, und die Grundflächenzahl (GRZ), definiert als Verhältnis von bebauter Fläche zur Grundstücksfläche. Die GRZ gibt an, in welchem Ausmaß ein Grundstück baulich ausgenutzt werden kann, d. h. wie dicht beieinander die Gebäude stehen dürfen und wie viel Freiflächen bleiben sollen (Abb. 6.12).

Städte und Stadtteile unterscheiden sich in ihrer baulichen Dichte ganz erheblich. Typisch (in den Ländern der westlichen Welt) ist eine GFZ zwischen 0,5 und 1,0; in dicht bebauten älteren Stadtvierteln reicht sie bis 6,0. Eine solche GFZ kann bedeuten: Ein 6-geschossiges Gebäude nimmt das gesamte Grundstück ein oder ein 12-geschossiges Gebäude bedeckt die Grundstücksfläche zur Hälfte.

Die mit der GFZ und GRZ beschriebene Dichte ist ein Umweltmerkmal, die *erlebte* Dichte ist ein Interrelationsmerkmal. Synonyme für erlebte Dichte sind Engeerleben, Beengtheit, Engestress, Engegefühl und Crowding. Inwieweit bei gleicher objektiver Dichte Enge erlebt wird, ist individuell und je nach Situation und Kontext unterschiedlich. Dementsprechend hat Stokols (1972) Beengtheit definiert als Eindruck, dass die in einem Raum herrschende Dichte ein hinzunehmendes Niveau überschreitet. Konkret heißt das: Man kann nicht verhindern, dass die anderen Menschen näher an einen herankommen, als einem lieb ist.

Engegefühle korrelieren mit dem individuell verfügbaren Platz, der subjektiven Norm, der jeweiligen Situation und gestalterischen Merkmalen. So können z. B. große Fenster oder Öffnungen zu einem angrenzenden Raum Engegefühle verringern.

Die Folgen von Beengtheit lassen sich zwei Kategorien zuordnen (Schultz-Gambard 1996; Hellbrück und Kals 2012):

• vermehrte sensorische und soziale Stimulation (overload),
• Kontrollverlust durch Einschränkung von Handlungsfreiräumen (constraints).

Wohlwill und Heft (1987) haben die negativen Effekte einer hohen Dichte in Wohnungen in erster Linie auf die übermäßige sensorische Stimulation zurück geführt: Wenn sich viele Menschen in einem Raum aufhalten, sind Hektik und höhere Lautstärken unvermeidlich. Dagegen haben Evans et al. (2001) Verhaltenseinschränkungen als den primären Stressor ausgemacht. Es kommt zu Behinderungen und Restriktionen, was zu einer Störung der sozialen Beziehungen und zu vermehrten Konflikten und Auseinandersetzungen führen kann.

Auf diese negativen Auswirkungen hatte schon Sodhi (1957) hingewiesen, der sich in den 1950er Jahren mit den sozialpsychologischen Aspekten des Wohnungsbaus befasst hat. Die Bedeutung kleiner Gruppen wie Familien und Nachbarschaften für das individuelle Wohlbefinden betonend, hat Sodhi auf den Einfluss der räumlichen Bedingungen auf die sozialen Beziehungen hingewiesen. Er sah in der Überfüllung der Wohnräume die Ursache für destruktive familiäre Beziehungen und vermehrte Verhaltensstörungen. Die Befriedigung der sozialen Bedürfnisse, nach Ansicht von Sodhi das zentrale Motiv des Menschen, gelingt am besten durch den Anschluss an kleine Vis-á-vis-Gruppen. Eine zu hohe Dichte beeinträchtigt die Befriedigung der sozialen Bedürfnisse, wenn nämlich aus den kleinen Gruppen große anonyme Menschenmengen werden:

> „Jeder Mensch kann überhaupt nur mit einer begrenzten Anzahl von Mitmenschen soziale Beziehungen aufnehmen. Je größer nun die Zahl der Menschen ist, mit denen man der räumlichen Nähe wegen in Kontakt kommen *könnte*, umso kleiner wird die von vornherein begrenzte Zahl der Menschen, mit denen man tatsächlich Kontakt hat. Das ist einer der Gründe für die Gleichgültigkeit der Bewohner großer Städte ihren Mitbürgern gegenüber" (Sodhi 1957, S. 155).

Die Kommunikation in Räumen mit zu hoher sozialer Dichte leidet darunter, dass es zu laut ist und dass man den Abstand zu den anderen nicht frei wählen kann. Es wird so nicht nur die sprachliche Kommunikation erschwert, sondern es entfällt auch das Abstandsverhalten als nonverbales Kommunikationsmittel, das in nicht beengenden Situationen die Art und Intensität einer sozialen Beziehung ausdrückt (Gifford 2007). So rücken z. B. in öffentlichen Verkehrsmitteln Fremde, zu denen man, wenn es räumlich möglich wäre, Abstand halten würde, nahe an einen heran, was jedoch kein Zeichen einer engen Beziehung, sondern Ausdruck eines hohen Fahrgastaufkommens ist.

Die Wirkungszusammenhänge lassen sich mit dem Konzept des *Behavior Setting* erklären, das sich auf einer überindividuellen Ebene mit den Beziehungen zwischen einer bestimmten Umwelt und dem darin stattfindenden Verhalten befasst (Bell et al. 2001). Das Behavior Setting ist ein System mit drei Komponenten: physisch-räumliche Umwelt (=Setting), Verhaltensprogramm (Behavior) und Teilnehmer. Ein Beispiel ist ein Kinderspielplatz vor Wohngebäuden (vgl. Abb. 2.6). Verhaltensprogramm ist das Kinderspiel, Teilnehmer sind die Kinder, das Setting ist der Spielplatz. Damit sich die Teilnehmer richtig verhalten, gibt es Vorschriften. Wenn das Setting dennoch nicht so funktioniert wie erwartet, indem sich z. B. auf dem Spielplatz keine Kinder einfinden, kann das drei Gründe haben: die Gestaltung des Spielplatzes ist misslungen, das Ver-

Abb. 6.13 Unterbesetztes Behavior Setting (Ciudad de la Cultura in Santiago/Galizien)

haltensprogramm passt nicht dazu oder stößt nicht auf Interesse oder es wohnen keine Kinder in der Nähe.

Mit den Folgen nicht adäquat besetzter Settings befasst sich die Staffing-Theorie (Wicker et al. 1976; Bell et al. 2001). Die maximale Zahl an Teilnehmern, um ein Behavior Setting aufrecht zu erhalten, wird als „capacity", die Mindestzahl als „maintenance minimum" bezeichnet (Wicker et al. 1976). Jenseits davon hat man es entweder mit einem overstaffing oder einem understaffing zu tun.

Ein Beispiel für ein unterbesetztes Behavior Setting ist die Ciudad de la Cultura in Santiago in Galizien, eine monumentale von Peter Eisenman geschaffene Kulturstadt mit Bibliothek, Museum und Theater, die leer wirkt (Abb. 6.13). Es fehlen die Teilnehmer, die flanieren, anderen Menschen zuschauen, die Bibliothek aufsuchen oder ins Museum gehen. Offensichtlich wird hier das maintenance minimum unterschritten.

Ein Beispiel für ein sichtbar überbesetztes Setting ist eine Autobahn, auf der die Autos im Stau stehen. Das Verhaltensprogramm „räumliche Fortbewegung" lässt sich wegen der allzu großen Zahl der Teilnehmer nicht realisieren.

Wahrgenommene Weite ist das Gegenteil von Beengtheit. Erlebte Weite beinhaltet die Wahrnehmung eines sich weithin erstreckenden Raums, das Gefühl

Tab. 6.4 Bauliche Dichte
in verschiedenen Städten/
Stadtteilen. (Ausschnitt aus
Klepel 2016, S. 67–70)

Distrikt/Stadtteil	GFZ	GRZ
Hongkong Tsuen Wan	8,13	0,23
New York Upper West Side	5,59	0,59
Barcelona Eixample	4,26	0,82
Berlin Prenzlauer Berg	2,98	0,51

von Freiheit, keinen constraints unterworfen und keinem overload ausgesetzt zu sein, ein Nicht bedrängt werden, ein Erleben von Autonomie. Alle diese Effekte machen Weite zu einem Erholfaktor, der erholsame Umwelten (restorative environments) auszeichnet (Kaplan 1995; Hartig et al. 2014). Bereits Bollnow (1963) hat den wohltuenden Effekt von Weite damit begründet, dass man nicht behindert wird:

> „Enge … geht immer auf die Behinderung der freien Bewegung durch eine sie allseits beschränkende Hülle … Weit bezeichnet demgegenüber die Befreiung von dieser Behinderung. … Allgemein also empfindet der Mensch die beengenden Räume als einen Druck, der ihn quält; er sucht sie zu sprengen und in die befreiende Weite vorzustoßen" (Bollnow 1963, S. 89).

In hoch verdichteten Städten wird Weite kaum erlebt. Manche Menschen ziehen aufs Land, sofern es möglich ist, um solchen beengenden Umwelten zu entgehen (Crump 2003, vgl. Abb. 9.14 und Tab. 9.2).

Negative Auswirkungen, wenn Menschen dem Engstress nicht entkommen können, sind das Ausblenden von Informationen und verringerte Empathie, eine negative Gestimmtheit und Leistungsdefizite (Evans und Lepore 1993; Evans et al. 1996, 2000).

Dass eine hohe bauliche Dichte den sozialen Austausch keinesfalls begünstigt, hat die spektakuläre Fehlplanung der Großwohnsiedlung Pruitt Igoe vor Augen geführt. Die hoch verdichtete, Flächen im Außenraum einsparende Bauweise brachte die Bewohner in sozialer Hinsicht nicht einander näher, sondern hatte den gegenteiligen Effekt (Bell et al. 2001, vgl. Abschn. 3.5).

Die Definition von Beengtheit „ein Mensch empfindet einen Raum als beengend, wenn er den Eindruck hat, dass die darin herrschende Dichte ein hinzunehmendes Niveau überschreitet", bezeichnet eine Norm, die für die Länder der westlichen Welt gilt. In den Megacities in Asien trifft man auf extrem hohe Wohndichten. Tab. 6.4 vermittelt davon einen Eindruck.

Eine extrem hohe Geschossflächenzahl weist der Distrikt Tsuen Wan in Hongkong auf. Zur Veranschaulichung: Eine GFZ von 8 kann bedeuten: ein

8-geschossiges Gebäude erstreckt sich über die gesamte Grundfläche oder ein 16-geschossiges Gebäude über die halbe Grundfläche. Bei einer Grundflächenzahl von 0,23 besagt eine GFZ von 8, dass die Gebäude, die rund ein Viertel der Grundfläche bedecken, 32 Stockwerke hoch sind. Im Vergleich dazu erscheint die Bebauungsdichte im Ortsteil Prenzlauer Berg im Berliner Bezirk Pankow gering. Würde man hier ein Viertel der Grundfläche bebauen, wären die Häuser nur 6 Stockwerke hoch.

Unsicherheitsgefühle

Unsicherheitsgefühle in Wohnumwelten und öffentlichen Räumen sind sowohl ein individuelles als auch ein gesellschaftliches Problem. Zum einen ist das Streben nach Sicherheit ein Basisbedürfnis des Menschen, zum anderen werden als unsicher erlebte Orte und Gegenden gemieden; sie bekommen ein negatives Image und können zu „No-go-Areas" werden. Dass Unsicherheitsgefühle Lebensmöglichkeiten einschränken, zeigt ein Blick auf das hierarchische Modell der Bedürfnisse von Maslow (1954). Danach müssen erst die existentiellen Bedürfnisse befriedigt sein, ehe „höhere" Bedürfnisse überhaupt in den Sinn kommen können. Sämtliche Gedanken kreisen um die Frage, wie man wieder Sicherheit erlangt. Zu der *räumlichen* Einschränkung, der Vermeidung von Orten, die verunsichern, kommt so auch noch eine *motivationale* Verengung hinzu: ein Verzicht auf Handlungsoptionen und Zielsetzungen.

Unsicherheitsgefühle sind eine negative emotionale Reaktion auf Umwelten. Die typische Reaktion darauf ist Vermeidung (Mehrabian und Russell 1974), eine freiwillige Reduzierung des eigenen Lebensraums, ein „narrow the field". „Residents who perceive their neighborhood as unsafe may limit their outdoor physical activities, irrespective of whether crime is a serious threat or not" (Foster et al. 2014, S. 699). Wer sich in einer Umgebung unsicher fühlt, vermeidet es, dort zu Fuß unterwegs zu sein. Foster et al. (2014) sehen in der Förderung sozialer Interaktionen einen Ansatz:

> „Community initiatives that encourage social interaction between local residents and improve neighborhood aesthetics may minimize the impact of fear of crime on recreational walking" (S. 712).

Das Zufußgehen wird also nicht allein durch schöne Gehwege gefördert. Wenn die Umgebung menschenleer ist und bedrohlich wirkt, nützen auch schöne Wege nichts. Antizipierte oder wahrgenommene Gefahren und Bedrohungen lassen das Vertrauen schwinden, in einer sicheren Umwelt zu leben. Besonders einschneidend ist dieser Vertrauensverlust, wenn es die eigene Wohnung ist, deren Zugänglichkeit man nicht mehr unter Kontrolle hat. Inwieweit man die eigene Wohnumwelt für sicher hält, lässt sich mit folgenden Aussagen testen (Baba und Austin 1989):

- Ich schließe die Tür nicht ab, wenn ich für kurze Zeit weggehe.
- Ich muss mir keine Gedanken darüber machen, dass bei mir eingebrochen wird.
- Ich kann hier nachts ohne Bedenken spazieren gehen, ohne einen Überfall befürchten zu müssen.
- Ich kann mein Hab und Gut draußen lassen, ohne dass es gestohlen wird.

Wahrgenommene Unsicherheit wirkt sich nicht nur auf der Individualebene negativ aus, sondern hat auch wirtschaftliche und gesellschaftliche Auswirkungen. So sind Verkehrsbetriebe betroffen, wenn sich die Menschen bei der Nutzung öffentlicher Verkehrsmittel unsicher fühlen und sie daraufhin, wann immer es möglich ist, Fahrten damit vermeiden. Außer den Einkommenseinbußen für die Betriebe sind es die negativen Auswirkungen vermehrten Autoverkehrs, denn statt auf das öffentliche greift man auf häufiger auf das individuelle Verkehrsmittel zurück. Für die verbleibenden Nutzer öffentlicher Verkehrsmittel bedeutet deren Unternutzung vermehrte Unsicherheit, denn die Anwesenheit anderer stärkt das Sicherheitsgefühl, allerdings nur dann, wenn diese anderen Menschen Vertrauen erweckend aussehen und nicht bedrohlich wirken (Jorgensen et al. 2012).

Viele Forschungsprojekte haben sich mit dem Thema „subjektive Unsicherheit in öffentlichen Räumen" befasst, darunter auch das Projekt „Sicherheit im Personennahverkehr mit Linienbussen, in U- Bahnen und Stadtbahnen". Festgestellt wurde, wo sich Hot Spots of Fear befinden, warum sich die Menschen dort fürchten und was getan werden sollte, damit sich die Nutzer öffentlicher Verkehrsmittel wieder sicher fühlen (Hochbahn et al. 2005). Dass Unsicherheitsgefühle durchaus ein Problem sind, weil darauf oft mit der Strategie des „narrow the field" reagiert wird, hat eine Befragung von U-Bahn Nutzern in Hamburg ergeben. Die Frage lautete: „Wie oft ist es in den letzten vier Wochen vorgekommen, dass Sie aus Sicherheitsgründen bestimmte Fahrten nicht mit der U-Bahn unternommen haben?" Es stellte sich heraus, dass rund 25 % der

Befragten wegen antizipierter Unsicherheitsgefühle auf Fahrten mit der U-Bahn verzichtet hatten (Hochbahn et al. 2005).
Wichtige theoretische Ansätze, die erklären, warum Umwelten als sicher oder unsicher erlebt werden, sind

• die Prospect-Refuge-Theorie, die das Unsicherheitserleben auf einen mangelnden Überblick und auf fehlende Refugien, d. h. erreichbare Schutz bietende Räume, zurückführt (Fisher und Nasar 1992; Nasar und Fisher 1993),
• die Disorder Theorie, nach der aus bestimmten Zeichen, den „Incivilities", auf eine Gesellschaft geschlossen wird, die nicht mehr in der Lage ist, vor Angriffen und Kriminalität zu schützen (Skogan 1990; Häferle 2013).

Die Annahme der *Prospect-Refuge Theorie,* dass sich Menschen in Umwelten dann sicher fühlen, wenn diese gut zu überblicken sind und es Möglichkeiten gibt, sich, falls Gefahr droht, in Sicherheit zu bringen, wird evolutionstheoretisch begründet:

> „Humans prefer places which offer both prospect and refuge because such places aid survival from animate hazards by offering an observation point to see, to react, and if necessary, to defend, as well as a protective space to keep oneself from being harmed" (Fisher und Nasar 1992, S. 37).

Fehlt der Überblick, können Gefahren nicht frühzeitig erkannt werden, sodass man sich auch nicht wappnen und zur Wehr setzen oder rasch einen Ort, der Schutz bietet, aufsuchen kann.
Die Prospect-Refuge Theorie kann auch erklären, warum bestimmte Sitzpositionen in einem Raum bevorzugt werden: Es sind diejenigen, von denen aus man den Raum am besten überblicken und zugleich auch ausmachen kann, auf welchem Weg man im Falle einer Bedrohung am schnellsten entkommen könnte; man sitzt aus diesem Grund ungern mit dem Rücken zum Eingang.
In den empirischen Untersuchungen werden Unsicherheitsgefühle meistens mit der Frage erfasst: „Wie sicher fühlen Sie sich oder würden Sie sich fühlen, wenn Sie nach Einbruch der Dunkelheit alleine zu Fuß in Ihrer Wohngegend unterwegs sind oder wären?" Wenn eine Umgebung auf einer 5-stufigen Skala, die von 1 (=überhaupt nicht sicher) bis 5 (=sehr sicher) reicht, bei Dunkelheit im Mittel mit 1,7, dieselbe Umgebung bei Helligkeit mit 3,3 eingestuft wird, lässt das auf die Bedeutung der Überblicks-Komponente für das Sicherheitserleben schließen (Loewen et al. 1993). Die Überschaubarkeit hat einen doppelten Effekt:

- Menschen fühlen sich in Räumen, die sie überblicken können, sicher; sie
  haben visuelle Kontrolle und könnten im Notfall schneller auf Gefahren und
  Bedrohungen reagieren,
- potenzielle Täter werden abgeschreckt, weil sie sich weniger verbergen
  können. Es werden daraufhin weniger kriminelle Taten verübt, was eine
  Gegend auch objektiv sicherer macht[7].

Gründe für ein eingeschränktes Überblicken sind Dunkelheit und Sichthindernisse. Dunkelheit lässt sich durch Beleuchtung beheben (van Rijswijk und Haans
2018). Eine ausreichende Beleuchtung verringert nicht nur die Angst, Opfer
einer kriminellen Tat zu werden, sondern stärkt auch noch die Überzeugung, dass
andere Menschen im Notfall schneller zu Hilfe kommen würden (Vrij und Winkel
1991).

Die naheliegende Empfehlung, für möglichst viel Helligkeit zu sorgen, stößt
jedoch auf Gegengründe. Ein Immermehr an Beleuchtung bedeutet sowohl eine
für Tiere schädliche und ökologisch bedenkliche „Lichtverschmutzung" (Navara
et al. 2007; Manfrin et al. 2017) als auch einen ästhetischen Verlust. Denn
Umwelten werden eher als schön wahrgenommen, wenn sie Mystery enthalten
(vgl. Abschn. 6.2).

Eine sparsamere Straßenbeleuchtung wird, wie Boomsma und Steg (2014)
festgestellt haben, akzeptiert, wenn Refugien vorhanden sind. Wie entscheidend
solche Schutz bietenden Orte sind, haben van Rijswijk and Haans (2018) in
einem Experiment bestätigt. Den Versuchspersonen wurden Bilder aus zwei
Städten in den Niederlanden zu nächtlicher Stunde gezeigt, die hinsichtlich der
Überschaubarkeit, der Sichthindernisse, der Möglichkeiten des Entkommens und
der Lichtqualität variierten. Sämtliche Korrelationen erwiesen sich als hochsigni-
fikant. Am höchsten negativ korreliert Sicherheitsgefühl und Fluchtmöglichkeiten. Die Gewissheit, dass man entkommen kann, stärkt das Sicherheitsgefühl.
Auch die Art, wie öffentliche Räume beleuchtet werden, ist nicht unwichtig,
wie Nasar und Bokharaei (2017) feststellen konnten. Die Beleuchtung kann
gleichmäßig oder ungleichmäßig sein, die Lichtquelle kann sich seitlich oder
oben befinden, das Licht kann gedämpft oder sehr hell sein. Die Forscher
ließen Versuchspersonen Bilder von 24 Plätzen beurteilen, die unterschied-

---

[7]Dieser Effekt wird auch im Konzept des Defensible Space hervor gehoben, vgl.
Abschn. 5.2.

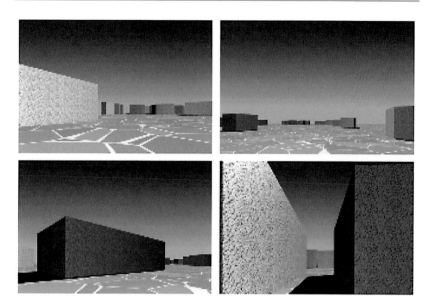

Abb. 6.14 Umschlossene Räume in Experimenten (Stamps 2005, S. 118)

lich beleuchtet waren. Das Ergebnis war: Plätze mit heller und gleichmäßiger Beleuchtung, die keine Stellen im Dunklen lässt, werden als sicherer erlebt.

Den Blick versperrende Hecken, Mauern und Wände sind Sichthindernisse, die das Gefühl des Umschlossen- und Eingeschlossensein hervorrufen können. Dass Begrenzungen, die Fluchtmöglichkeiten und Überschaubarkeit reduzieren, mit Unsicherheitsgefühlen korrelieren, hat Stamps (2005) experimentell bestätigt (Abb. 6.14).

Zwischen dem Ausmaß von Umschlossenheit (enclosure) und Unsicherheitsgefühlen ergab sich ein enger Zusammenhang. Massive Mauern und eine geringe Blicktiefe verstärken Unsicherheitsgefühle. Solche Mauern schützen nicht, sie haben eher den Charakter von Gefängnismauern. Reale Orte, die sich durch eine besonders starke enclosure auszeichnen, sind Tunnel und Unterführungen. Außer der Überschaubarkeit wird hier auch der Bewegungsraum verringert. Im Tunnel gibt es keine Ausweichmöglichkeiten. Die Anwesenheit anderer Vertrauen erweckender Menschen – ein *soziales* Refugium – vermag Gefühle der Unsicherheit zu verringern. Ein präsentes Sicherheitspersonal wird als ein effektiveres Refugium wahrgenommen als sichtbare Videokameras (Hochbahn et al. 2005).

Warum überdachten Plätzen der Vorzug gegeben wird, lässt sich auf die Refugium- Komponente zurück führen. Das Dach bietet Schutz und Geborgenheit. In den Urzeiten der Menschheit waren Baumkronen ein Refugium, das vor zuviel Sonneneinstrahlung sowie – wenn man im Baumhaus saß – vor wilden Tieren und feindlich gesinnten Mitmenschen Schutz bot.

Auch Gated Communities (bewachte Wohnkomplexe) können als Refugien gesehen werden. Man schottet sich gegenüber einer als unsicher erlebten Umwelt ab (vgl. Abschn. 9.4). Das geschieht durch die Kontrolle des Zugangs in Form bewachter Eingänge, elektronisch gesteuerter Zugänge, hoher Zäune und Mauern (Wehrheim 2012). Gated Communities werden von den darin Wohnenden sehr positiv beurteilt (Wilson-Doenges 2000). Die positive Bewertung ist zu erwarten, denn in diesen Wohnkomplexen wird das Bedürfnis nach Sicherheit erfüllt. Hinzu kommt, dass die Bewohner eine homogene Gruppe bilden, in der sie sich unter ihresgleichen fühlen. Entwicklungen in diese Richtung, ein Sich zurück ziehen der wohlhabenden Bevölkerung in abgegrenzte Areale, fördern soziale Segregation. Sie verstärken die soziale Polarisierung und bewirken darüber hinaus, dass öffentliche Räumen ihren urbanen Charakter einbüßen und veröden (Glasze 2003; Wilson-Doenges 2000).

Die Grundannahme der *Disorder Theorie* ist, dass Unsicherheitsgefühle durch Zeichen zustande kommen, die auf öffentliche Unordnung (disorder) hinweisen. Zeichen sind Incivilities („Unzivilisiertheiten") in Wohnumgebungen und öffentlichen Räumen. Es sind Anzeichen von Disorder, einer öffentlichen Unordnung (Skogan 1990; Brown et al. 2004; Häferle 2013). Incivilities senden die Botschaft aus, dass die Gesetze und Regeln der Gesellschaft kaum mehr durchsetzbar sind, was verunsichert und Angst macht. *Physische* Incivilities sind leerstehende, dem Verfall preisgegebene Gebäude, verwahrloste Grundstücke, Schmutz und Müll im öffentlichen Raum, mit Graffiti besprühte Wände, zerschlagene Lampen und Fensterscheiben, demolierte Bänke, zerstörte Briefkästen, stehen gelassene Einkaufswagen usw.; *soziale* Incivilities sind herumlungernde Menschen auf öffentlichen Plätzen, nichts tuende Jugendliche, die sich zu Gruppen zusammenfinden und pöbeln, durch Alkohol- und Drogenkonsum enthemmte Menschen, gewaltbereit wirkende Skinheads und aggressive Bettler. Aktive Unzivilisiertheiten sind unerwünschte Graffiti und Vandalismus, passive Incivilities sind das Ergebnis unterlassener Handlungen, z. B. wird Müll nicht

Tab. 6.5 Beschreibung der eigenen Wohnumgebung im Hinblick auf Incivilities (Ross und Mirowsky 1999, S. 417)

Incivilities	Vorhanden	Nicht vorhanden
Physisch	In meiner Wohnumgebung gibt es viel Graffiti. In meiner Wohnumgebung ist es laut. Vandalismus ist hier sehr verbreitet. Es gibt hier viele heruntergekommene Gebäude.	Die Wohnumgebung ist sauber und gepflegt. Die Leute, die hier wohnen, fühlen sich verantwortlich, sie halten Haus und Umfeld sauber.
Sozial	Es gibt hier viele Penner in der Nähe. Die Drogenszene ist nicht weit entfernt. Man sieht viele alkoholisierte Personen. Ich habe viel Ärger mit den Nachbarn. Die Kriminalitätsrate ist hier hoch.	In meiner Wohnumgebung passen die Nachbarn gegenseitig auf. Die Polizei ist ausreichend präsent. Die öffentliche Sicherheit ist hoch. Man kann hier den meisten Leuten trauen.

beseitigt, Hausfassaden verwahrlosen und werden nicht renoviert, Grundstücke verwildern.

Ross und Mirowsky (1999) haben einen Fragenkatalog, die „Perceived Neighborhood Disorder Scale", erstellt, um das Ausmaß an Disorder in Wohnumgebungen zu erfassen. Die zu kommentierenden Aussagen lassen sich vier Kategorien, die sich aus der Kombination der Art der Incivilities (physisch/sozial) und dem Vorhanden- oder Nicht- Vorhandensein ergeben, zuordnen (Tab. 6.5). Sie werden auf 4-stufigen Skalen, die von 1 (=stimmt genau) bis 4 (=stimmt überhaupt nicht) reichen, kommentiert.

Anzeichen sozialer Desorganisation, die das Auftreten von Incivilities fördern, sind nach Skogan (1980) Armut, ethnische Heterogenität und eine hohe Fluktuationsrate in einer Wohnsiedlung. Ausgehend vom Disorder-Modell hat Häferle (2013) in ausgewählten Stadtteilen in Hamburg eine Untersuchung durchgeführt. Die Stichprobe wurde durch Zufallsauswahl aus den Melderegistern gebildet. Ingesamt 3.612 von den 10 Tausend angeschriebenen ab 18-jährigen Personen, die zum Erhebungszeitpunkt in Hamburg gemeldet waren, beantworteten den schriftlichen Fragebogen. In der faktorenanalytischen Auswertung erwiesen sich die sozialen Incivilities (Schlägereien, Betrunkene, Pöbeleien, Drogenabhängige und Drogendealer usw.) als der mit Abstand bedeutsamste Faktor erlebter Unsicherheit, gefolgt von den physischen Incivilities (demolierte Haltestellen, kaputte Sitzgelegenheiten usw.). Dieses Ergebnis besagt, dass die Eindämmung sozialer Incivilities die wichtigste Maßnahme darstellt, um die subjektive Sicherheit der Großstadtbewohner zu erhöhen.

Den „spreading of disorder", einen sich selbst verstärkenden Effekt, dass nämlich Disorder noch mehr Disorder nach sich zieht, haben Keizer et al. (2008) in der Stadt Groningen untersucht. In einer ihrer Feldstudien war das Setting eine Einkaufsstraße mit einem Platz an einer Wand für das Abstellen von Fahrrädern. Es gab zwei Bedingungen: In der „Disorder"- Bedingung war die Wand mit Graffiti besprüht, in der „Order"- Bedingung nicht. Teilnehmer der Untersuchung waren alle diejenigen, die ihre dort geparkten Fahrräder abholten. In ihrer Abwesenheit wurde ein Flyer mit einem elastischen Band am Fahrradlenker angebracht. Er trug die Aufschrift: "We wish everybody happy holidays", unterschrieben von einem fiktiven Sportbekleidungsgeschäft. Um den Lenker wieder benutzen zu können, musste der Flyer entfernt werden. Es gab keinen Müllbehälter in der Nähe. Wenn der Flyer mitgenommen wurde, zählte das als "not littering", wenn er auf den Boden geworfen wurde, galt das als „littering". Von den Teilnehmern in der Order -Bedingung (keine Graffiti) warfen 33 % den Flyer weg, in der Disorder-Bedingung (Graffiti an den Wänden) waren es 69 %. Die Forscher führten den hochsignifikanten Unterschied auf das Prinzip der sozialen Bewährtheit zurück, das besagt, dass Menschen, vor allem dann, wenn sie unsicher sind, was richtig ist, darauf schauen, was andere tun (Cialdini 2004). Wenn andere physische Incivilities produzieren, kann man es auch so machen. Ebenso trifft zu, dass man sich sozial erwünscht verhält, wenn die anderen das auch tun.

Die Disorder-Theorie kann auch erklären, warum ein auffallend hohes Aufgebot an Sicherheitspersonal Unsicherheitsgefühle hervorrufen kann: Diese Maßnahme wird als Zeichen wahrgenommen, dass die Umgebung objektiv unsicher ist, sodass massive Schutzmaßnahmen für erforderlich gehalten werden (Zurawski 2014).

Verkehr als Belastungsfaktor

Unsicherheit in der Wohnumwelt rührt nicht nur von der befürchteten Kriminalität her, sondern auch vom Straßenverkehr. Er verursacht nicht nur Lärm und verschmutzt die Luft, sondern erhöht das Unfallrisiko in Wohnumgebungen. Hinzukommt noch die Barrierewirkung von Hauptverkehrsstraßen mit einem hohen Verkehrsaufkommen (Appleyard und Lintell 1972). Die Einschränkung des Home Range, ein „narrow the field", ist eine typische Reaktion auf Verkehrsunsicherheit. Vor allem für Kinder ist diese

Reduktion problematisch, denn eine Begrenzung des Bereichs, in dem sie sich eigenständig und unbegleitet bewegen können, ist ihrer motorischen, kognitiven und sozialen Entwicklung abträglich. Hüttenmoser (1994) ist dieser Frage nachgegangen. Im Raum Zürich hat er zwei Gruppen von Familien verglichen, wobei die eine in einer vom Straßenverkehr belasteten, die andere in einer nicht belasteten Gegend wohnte. Die Folgen einer hohen Verkehrsbelastung im Wohngebiet für Kinder und Eltern waren:

- selteneres Spielen draußen und eingeschränkte Kontakte der Kinder mit Gleichaltrigen,
- eine verzögerte Entwicklung der Motorik und Selbstständigkeit,
- ein Organisieren müssen von Spielkontakten der Kinder durch die Eltern,
- weniger nachbarliche Beziehungen und Unterstützungsleistungen.

Begrenzungen des kindlichen Lebensraums in verkehrsbelasteten Umgebungen, um Kinder zu schützen, sind eine weitverbreitete Strategie. So hat Villanueva et al. (2012) in Perth in Australien ähnlich wie Hüttenmoser in der Schweiz die Zusammenhänge zwischen der eigenständigen Mobilität 10- bis 12-Jähriger und der von den Eltern wahrgenommenen Verkehrsbelastung in der Wohnumgebung analysiert. Die „IM" der Kinder (independent mobility) erwies sich als signifikant geringer in Umgebungen, die von den Eltern als verkehrsunsicher wahrgenommen wurden. Die Einschränkung der unabhängigen Mobilität ist auch wegen der langfristigen Folgen schwerwiegend:

> „Restricting IM not only reduces children's physical activity levels but also has the potential to influence their mental and social development" (Villanueva et al. 2012, S. 680).

Das Problem ist schwer zu lösen, denn man hat es mit einer Social Trap-Konstellation zu tun (Platt 1973): Diejenigen, die den Nutzen haben, indem sie schnell vorankommen, sind andere als diejenigen, für die das nachteilig ist. Der Autofahrer kommt schnell voran, die Menschen, die im Umfeld oder direkt an der Straße wohnen, durch die er hindurch fährt, müssen Lärm, Luftverschmutzung, Verkehrsunsicherheit und verkehrsbedingte Barrieren hinnehmen. Der wachsende Freizeitverkehr ist Ausdruck davon, dass sie dem entkommen möchten (Fuhrer und Kaiser 1994). Doch solange Mobilität positiv konnotiert und mit Beweglichkeit und Weltoffenheit assoziiert wird (Schroer 2006), wird der Verkehr: die Summe vieler einzelner Fortbewegungen, weiter anwachsen.

6.5   Wohnqualität

Für Wohnungsunternehmen und Immobiliengesellschaften ist eine hohe Wohnqualität mit Blick auf Rendite-Erwägungen ein zentrales Anliegen. Für Bewohner bedeutet eine wahrgenommene Qualität der Wohnumwelt zugleich auch Lebensqualität. Doch welche Merkmale bestimmen die Wohnqualität? Und wer sind die Beurteiler: Sind es Fachleute oder Bewohner? Für Bewohner rückt die Frage der Wohnqualität ins Blickfeld, wenn eine Entscheidung getroffen werden muss, weil man umziehen muss oder will. Man sucht nach Alternativen, die preiswerter und besser oder mindestens gleich gut sind. Schon hier fragt sich, in welcher Hinsicht die anderen Wohnungen gleich gut oder besser sind und worauf es am meisten ankommt. Ist es die geringere Miete? Ist es die Größe der Wohnung? Ist es die Lage? Ist es der Garten, den man gern hätte? Ist es die Nähe zum Arbeitsplatz, zur Kindertagesstätte und Schule? Ist es die Anbindung an das öffentliche Verkehrsnetz, was das eigene Auto entbehrlich macht? Es ist offensichtlich, dass Wohnungen und Wohnumgebungen in vielerlei Hinsicht besser oder schlechter sein können.

Objektive und subjektive Wohnqualität

Nicht nur die Vielzahl der Merkmale, die herangezogen werden müssten, und die verschiedenen Umwelteinheiten, nämlich Wohnung, Wohnumgebung und Nachbarschaft, Stadtteil und Stadt, erschweren es, die Wohnqualität zu ermitteln, sondern auch die unterschiedlichen Herangehensweisen. Man verwendet standardisierte objektive Verfahren bzw. lässt Experten urteilen oder man fragt Bewohner, wie sie ihre Wohnumwelt bewerten und erfährt auf diesem Wege etwas über die erlebte Wohnqualität. Es ist nicht damit zu rechnen, dass beides übereinstimmt, denn Fachleute bewerten Spaces, d. h. neutrale Räume, die Bewohner bewerten dagegen Places und Homes, d. h. Orte, die für sie einen persönlichen Wert haben. Anders formuliert: Die objektive Wohnqualität ist ein Umweltmerkmal, die erlebte Wohnqualität ist das Ergebnis einer kognitiven Bewertung, das von Merkmalen der Person wie ihrer persönlichen Wohnbiografie, ihrem Lebensstil und ihrem individuellen Qualitätsmaßstab abhängt. Die objektive Wohnqualität ist dagegen frei von solchen individuellen Beziehungen. Auch die Methoden sind unterschiedlich: Fachleute verwenden standardisierte

Beurteilungsverfahren oder nutzen ihr *Fach*wissen, um Qualitätsurteile abzugeben, Bewohner beziehen sich auf ihr *Erfahrungs*wissen. Den Aussagen liegen so unterschiedliche Quellen zugrunde.

Um die objektive Wohnqualität zu ermitteln, braucht man die Bewohner nicht als Auskunftspersonen. Dagegen lässt sich die subjektive Wohnqualität nur erfassen, wenn man die Bewohner einbezieht und befragt. Hier stößt man auf das Problem, dass die individuellen Beurteilungen trotz gleicher objektiver Bedingungen divergieren. Sich unterscheidende Beurteilungen sind jedoch zu erwarten, denn die Erfahrungen, Erwartungen und Ansprüche sind individuell sehr verschieden. Ein und dieselbe Wohnung ist für den einen geräumig und gemütlich, für den anderen zu klein und zu düster. Den einen ist vor allem die große repräsentative Wohnung wichtig, für die anderen zählt in erster Linie der Wohnstandort im „richtigen" Viertel, für den man eine deutlich kleinere und weniger attraktive Wohnung in Kauf nimmt[8].

Individuelle Bewertungen sind keine Zufallsaussagen, sondern das Ergebnis einer Konzept gesteuerten Informationsverarbeitung (Lindsay und Norman 1977). In Experimenten wird diese Steuerung sichtbar gemacht, indem Versuchspersonen nicht-eindeutige Bilder gezeigt werden, die unterschiedlich gedeutet werden können. Die Versuchspersonen werden vorab auf eine bestimmte Deutung eingestimmt. Dass die Wahrnehmung Konzept gesteuert ist, wird erkennbar, wenn genau das gesehen wird, was suggeriert wurde. Vorstellungen, welche die Bewohner haben, wie eine Wohnung und deren Umfeld beschaffen sein sollte, sind steuernde Konzepte. Auch soziale Einflüsse sind dazu zu rechnen, was sich im Begriff „social perception" widerspiegelt.

„Doch ist mit der Wahrnehmung selbst untrennbar das Auswählen und Bewerten verbunden. Dies wiederum geschieht nicht zufällig, sondern ist das Ergebnis sozialer Einflüsse, denen der Mensch ausgesetzt ist. Daher: *soziale* Wahrnehmung" (Lück 1987, S. 45).

Weil Befragungen mit einigem Aufwand verbunden sind und sie überhaupt nur Gültigkeit beanspruchen können, wenn sie repräsentativ sind, d. h. die Stichprobe die jeweilige Grundgesamtheit abbildet, bevorzugt man verständlicherweise die weniger aufwändigen objektiven Verfahren. Ein Beispiel für ein objektives Verfahren ist das „Housing Quality Instrument", das Evans et al.

---

[8]Ein Beispiel ist das Wohnen im hoch verdichteten Paris, das Christian Schubert in der FAZ vom 16.11.18. unter der Überschrift „Tür an Tür und Schulter an Schulter" geschildert hat.

(2000) entwickelt haben. Es besteht aus mehreren Skalen, auf deren Grundlage geschulte Beobachter die Qualität verschiedener Merkmale einschätzen. Auch die Möglichkeit, sich zurück zu ziehen und ungestört zu sein, das Vorhandensein von Ressourcen wie Spielmaterialien für Kinder und der Erhaltungszustand werden von den Beobachtern registriert; die Qualität der Wohnumgebung lesen sie an der Baufälligkeit und Renovierungsbedürftigkeit der Häuser ringsum ab. Zu erwähnen ist hier, dass auch *objektive* Verfahren subjektive Momente enthalten, nämlich die Auswahl der Merkmale aus der Menge möglicher Merkmale, die bewertet werden, und deren Gewichtung, mit der sie in das Gesamturteil einfließen. Beide Entscheidungen trifft vorab der Konstrukteur des Verfahrens.

Objektive Methoden reichen nicht immer aus, um zu einer umfassenden Beurteilung zu gelangen, was sich am Beispiel einer Evaluation der ersten Generation von Passivhäusern zeigen lässt. Die objektiven Messungen bestätigten, dass in Passivhäusern wie erwartet Heizenergie eingespart wird. Bei der Befragung stellte sich dann heraus, dass einige Bewohner das Raumklima in dem Passiv-Haus als nicht besonders angenehm empfinden und dass sie gern auch einmal die Fenster öffnen würden, was im Passivhaus nicht vorgesehen ist, denn dazu gibt es die Lüftungsanlage, die das automatisch regelt (Flade und Lohmann 2004). Das Fazit lautete: Es sollte nicht nur die objektive, sondern auch die subjektive Wohnqualität erfasst werden. Dies gilt vor allem für die Evaluation neuartiger Wohnformen.

Kategorisierungen

Die wahrgenommene Wohnqualität korreliert mit der Ästhetik der Architektur, der sozialen Umwelt, der Infrastruktur und den Dienstleistungen sowie verschiedenen Kontextmerkmalen, der Ruhe und reinen Luft, grüner Natur in der Umgebung, der Instandhaltung und der Gepflegtheit der Außenräume sowie den in der Wohnumwelt vorhandenen Gelegenheiten für Aktivitäten (Amérigo und Aragonés 1997; Bonaiuto et al. 1999; Thomas et al. 2008; Fornara et al. 2010). Belastungsfaktoren wie Lärm, Beengtheit, Mangel an Privatheit, eine hässliche Umgebung, keine Möglichkeiten sich zu erholen, fehlende Gelegenheiten gewünschten Aktivitäten nachzugehen, mangelnde Verkehrs- und öffentliche Sicherheit usw., schmälern die Wohnqualität. Grüne Natur in Wohnnähe steigert die Wohnqualität in mehrfacher Hinsicht: Sie ist ein ästhetischer Gewinn, bietet Erholung, fördert das Gemeinschaftsleben, regt zu Aktivitäten an und verbessert das Klima (Flade 2018). Es mindert die Wohnqualität, wenn grüne Natur im Stadtviertel fehlt, wie Bonaiuto et al. (1999) in einer umfangreichen

Untersuchung in 20 Wohngebieten in Rom nachgewiesen haben. Die befragten Bewohnerinnen sollten auf einer 4-Punkte Skala zu verschiedenen Aussagen angeben, inwieweit sie ihnen zustimmen. Aussagen zum Bereich „grüne Natur in der Wohnumgebung" waren zum Beispiel:

- Es sollte mehr Grünflächen in meiner Wohnumgebung geben.
- Um einen Park zu erreichen, sind von meiner Wohnung aus weite Wege erforderlich.
- In meiner Wohnumgebung sind Bäume eine Rarität.
- Die Grünanlagen in meiner Wohnumgebung sind nicht attraktiv; sie machen einen verwahrlosten Eindruck.
- Die bauliche Verdichtung in meiner Wohnumgebung schreitet voran, sodass die restlichen Grünflächen bald verschwunden sein werden.

Ein klares Ergebnis war, dass Bäume und Grünflächen in Wohnumgebungen die wahrgenommene Wohnqualität steigern und zugleich auch die Ortsverbundenheit festigen.

Um die Menge an Einflussfaktoren zu ordnen, ist die Bildung von Kategorien naheliegend. Inhaltliche Kategorisierungen stammen von Evans und McCoy (1998) sowie von Bonaiuto et al. (1999) und Fornara et al. (2010). Evans und McCoy haben fünf Kategorien ausgemacht, denen sich die einzelnen Merkmale zuordnen lassen:

- *Stimulation* (Intensität, Komplexität, Mystery, Neuartigkeit, Lärm, Helligkeit, Gerüche, Farben)
- *Kohärenz* (Lesbarkeit, Organisation, Landmarken, Grundrissstruktur)
- *Affordanz* (direkte Erkennbarkeit von Gebrauchseigenschaften, Funktionalität)
- *Kontrolle* (Beengtheit, territoriales Gefüge, Flexibilität, Sitzanordnungen, Entfernungen)
- *Erholung* (geringe Ablenkung, Reizschutz, Faszination, Privatheit).

Bonaiuto et al. (1999) und Fornara et al. (2010) haben folgende Kategorien gebildet:

- architektonische und stadtplanerische Merkmale,
- Verkehrsinfrastruktur,
- grüne Natur,
- die Sozialstruktur und soziale Beziehungen,
- Einrichtungen, darunter Schulen,

Tab. 6.6 Kategorien zur Bewertung der Wohnqualität. (Schuemer 1998, S. 156, nach
Preiser et al. 1988)

Kategorien	dazugehörige Merkmale
Technische Merkmale	Sicherheits- und Gesundheitsaspekte sowie die Leistungen der technischen Systeme: die Statik, die Dichte und Isolierung der Decken und Wände, der Brandschutz, Sanitäreinrichtungen, Beleuchtung, Heizungs- und Klimaanlagen, Energieverbrauch, Belüftung und Schallschutz
Funktionale Merkmale	Passung ('fit') zwischen Nutzeraktivitäten und Wohnumweltmerkmalen: die Angemessenheit des Raumkonzeptes für die dort geplanten und stattfindenden Tätigkeiten, die Berücksichtigung ergonomischer Aspekte und die Nutzungsflexibilität der Wohnräume
Psychologische Merkmale	Beziehungsformen zwischen dem Menschen und seiner Wohnumwelt: Zufriedenheit, Gefühle der Geborgenheit und Sicherheit, Umweltwahrnehmung und räumliche Orientierung, territoriales Verhalten, Ortsbindung und Ortsidentität, das Erleben von Geräumigkeit oder Beengtheit, Privatheit, Wohlbefinden, Umweltaneignung

- Gesundheitsdienste,
- Konsum, Läden
- Kontextmerkmale (Lärm, Luftverschmutzung)
- die Instandhaltung und Gepflegtheit der Gebäude und Außenräume.

Eine andersartige Kategorisierung findet sich bei Preiser et al. (1988). Diese
geht von drei Aspekten gebauter Umwelt aus: der Technik, der Funktionalität und dem Erleben und Verhalten des Menschen in der gebauten Umwelt
(Tab. 6.6). Funktionalität bedeutet, dass Raum- und Funktionsprogramm übereinstimmen im Sinne von „form follows function" (Dieckmann 1998). Die psychologische Kategorie „Erleben und Verhalten" beinhaltet kognitive, emotionale
und motivationale Mensch-Umwelt-Beziehungen. Die Qualität der technischen
und funktionalen Elemente lässt sich ohne Befragung der Bewohner durch
Messungen sowie Beurteilungen durch Experten ermitteln. Sie registrieren bzw.
beurteilen die Wohnfläche, die Zahl der Räume, die Aufteilung der Wohnfläche,
die Erschließung der Wohnungen, die Haustechnik, den Schallschutz, den Heiz-
wärmebedarf, die Sorgfalt der Bauausführung, die Instandhaltung, die Gestaltung
des Außenraums und dessen Ausstattung mit Bäumen, Spiel- und Grünflächen und überdachten Fahrradabstellplätzen. Auch Möglichkeiten, sich in der
Wohnung zurück zu ziehen und ungestört zu sein, sowie das Vorhandensein von

Spielmaterialien für Kinder können geschulte Beobachter zuverlässig erfassen. Um die von den Bewohnern wahrgenommene Wohnqualität zu ermitteln, zu der nicht nur die technischen und funktionalen, sondern vor allem auch die psychologischen Merkmale zählen, müssen die Bewohner befragt werden.

Eine weitere Kategorisierung, bei der unterschieden wird zwischen Basis-, Leistungs- und Begeisterungs-Faktoren, liefert das Kano-Modell (Kano et al. 1984; Witell 2013), das im Bereich der Wirtschaft bekannt ist, in der Psychologie jedoch weniger. Das Modell erklärt die Zufriedenheit bzw. Unzufriedenheit mit einem Produkt. Eine gute Qualität der Basisfaktoren gilt als selbstverständlich, sodass man diese Faktoren überhaupt erst zur Kenntnis nimmt, wenn deren Qualität nicht der Erwartung entspricht. Ein Basisfaktor ist z. B. ein Dach über dem Kopf, durch das es nicht durchregnet. Leistungsfaktoren steigern bzw. verringern die Qualität. Ein Beispiel ist die Wohnfläche. Begeisterungsfaktoren sind eine luxuriöse Zutat, die ein Produkt gegenüber anderen Produkten auszeichnet, was demselben Besonderheit verleiht, z. B. ein goldener Wasserhahn im Badezimmer. Es sind diese Begeisterungsfaktoren, die zur objektiven Wohnqualität kaum etwas beitragen. Sie bieten sich jedoch an, um sich von anderen abzuheben und sich als einzigartiges Individuum mit exquisiten Vorlieben darzustellen. Genau das macht ihren subjektiven Wert aus.

Zusammenfassend ist festzustellen: Es sind technische, funktionale und psychologische Elemente, von denen die Qualität der Wohnumwelt und damit auch des Wohnens abhängt. Es sind Basis-, Leistungs- und Begeisterungsfaktoren, die eine mehr oder weniger große Rolle für das objektive und subjektive Qualitätsniveau spielen. Die Wohnfläche ist ein zentrales Qualitätsmerkmal, das aus technischer, funktionaler und psychologischer Sicht betrachtet werden kann und das je nach Kontext und Bewohner Basis-, Leistungs- oder Begeisterungsmerkmal sein kann. Wegen der besonderen Bedeutung für das Wohnen soll im Folgenden noch näher auf das Merkmal Wohnfläche eingegangen werden.

Exkurs: Die Wohnfläche

Zentrales Merkmal von Wohnungen ist deren Größe. In Deutschland liegt die durchschnittliche Fläche pro Wohnung derzeit bei rund 92 Quadratmeter (Datenreport 2018), die durchschnittliche Wohnfläche pro Person bei 46,5 qm[9].

---

[9]https://www.destatis.de/DE/Themen/Gesellschaft-Umwelt/Wohnen/_inhalt.html

Die Fläche pro Person ist im Mittel umso geringer, je mehr Menschen in einer gemeinsamen Wohnung leben. Wer allein wohnt, hat im Durchschnitt deutlich mehr Platz als alle diejenigen, die sich eine Wohnung mit anderen teilen. Frühere sowie seit einiger Zeit auch neuere Ansätze in Richtung „immer kleiner", um einerseits Wohnkosten zu sparen und andererseits mehr Wohnungen pro Fläche bauen zu können, sind kritisch zu sehen, weil es normative Vorstellungen gibt, wie Wohnungen beschaffen sein und was sie leisten sollten. Die Architekten, die im Jahr 1929 auf einer Tagung „Die Wohnung für das Existenzminimum" darüber nachdachten, wie groß eine Wohnung mindestens sein sollte, haben den Wohnflächenbedarf aus den in Wohnungen stattfindenden Tätigkeiten abgeleitet: Man braucht Platz zum Kochen und Essen, zum Schlafen, zum Aufbewahren von Sachen, zum Waschen und für die Körperhygiene. Die dafür erforderliche Fläche lässt sich aus den Platzerfordernissen für diese Aktivitäten und den dazugehörigen Einrichtungen berechnen. Mit dem Konzept der „Wohnung für das Existenzminimum" sollte ein Mindeststandard für ein menschenwürdiges Wohnen geschaffen werden. In der Zeitschrift „bauhaus" erschien dazu 1929 ein Beitrag des Architekten und Stadtplaners Ludwig Hilberseimer. Darin hieß es:

> „Über nichts herrscht größere unklarheit als über die größe einer wohnung. man ist traditionell gewohnt, durch die übliche zimmeraufteilung die größe einer wohnung nach der anzahl der zimmer zu bestimmen ... heute bestimmt man die wohnungsgröße nach der größe der wohnfläche. so sollen nach den neuesten bestimmungen ... kleinstwohnungen eine fläche von 48, 54, 62 qm haben, wobei 48 qm einer eineinhalb- zimmer-wohnung, 54 qm einer zwei-zimmer-wohnung, 62 qm einer zweieinhalb-zimmer-wohnung entspricht ... aus ökonomischen gründen sind alle wohnungen aufs knappste bemessen...die küche dient nur noch zum kochen. ihre fläche ist daher auf ein minimum reduziert" (Hilberseimer 1929, S. 1–4)[10].

Die Architektin Grete Schütte-Lihotzky hat in der Bauhaus-Phase eine ca. 1,9 x ca. 3,4 m große Küche entworfen, die als Frankfurter Küche bekannt wurde. Es ist ein reiner Funktionsraum, der in einer genau geplanten Anordnung alles enthält, was in der Küche benötigt wird (vgl. Abb. 3.2).

Kleinstwohnungen, wie sie die Bauhaus-Architekten propagiert hatten, sind nicht unproblematisch, insbesondere, weil sie das Wohnen auf die Kategorie

---

[10]Die Kleinschreibung aller Wörter war ein Gestaltungselement der Zeitschrift.

„Funktionalität" reduzieren und für individuelles Handeln und Gestalten keine Spielräume lassen.

Bezieht man diese Spielräume ein, dann ist die Antwort auf die Frage: „Wie viel Wohnfläche braucht der Mensch?", nicht mehr einfach mit einer Quadratmeterzahl zu beantworten. Kleinstwohnungen sind Funktionsräume, aber keine Wohnungen im psychologischen Sinn. Man kann ausrechnen, wie viel Stell- und Abstandsflächen erforderlich sind. Wie viel Frei- und Bewegungsflächen vorhanden sein sollten, ist dagegen eine Ermessensfrage. Bezogen auf das Kano-Modell ist die Fläche in der Wohnung für das Existenzminimum ein Basis-Faktor, darüber hinaus ist die Wohnfläche ein Leistungsfaktor, in sehr großen Wohnungen kann daraus ein Begeisterungsfaktor werden. Dennoch ist ein „immer mehr" an Wohnfläche nicht unbedingt auch ein „immer besser". So heißt es bei Susanka und Obolensky (2008): „More rooms, bigger spaces, and vaulted ceilings do not necessarily give us what we need in a home" (S. 3). Der verfügbare Wohnraum sollte nach Ansicht der Architektin Susanka zwar individuell genutzt und angeeignet werden können, aber nicht übermäßig groß sein. Susanka hat keinesfalls das betont kleine Haus oder die Wohnung für das Existenzminimum propagiert, in dem die individuellen Freiräume gegen Null gehen, sondern „the not so big house".

Für eine Wohnung, die mehr bietet als funktionale Kongruenz (vgl. Tab. 6.3), sind über das Existenzminimum hinausgehende Quadratmeter erforderlich. Die Einhaltung des Existenzminimums stellt immerhin sicher, dass die Basisbedürfnisse erfüllt werden können. Für die Befriedigung der „höheren" Bedürfnisse bedarf es weiterer Flächen. Welter (1996) hat das begründet, indem er die Wohnfläche als Bewegungs-, Beziehungs-, Tätigkeits- und Entscheidungsfreiraum konzipiert hat. Der *Bewegungsfreiraum* wird von dem Freiraum in der Wohnung und damit auch von der Wohnungsgröße und dem Grundriss bestimmt. Eine kleine Wohnung bietet zwangsläufig wenig Bewegungsfreiheit, doch auch eine große Wohnung, die mit Möbeln voll gestellt ist, kann eine freie Fläche zusammen schrumpfen lassen. *Beziehungsfreiräume* ermöglichen die Kontrolle der Grenze zwischen sich und den anderen. Man kann selbst bestimmen, ob man sich zurück ziehen oder mit anderen zusammen sein will. In Wohnungen, in denen die Zahl der Räume geringer ist als die Zahl der darin Wohnenden, ist der Beziehungsfreiraum (Privatheit) eingeschränkt. Mit dem *Tätigkeitsfreiraum* sind Gelegenheiten für intendierte Aktivitäten gemeint. Durch Nebenräume wie Dachböden und Keller kann der Tätigkeitsfreiraum spürbar erweitert werden. *Entscheidungsfreiraum* heißt, selbst bestimmen können, ob etwas so oder so gemacht werden soll, z. B. einen Raum als Home Office nutzen, eine Trennwand einbauen oder im Garten Gemüse anbauen. Narten (1999) hat konkrete Vorschläge zur Größe und

Gestaltung von Wohnungen für alleinstehende ältere Menschen gemacht, die eine Kritik an der Wohnung für das Existenzminimum beinhalten. Das Minimum für einen alleinstehenden alten Menschen ist nach Ansicht von Narten eine Wohnfläche von 58 qm, unterteilt in zwei Wohnräume. Der Bewohner kann zwischen den Räumen wechseln, er kann Besuch empfangen und in einem der beiden Räume beherbergen, er kann in den beiden Räumen unterschiedlichen Tätigkeiten nachgehen und er kann entscheiden, welche Funktionen die Räume haben sollen.

Anhaltspunkte, wie groß eine Wohnung mindestens sein sollte, damit die Bewohner damit noch gerade eben zufrieden sind, hat eine Befragung von Mietern in Sozialwohnungen geliefert, die Kämper et al. (1996) durchgeführt haben. Ihre Vorgehensweise ist ein Ansatz, auf empirischem Wege Mindestwohnflächen – und zwar aus der Sicht der Bewohner und nicht der Experten wie Hilberseimer und Schütte-Lihotzky – zu bestimmen. Ermittelt wurde, wie viel Wohnfläche mindestens erforderlich ist, um 90 % der Mieter zufrieden zu stellen. In Ein-Personen-Haushalten waren es 50 qm, in Zwei-Personen-Haushalten 63 qm, in Drei-Personen-Haushalten 79 qm und in Vier-Personen-Haushalten 88 qm.

Vor allem dann, wenn es sich um eine Wohnung für mehr als nur eine Person handelt, wird der Grundriss zu einem qualitätsrelevanten Merkmal. Von der Aufteilung der Wohnfläche hängt es ab, inwieweit die Wohnung Privatheit bietet, was problemlos möglich ist, wenn jeder Bewohner einen eigenen Raum hat, dessen Tür er schließen oder öffnen kann. Eine Aufteilung der Wohnfläche in mehrere Wohnräume, die mindestens 10 qm groß sind, ist indessen nur machbar, wenn die Gesamtfläche nicht zu knapp bemessen ist.

6.6   Wohnzufriedenheit

Definitionen, methodische Ansätze und Ergebnisse

Zufriedenheit ist ein Gefühl des Wohlbefindens und – jenseits der Individualebene – ein gesellschaftlich erstrebenswerter Zustand. „Zufriedenheitsmessungen ermitteln, ob bestimmte Sachverhalte den Vorstellungen der Bürger entsprechen" (Glatzer 1996, S. 242). Bau- und Wohnungsunternehmen, Architekten, Planer und Vermieter sind daran interessiert, dass ihre „Kunden" zufrieden sind. Denn mit ihrer Wohnsituation zufriedene Menschen möchten bleiben, sie beschweren sich nicht, stellen keine Forderungen und gehen sorgsam mit ihrer Wohnung um. Unzufriedenheit gefährdet dagegen die gewünschte Stabilität, denn sie motiviert zum Wohnungswechsel, was sich in einer hohen Fluktuationsrate widerspiegelt.

Zufriedenheit mit verschiedenen Lebensbereichen in Deutschland wird in den repräsentativen Bevölkerungsumfragen des SOEP (Soziooekonomisches Panel) üblicherweise mit einer 11-stufigen Skala, die von 0 (=vollkommen unzufrieden) bis 10 (=vollkommen zufrieden) reicht, erfasst. Die so ermittelte mittlere Zufriedenheit mit der Wohnung ist hoch: 2016 sowie in den Jahren zuvor lag sie im Bereich des Skalenwerts 8 (Datenreport 2018, S. 385). Ein gleich bleibendes hohes Zufriedenheitsniveau wird als Bestätigung gesehen, dass Wohnungspolitik und Wohnungswirtschaft auf dem richtigen Weg sind.

Auch andernorts wird die Zufriedenheit in Umfragen mit mehrstufigen Skalen erfasst. Zum Beispiel haben Hur und Morrow-Jones (2008) in Ohio/USA 7-stufige Skalen, die von 1 (very dissatisfied) bis 7 (very satisfied) reichten, verwendet, mit denen die Gesamtzufriedenheit mit der Wohnumgebung sowie die Zufriedenheit mit verschiedenen Umgebungsmerkmalen wie dem Erscheinungsbild, der öffentlichen Sicherheit, dem Vorhandensein grüner Natur, der Sauberkeit und Gepflegtheit der Umgebung, der Entfernung zum Arbeitsplatz, der ethnischen Zusammensetzung, den nachbarliche Beziehungen usw. erfasst werden.

Die Wohnzufriedenheit wird indirekt gemessen, wenn aus der Beantwortung von Fragen zu bestimmten Merkmalen in der Wohnumwelt auf Zufriedenheit geschlossen wird (Anderson und Weidemann 1997). Wenn z. B. die Bewohner den Lärm in ihrer Umgebung kritisieren, lässt das auf Unzufriedenheit schließen.

Amérigo und Aragonés (1990, 1997) haben in ihrem „Questionnaire of Residential Satisfaction" direkte und indirekte Fragen gestellt:

- Wie zufrieden sind Sie mit Ihrer Wohnung/ Ihrem Haus?
- Wie zufrieden sind Sie mit Ihrer Wohnumgebung/ Ihrer Nachbarschaft?
- Wie zufrieden sind Sie mit Ihrer Wohnumgebung?
- Alles in allem: Wie schätzen Sie Ihre Wohnzufriedenheit insgesamt ein?
- Wenn Sie Änderungen an Ihrem Haus/Ihrer Wohnung vornehmen könnten, was würden Sie alles verändern?
- Würden Sie noch einmal hier einziehen?
- Würden Sie diese Wohnung weiter empfehlen?
- Würden Sie diese Wohngegend/ diesen Standort anderen empfehlen?
- Werden Sie in den nächsten zwei Jahren noch hier wohnen?

Da sich die Bewohner in ihren Wohnerfahrungen, Wahrnehmungen, ihrem Anspruchsniveau und ihren Erwartungen unterscheiden und da sich Bewertungen und Zufriedenheiten auf verschiedene räumliche Bereiche und Ebenen beziehen können und da es eine Fülle von Wohnumweltmerkmalen gibt, mit denen man

zufrieden oder unzufrieden sein kann, lässt sich die Frage nach den Einflussfaktoren der Wohnzufriedenheit nicht mit einer knappen Liste oder einer
beliebigen Auswahl abtun. Bestimmte Merkmale haben sich jedoch in vielen
Untersuchungen immer wieder als wichtige Einflussfaktoren hervor getan
(Anderson und Weidemann 1997). Dazu gehören vor allem

- die Wohnungsgröße
- die nachbarlichen Beziehungen
- das Angebot an Infrastruktur und Dienstleistungen im Wohngebiet.

Dass die nachbarlichen Beziehungen die Wohnzufriedenheit wesentlich beeinflussen können, haben Amérigo und Aragonés (1990) in einer Befragung von
Hausfrauen in Wohngebieten in Madrid bestätigt. Die Befragten beurteilten ihre
Wohnsituation als umso besser, je zufriedener sie mit der Nachbarschaft sind. Die
Wahrnehmung der Nachbarn als einem ähnlich und als hilfsbereit erhöht spürbar die Wohnzufriedenheit. Anzumerken ist hier, dass die Forscher *Haus*frauen
befragt haben, für die nachbarliche Beziehungen wichtiger sind als etwa für junge
mobile Singles, die sich weitaus seltener in der Wohnumgebung aufhalten. Dass
die Infrastruktur im Wohngebiet ein Einflussfaktor der Wohnzufriedenheit ist,
zeigt nochmals, dass der Bereich, mit dem man zufrieden oder weniger zufrieden
ist, über die Wohnung hinaus reicht. Läden, Schulen und Bildungsangebote,
Kindertagesstätten und Spielplätze, Freizeitmöglichkeiten, Parks und kulturelle
Angebote in der Nähe spielen bei Wohnentscheidungen eine große Rolle, wobei
es von der persönlichen, der familiären und beruflichen Situation abhängt, welche
Angebote die Wohnzufriedenheit stärker beeinflussen. Weitere Einflussfaktoren
sind das Erscheinungsbild und das Image. Die Bewohner sind zufriedener, wenn
sie den Eindruck haben, in einem schönen und privilegierten Gebiet zu wohnen
(Galster und Hesser 1981). Grüne Natur spielt dabei eine große Rolle.

Die Zufriedenheit mit der Wohnumwelt hängt sowohl von der
physisch-räumlichen als auch auf von der sozialen Umwelt ab, wobei das
eine oder andere überwiegen kann. So kann Wohnunzufriedenheit von
unbefriedigenden baulich-räumlichen Bedingungen oder auch von einer
problematischen Nachbarschaft her rühren. Bei den von Amérigo und Aragonés
(1990) befragten Hausfrauen erwiesen sich die nachbarlichen Beziehungen als
entscheidender Faktor. Auch Bruin und Cook (1997) haben festgestellt, dass gute
nachbarliche Beziehungen die Wohnzufriedenheit erhöhen.

Das Ergebnis der Befragung von Hausbesitzern in Ohio, denen Hur und
Morrow-Jones (2008) 7-stufige Skalen vorgelegt hatten, mit denen sie verschiedene Merkmale ihrer Wohnumgebung beurteilen sollten, war ebenfalls,

dass die Wohnzufriedenheit wesentlich von der sozialen Umwelt abhängt. Die Forscher hatten das gesamte Untersuchungsgebiet in kleinere Census-Distrikte unterteilt und dann zwei Gruppen von Distrikten gebildet. In der einen Gruppe lag die Gesamtzufriedenheit bei Skalenwerten über 5, in der anderen darunter. Es zeigte sich, dass soziale und Sicherheitsprobleme in der Gruppe der weniger Zufriedenen einen signifikant bedeutenderen Einfluss auf die Zufriedenheit haben als physisch-räumliche Merkmale. Wahrgenommene Unsicherheit und eine als problematisch wahrgenommene ethnische Zusammensetzung im Wohngebiet sowie die Nähe zu Problemgebieten machen die Menschen unzufrieden und zwar auch dann, wenn die physisch-räumliche Wohnumgebung durchaus zufriedenstellend ist. Auch wenn sich die Zeiten geändert haben und Dienstleistungen und moderne Infrastruktur nachbarliche Hilfe entbehrlicher gemacht haben, so gilt, wie Hur und Morrow-Jones gemeint haben, nach wie vor:

> „The neighborhood remains the most basic environmental unit in which our social lives occur, and it necessarily affects the quality of life of residents" (Hur und Morrow-Jones 2008, S. 620).

Das gilt jedoch nicht ausnahmslos. So haben Kämper et al. (1996) in einer Befragung von Mietern in Sozialwohnungen festgestellt, dass deren Wohnzufriedenheit vor allem von der Wohnungsgröße abhängt. Wird diese als richtig bemessen angesehen, ist die Gesamtwohnzufriedenheit höher, als wenn sie die Wohnung für zu klein halten.

Zusammenfassend ist festzustellen, dass die Wohnzufriedenheit – auch bei objektiv gleichen Bedingungen – nicht nur individuell unterschiedlich ist, sondern dass sie auch unterschiedlich bedingt sein kann. Es gibt verschiedene Theorien, die diese Unterschiede erklären.

Theorien der Wohnzufriedenheit

Ein Gesamtzufriedenheitswert stellt eine summative Evaluation und eine Beschreibung dar, die keine Erklärung liefert, warum der Wert hoch oder niedrig ist. Messungen der Wohnzufriedenheit mit mehrstufigen Skalen liefern eine Beschreibung, aber keine Erklärung, warum Bewohner mehr oder weniger zufrieden oder unzufrieden sind. Das leisten erst Theorien, die Aussagen über Wirkungszusammenhänge und die Relevanz verschiedener Einflussfaktoren machen. Sie verhelfen zu Antworten auf Fragen wie z. B., woher eine hohe Wohnzufriedenheit rührt oder wie das Zufriedenheitsparadox zustande kommt,

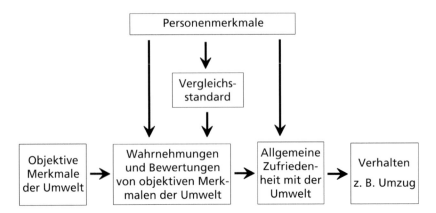

Abb. 6.15 Das Informationsverarbeitungsmodell. (Marans 1976, zit. nach Walden 1995, S. 74)

d. h. warum Bewohner trotz objektiv geringer Wohnqualität zufrieden und trotz objektiv hoher Wohnqualität unzufrieden sind. Theorien erhellen die Black Box der innerpsychischen Prozesse, sie bringen Licht ins Dunkel dieses Kastens, dessen innere Struktur nicht direkt beobachtbar ist. Sie verhelfen schließlich auch dazu, Klarheit darüber zu gewinnen, an welchen Stellen Veränderungen und Verbesserungen sinnvoll sind (vgl. Abschn. 3.6).

Wohnzufriedenheit wird konzipiert

• als ein Ergebnis der Informationsverarbeitung,
• als Einstellung,
• als individuelle Konstruktion.

Dem *Informationsverarbeitungsmodell* liegt die Annahme zugrunde, dass Zufriedenheit das Ergebnis eines Selektions- und eines kognitiven Prozesses ist, der sich an die Aufnahme von Informationen aus der Umwelt anschließt. Die Informationsaufnahme ist selektiv. Was jeweils aus der Fülle der Informationen aus der Umwelt ausgewählt wird, und mit welchem Maßstab die aufgenommenen Informationen bewertet werden, ist individuell unterschiedlich (Abb. 6.15). Der individuelle Maßstab ist eine subjektive Norm, die auf früheren Erfahrungen und den daraus resultierenden Erwartungen beruht. Wenn der Maßstab sehr hoch ansetzt ist, sind die Erwartungen an die Wohnumwelt entsprechend hoch. Unzufriedenheit ist hier wahrscheinlicher als bei weniger hochgesteckten Erwartungen. Dass die Wohnerfahrungen in der Kindheit ein bedeutender Einflussfaktor sind, hatte bereits Anthony (1984) nachgewiesen. Man kann es als „primacy-Effekt" verbuchen, der in der Gedächtnispsychologie beschrieben wird: Das jeweils erste Element in einer Reihe wird am besten behalten.

Wenn *Wohnzufriedenheit als Einstellung* aufgefasst wird, heißt das, dass die Wohnzufriedenheit drei Komponenten umfasst (Bierhoff 2002; Frey et al. 2005): eine kognitive, eine affektive und eine Verhaltenskomponente. Einstellungen erleichtern die soziale Orientierung und ermöglichen eine relativ rasche Stellungnahme zu anstehenden Fragen – so auch zur Qualität der Wohnumwelt.

> „Das Konstrukt der Wohnzufriedenheit lässt sich auffassen als eine komplexe, multidimensionale und globale Einschätzung der Wohnumwelt, die kognitive, affektive und Verhaltensaspekte enthält. Damit erfüllt das Konstrukt die Kriterien einer Einstellung" (Francescato et al. 1989, S. 189).

Ein Beispiel, wie sich eine hohe Zufriedenheit mit dem Haus, in dem man wohnt, als Einstellung auffassen lässt, ist:

- Dieses Haus ist im Hinblick auf die Einsparung von Heizenergie sehr effizient (kognitive Komponente)
- Die Atmosphäre in meiner Wohnung ist sehr angenehm (affektive Komponente)
- Ich möchte immer hier wohnen bleiben (Verhaltenskomponente).

Von der Konzeption der Wohnzufriedenheit als Einstellung ausgehend, ist eine Erhöhung der Wohnzufriedenheit einem Einstellungswandel vergleichbar. Hier bieten sich die bewährten Strategien der Einstellungsänderung an (Frey et al. 2005; Bierhoff 2002). Letztlich bedeutet das, dass man alles so belassen kann und nichts unternehmen muss, wenn es gelingt, die Einstellungen zur Wohnumwelt zu verändern.

Die Konzeption der *Wohnzufriedenheit* als *individuelle Konstruktion* ähnelt dem Modell der Informationsverarbeitung. Der Unterschied liegt in der stärkeren Betonung kognitiver Prozesse. In dem Modell von Galster und Hesser (1981) sind die wichtigen Parameter, auf denen die Konstruktion beruht, die Unzufriedenheitsschwelle und das Anspruchsniveau. In Abb. 6.16 wird deren Wirkungsweise veranschaulicht.

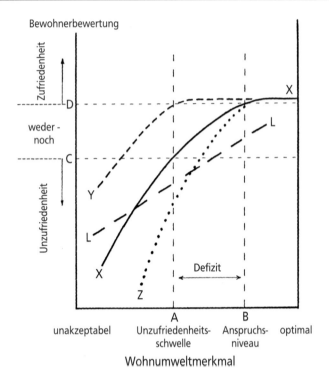

Abb. 6.16 Beziehung zwischen objektiven Wohnumweltmerkmalen und der Wohnzufriedenheit (Galster 1987, S. 544)

Zu jedem subjektiv relevanten Wohnumweltmerkmal gibt es ein individuelles Anspruchsniveau und eine individuelle Unzufriedenheitsschwelle. Der Bewohner ist mit einem Merkmal (z. B. die Wohnungsgröße) zufrieden, wenn dessen wahrgenommene Qualität das individuelle Anspruchsniveau übertrifft. Wie aus Abb. 6.16 ersichtlich ist, verläuft die Wert-Funktion in dem Modell konkav, d. h. dass ein Immer-mehr zunehmend weniger zu Buche schlägt und die Zufriedenheit durch weitere Zuwächse (z. B. an Quadratmetern Wohnfläche) immer weniger zunimmt. Der zweite Parameter ist die Unzufriedenheitsschwelle. Eine hohe Wohnzufriedenheit wird durch Senkung des Anspruchniveaus *und* durch eine Herabsetzung der Unzufriedenheitsschwelle hergestellt. Beides läuft auf eine Erweiterung des akzeptierten Bereichs hinaus. Zufriedenheitsurteile sind *individuelle* Konstruktionen, die dementsprechend individuell unterschiedlich ausfallen. So ist in Abb. 6.16 der akzeptierte Bereich der Person Z geringer und derjenige der Person Y größer als derjenige der Person X. Die gemittelte lineare Funktion (L) nivelliert die individuellen Verläufe. Sie gibt einen Durchschnitt wieder, der die *individuellen* Konstruktionen der drei Bewohner nicht wieder zu geben vermag.

Das Modell erklärt mit nur zwei Parametern, wie Wohnzufriedenheitsurteile zustande kommen. Die Konstruktion beginnt jedoch bereits bei der Auswahl der Merkmale. So werden, wenn man sich als zufriedener Mensch darstellen will, nur diejenigen einbezogen, die positiv erlebt werden. Hourihan (1984) hat einen solchen Vorgang geschildert: Die an verkehrsbelasteten Straßen Wohnenden, die ihre Wohnsituation als zufriedenstellend bewertet hatten, haben den Verkehrslärm als nicht relevantes Merkmal außer acht gelassen. Bewohner, die ihre Wohnumwelt negativ bewerten würden, wenn sie solche Belastungsfaktoren in ihre Zufriedenheitskonstruktion einbeziehen würden, und die dennoch (wegen fehlender Alternativen) dort wohnen bleiben, würden kognitive Dissonanz erleben. Um das zu vermeiden, wird das Negative ausgeklammert oder bagatellisiert, indem es als gar nicht so schlimm beurteilt wird (Bierhoff 2002).

Das bereits im Zusammenhang mit der Wohnqualität erwähnte Kano-Modell nimmt ebenfalls an, dass die Wohnzufriedenheit eine individuelle kognitive Konstruktion ist. Im Kano-Modell wird zwischen vier Merkmalskategorien differenziert. Je nachdem, ob das betreffende Merkmal zu den Basis-, Leistungs-, Begeisterungs- oder zu den unerheblichen Faktoren zu rechnen ist, sind die Beziehungen zwischen Zufriedenheit und Qualität unterschiedlich. Basisfaktoren sind Selbstverständlichkeiten, sodass sie erst bewusst werden, wenn sie fehlen oder nicht intakt sind. Wenn z. B. das Dach undicht ist, ist man sehr unzufrieden. Wenn es in Ordnung ist, ist das selbstverständlich. Leistungsfaktoren bestimmen die Zufriedenheit im hohen Maße. Je stärker sie ausgeprägt sind, umso größer ist die Zufriedenheit. Begeisterungsfaktoren begeistern, sie erhöhen die Zufriedenheit. So hat nicht jedes Haus eine kunstvoll gestaltete Eingangstür (Abb. 6.17) oder eine langgestreckte Veranda (Abb. 6.18).

Die Bewohner sind sehr zufrieden, weil sie mit solchen Besonderheiten ihre Einzigartigkeit zum Ausdruck bringen können. Niemand anderes hat ein Haus mit einer unvergleichlichen Tür und niemand anders ein Landhaus mit einer einzigartigen Veranda.

Der Nutzen solcher Zusätzlichkeiten kann sehr hoch sein, weil sie Individualität schaffen und Ich-Bedürfnisse befriedigen. Mit einer prachtvollen Eingangstür oder großen Veranden kann man zeigen, dass ein Architekt den Entwurf geliefert

Abb. 6.17 Künstlerisch gestalteter Hauseingang

Abb. 6.18 Haus mit langgestreckter Veranda und Turm

hat, man kann seine Besonderheit sichtbar zur Schau stellen, was in einer individualisierten Gesellschaft gut ankommt und auch erwartet wird.

Die vierte Kategorie im Kano-Modell sind die unerheblichen Merkmale, die ohne Belang für die Zufriedenheit eines Bewohners sind. Ein Beispiel ist ein Fahrradabstellplatz vor dem Haus, der für alle diejenigen, die nicht Rad fahren, unwichtig ist.

Was jeweils Basis-, Leistungs-, Begeisterungs- oder unerhebliche Faktoren sind, kann individuell variieren. Noch nicht einmal die individuelle Kategorisierung ist konstant. Dies lässt sich am Beispiel der Untersuchung von Carvalho et al. (1997) zeigen, in der die Bewohner eines bewachten Wohnkomplexes in Südamerika befragt wurden. Die erlangte Sicherheit, die Haupteinzugsgrund gewesen war und zu Beginn die Wohnzufriedenheit in die Höhe hat schnellen lassen, erwies sich nach einiger Zeit als kaum mehr relevant. Sie war zu einer Selbstverständlichkeit geworden. Wichtiger wurden nach längerer Wohndauer andere Kriterien wie das Aussehen der Wohnanlage und die bauliche Qualität.

Zusammenfassend ist festzustellen, dass die Theorien zur Wohnzufriedenheit vor Augen führen, dass Wohnzufriedenheit eine komplexe Mensch-Umwelt-Beziehung ist und alles andere als ein Spiegelbild der objektiven Wohnqualität. Das bedeutet auch, dass sich Maßnahmen zur Wohnumweltverbesserung nicht unbedingt in einer erhöhten Wohnzufriedenheit niederschlagen müssen. Diskrepanzen wie das Zufriedenheitsparadox lassen sich erklären, wenn man die innerpsychischen Vorgänge in Betracht zieht. Das Zufriedenheitsparadox besagt, dass Bewohner trotz objektiv schlechter Wohnqualität mit ihrer Wohnumwelt zufrieden oder aber trotz objektiv hoher Wohnqualität unzufrieden sind. Anzumerken ist hier, dass das Zufriedenheitsparadox weit über den Bereich des Wohnens hinausreicht: Menschen sind eher unzufrieden mit ihrer Lebenslage, wenn ihr Anspruchsniveau sehr hoch ist, auch wenn es ihnen objektiv gesehen gut geht.

Umweltaneignung

7

Umweltaneignung findet auf einer historisch-anthropologischen und einer psycho-logisch-individuellen Ebene statt (Graumann 1996). Die historisch-anthropologische Ebene bezieht sich auf die Aneignung der Umwelt durch das *Kollektiv der Mensch-heit,* das sich die Rohstoffe und Kräfte der natürlichen Umwelt zunutze macht. Dazu zählen der Ackerbau, die Domestizierung von Tieren und die Entwicklung von Techniken, um die Ressourcen und Kräfte der Natur noch effizienter zu nutzen (Heßler 2012). Der Mensch verändert die natürliche Umwelt, indem er sie besiedelt und bewohnt. Beispiele sind der Bau von Satellitenstädten und neuen Stadtteilen, bei dem Land zu Bauland wird, die Förderung von Erzen und fossilen Brennstoffen, Abholzungen und Erdbewegungen, um eine Autobahn zu bauen oder auszubauen und die Errichtung von Staudämmen.

Psychologisch- individuelle Umweltaneignung ist das Handeln *einzelner Menschen,* das, wenn es viele Menschen in gleicher Weise machen, zu einer kollektiven Aneignung werden kann. So ist z. B. ein sich deutlich abzeichnender Trampelpfad die Summe vieler einzelner Aneignungen (Abb. 7.1). Oder wenn viele Menschen in exotische Länder und bislang unberührte Küstenregionen reisen, bleiben diese Länder und Küstenorte nicht, wie sie es einmal waren (Günther 2005).

Durch sein Erleben und Handeln ist der Mensch untrennbar mit der Umwelt verbunden. Mit seinen Sinnesorganen nimmt er die Umwelt wahr, er reagiert auf sensorische Reize und nutzt, verändert, bebaut und gestaltet die Umwelt. Er ist nicht nur ein passiver Reizempfänger und ein in Kontemplation versunkener Betrachter seiner Umgebung, sondern auch ein Handelnder. Handeln umfasst im Unterschied zum Verhalten als äußerlich

© Springer Fachmedien Wiesbaden GmbH, ein Teil von Springer Nature 2020
A. Flade, *Wohnen in der individualisierten Gesellschaft,*
https://doi.org/10.1007/978-3-658-29836-4_7

Abb. 7.1 Der Trampelpfad: kollektive Umweltaneignung

beobachtbarem Tun innerpsychische Vorgänge wie Denken, Sich etwas vor-
stellen, Probleme lösen, Ziele setzen, Entscheiden und Antizipieren von
Handlungsergebnissen (Boesch 1998). Umweltaneignung ist ein auf die
Umwelt gerichtetes Handeln. In Besitz nehmen, besetzen, mieten, kaufen,
verfügen, verwalten, markieren, einfrieden, einzäunen, ummauern, verteidigen, personalisieren, dekorieren, umbauen, anordnen usw. sind allesamt solche Handlungen. Das Gegenteil, nämlich *Ent*eignung, macht die
Bedeutung von *An*eignung noch sichtbarer. Enteignung heißt, dass einem
etwas weggenommen wurde, was selbstbestimmtes Handeln ermöglicht hatte.

Ein persönliches Zuhause entsteht nicht durch passive Präsenz in einem
Haus, sondern durch aktives Tun (Bechtel 1997). Inwieweit sich jedoch der
Bewohner gebaute Umwelt aneignen kann, hängt von der Architektur ab. Bei
starren festgefügten, bis ins Detail durchgeplanten Wohnungen ist die Umweltaneignung durch die Bewohner auf kleine Details beschränkt. Um ihnen mehr
Spielräume zu lassen, hat der Architekt Amos Rapaport (1968), einer der
Gründer der Environment-Behavior-Studies (EBS), empfohlen, „that architects
should leave more room for the users of houses to exert an influence on the
finished product" (vgl. Canter 1969, S. 41). Mit anderen Worten: Die Bewohner

sollen Gelegenheiten haben, aus einem neutralen House ein persönliches Home zu machen (vgl. Abb. 2.7).

Im Unterschied zur faktischen, die Umwelt verändernden Aneignung bleibt bei der kognitiven Umweltaneignung die Umwelt unverändert. Es verändert sich jedoch der Mensch, indem er Umweltwissen erwirbt, das ihn klüger macht.

7.1 Faktische Umweltaneignung

Umweltkontrolle, definiert als Möglichkeit, die Umwelt beeinflussen zu können (Fischer und Stephan 1996), ist Voraussetzung für faktische Umweltaneignung. Ein solchen Einfluss nehmen können ist bei primären Territorien wie der eigenen Wohnung das Normale. Dagegen sind sekundäre und öffentliche Territorien weitaus weniger oder überhaupt nicht individuell kontrollierbar. Wenn öffentliche Räume z. B. durch Graffiti und Street Art angeeignet werden, hängt die Akzeptanz von der Einstellung zum „Täter" und vom Ergebnis ab. Unerwünschte Graffiti werden als physische Incivilities verbucht, wohingegen Street Art als Kunst gilt (Abb. 7.2).

Durch die Art und Weise, wie er seine Wohnung personalisiert, sagt der Bewohner etwas über sich selbst und seinen Lebensstil aus[1]. Die individuell angeeignete Umwelt wird damit zu einem Selbstdarstellungs- und Kommunikationsmittel, mit dem sich der Mensch mit seinen Vorlieben und Eigenarten nach außen hin präsentiert und nach innen gerichtet seine Ich-Identität im Sinne eines bestätigenden „So bin ich" festigt (Fuhrer und Kaiser 1993). Umweltaneignung dient so zugleich auch der Selbstbestätigung. „Aneignung heißt ... immer auch soziale Differenzierung und Markierung gegen andere" (Graumann 1996, S. 127).

Auch wenn Gelegenheiten, sich die Umwelt zu eigen zu machen, ihr „den eigenen Stempel aufzudrücken", in voll möblierten Räumen wie z. B. Mikroapartments oder studentischen Wohnanlagen begrenzt sind, so lassen sich doch mit kleinen Dingen wie einem Poster an der Wand oder einer Pflanze auf dem Tisch Räume personalisieren. Die sich ähnelnden Räume bekommen dadurch einen „Home-Touch". Mit einer Fußmatte vor der Zimmertür wird das eigene Apartment in einem langen Flur, in dem sich unterschiedslos eine Tür an die

---

[1]Ein bekannter Spruch lautet: „Sage mir wie du wohnst und ich sage dir, wer du bist".

Abb. 7.2 Street Art

andere reiht, markiert (Abb. 7.3). Auch Aneignungen „im Kleinen" sagen etwas
über einen Bewohner aus.

Aneignungen im größeren Stil beziehen sich auf Wohnungen und Wohnumgebungen. Die Fülle möglicher Gestaltungen und Arten von Aneignungen haben
Ritterfeld und Cupchik (1996) in einer faktorenanalytischen Auswertung auf drei
Kategorien von Aneignungsstilen reduziert. Als Messinstrument verwendeten sie
ein Semantisches Differential bestehend aus neun Adjektivpaaren, mit denen Versuchspersonen Bilder von unterschiedlichen Wohnzimmern auf 7-stufigen Skalen
charakterisieren sollten. Es kristallisierten sich der dekorative, der gestylte und der
familiär/vertraute Stil heraus. Wie aus den in Abb. 7.4 dargestellten Profilen mitsamt den jeweiligen Faktorenladungen zu entnehmen ist, wurde von den meisten
Versuchsteilnehmern der familiär/vertraute Stil bevorzugt: Hier würden sie
wohnen wollen. Familiär/vertraute Wohnräume haben hohe Ladungen auf den
Skalen „hier möchte ich wohnen" und „vertraut". Wohnräume im gestylten Stil
haben hohe Ladungen auf den Skalen „geordnet", „modern" und „kalt". Wohnräume im dekorativen Stil zeichnen sich durch hohe Faktorenladungen auf den
Skalen „originell", „komplex" und „anregend" aus. Die Mehrheit der Befragten
würde ein House in ein familiär/vertrautes Home verwandeln und am wenigsten in

Abb. 7.3 Umweltaneignung in einem Smartment Students

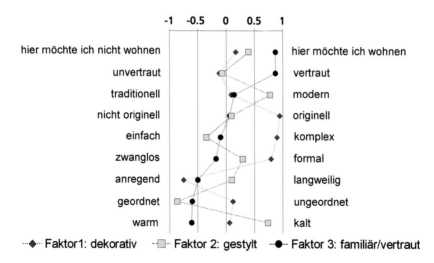

Abb. 7.4 Aneignungsstile (Ritterfeld und Cupchik 1996, S. 350, eigene Grafik)

eine dekorative Wohnung, obwohl die dekorative Wohnung diejenigen Merkmale besitzt, die andernorts den Eindruck von Schönheit hervor rufen.

Bei vielen Settings sind die Nutzung und die Möglichkeiten der Umweltaneignung vorgegeben. Es sind Behavior Settings, in denen physisch-räumliche Umwelt und Verhalten gekoppelt sind (vgl. Kap. 2). Die Umwelten werden in einer ganz bestimmten Weise genutzt, z. B. wird in der Küche gekocht oder in einer Cafeteria Espresso getrunken. Ähnlich verhält es sich bei Dingen, die zu einer bestimmten Nutzung auffordern. Ihr Aufforderungscharakter wird als Affordanz bezeichnet (Norman 2013). Das Sofa fordert zum Sitzen auf, der Schreibtisch zum Arbeiten, die Sachen im Kinderzimmer zum Spielen, das Buch zum Lesen. Wie sie in Gebrauch zu nehmen sind, liegt in den Dingen selbst. Affordanz ist somit vergleichbar einer impliziten Gebrauchsanweisung. Im weitesten Sinne kann man diese vorgebahnte Nutzung von Dingen und Räumen als vorgegebene Umweltaneignung sehen.

Die Schaffung von Gelegenheiten für die Bewohner, sich ihre Wohnumwelt zu eigen zu machen, könnte, wie Fuhrer und Kaiser (1994) gemeint haben, ein Ansatz sein, die Freizeitmobilität zu verringern. Der Ansatz besteht in einer Umkehrung: Man stellt Einheitsautos her und liefert Wohnumwelten in einem unfertigen Zustand, die zu höchst individuellen Homes gemacht werden können.

„Bauten dürfen nie fertig sein, denn ihre Bewohner sind es auch nie. Fertige Wohnungen und fertige Häuser machen die (meisten) Bewohner fertig. Man baue also unfertig. … Wohnräume müssen wieder durch ihre Bewohner angeeignet, individuell und sozial definiert werden können, Innen- wie Außenräume wieder Gelegenheiten bieten, dass jene, die darin wohnen, ihr Innenleben darin ‚auslagern' können" (Fuhrer und Kaiser 1994, S. 173).

Anstelle von Einheitswohnungen sollte man Einheitsautos herstellen, die keine Individualisierungen zulassen. Zurzeit ist es nicht selten das Auto, mit dem man sich darstellt, in dem man sich dementsprechend „zuhause" fühlt (Abb. 7.5).

Umweltaneignung hat nicht nur positive Seiten. Das Aneignen stößt an Grenzen, wenn man immer mehr Dinge in die Wohnung hineinträgt, was eine räumliche Ordnung immer mehr erschwert. Naheliegend, um die individuelle Kontrolle wieder zu erlangen, ist „Entrümpeln". Wenn es schwer fällt, sich von Dingen zu trennen, liegt das nicht zuletzt daran, dass diese mit einem selbst verwoben sind. Sie erinnern an frühere Lebensphasen und haben für den Bewohner einen persönlichen Wert. Wenn man sich davon nicht trennen kann, obwohl die Wohnung damit überfüllt ist, oder auch, wenn man etwas behalten will, was zu einem anderen Zeitpunkt möglicherweise wieder gebraucht wird, ist die Lösung, es erst einmal aufzubewahren. Dazu braucht man Nebenräume wie Keller, Dachböden oder sonstige Speicherräume. Die Verfügbarkeit solcher Nebenräume setzt einer unbeschwerten Umweltaneignung weniger enge Grenzen.

Abb. 7.5 „Am schönsten ists immer noch im Auto". (mit freundlicher Genehmigung von Max Spring)

7.2   Kognitive Umweltaneignung

Wer sich die Umwelt kognitiv aneignet, erwirbt ein mentales Bild (mental map, kognitive Karte) ihrer physisch-räumlichen Struktur. Die kognitive Karte ist jedoch nicht lediglich eine Abbildung, sondern eine – wenn auch auf den objektiven Gegebenheiten beruhende – Eigenproduktion mit Valenzen:

> „A cognitive map is a mental construct which we use to understand and know the environment … Cognitive maps, though, are not just a set of spatial mental structures denoting relative position, they contain attributive values and meanings" (Kitchin 1994, S. 2).

Wer über eine kognitive Karte verfügt, hat es nicht schwer, sich in der Umwelt zu orientieren. Kognitives Aneignen wird durch *lesbare* räumliche Strukturen gefördert (Lynch 1960). Lesbar sind Umwelten, wenn es den „Lesern" leicht fällt, Gebäude, Wege, Plätze und Stadtteile wieder zu erkennen, zu lokalisieren und in

Tab. 7.1 Lesbarkeit fördernde Elemente

Elemente	Beispiele
Landmarken	Hohe unverwechselbare Gebäude, Denkmäler, Brunnen
Wege	Pfade, Radwege, Routen des öffentlichen Verkehrs
Knotenpunkte	Straßenkreuzungen, Bahnhöfe
Abgrenzbare Teilgebiete	Bezirke, räumliche Bereiche mit spezifischem Charakter
Begrenzungen/Ränder	Böschungen, Flussufer, hohe Hecken

ein kohärentes Gesamtbild einzufügen. In Tab. 7.1 sind die von Lynch (1960) beschriebenen Elemente aufgelistet.

Ein für die Lesbarkeit besonders wichtiges Element sind Landmarken (landmarks), die sich vergleichbar einer Figur vom Hintergrund abheben. Landmarken sind nicht nur baulicher Art, sondern auch markante Bäume wie 1000-jährige Eichen. Sie erleichtern das mentale Erfassen der Umwelt. Ein Lage- bzw. Stadtplan kann den Aufbau einer kognitiven Karte unterstützen; er ersetzt jedoch nicht das aktives Erkunden.

Architektonische Lesbarkeit bezieht sich auf Gebäude. Ein Gebäude ist lesbar, wenn es leicht fällt, eine kognitive Karte von dessen räumlicher Struktur aufzubauen, sodass man keine Mühe hat, sich in dem Bauwerk zurecht zu finden (O'Neill 1991). Grundelement bei der Messung der architektonischen Lesbarkeit sind die Wege im Gebäude. Die Dichte möglicher Wege bzw. Entscheidungspunkte, die „Inter Connection Density" (ICD), ist ein geeignetes Lesbarkeits-Maß. In Abb. 7.6 wird es an einem einfachen Beispiel erläutert. Die Messungen korrelieren mit der Genauigkeit der kognitiven Karten und den Wegefindungsleistungen. Je mehr Entscheidungspunkte eine Wegstrecke enthält, an denen zwischen zwei oder mehreren Routen gewählt werden muss, umso häufiger kann man sich irren und „verirren".

Die Frage der Lesbarkeit stellt sich vor allem bei großen mehrstöckigen Gebäuden. Man weiß z. B. nicht mehr, in welchem Stockwerk man sich gerade befindet, ob man im rechten oder linken Flügel ist und wohin man gehen muss, um zum Ausgang zu gelangen. Ein Bauwerk ist umso komplexer, je mehr alternative Wege von den Entscheidungspunkten abzweigen. Am einfachsten sind lange Flure, wie man sie in Studentenwohnheimen, Laubenganghäusern, Bürogebäuden, Kliniken, großen Hotels usw. findet, in denen von jeder Tür bzw.

Abb. 7.6 Messung
der architektonischen
Lesbarkeit (O'Neill 1991,
S. 266)

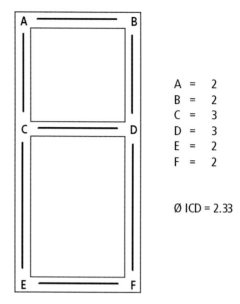

A = 2
B = 2
C = 3
D = 3
E = 2
F = 2

Ø ICD = 2.33

jedem Entscheidungspunkt aus nur zwei Richtungen möglich sind und am Ende
des Gangs nur eine Richtung.

Das räumliche Lesen wird erleichtert, wenn der Eingang in ein großes
Gebäude deutlich sichtbar ist und man diesen nicht erst suchen muss. Eine
individuelle Gestaltung der einzelnen Hausfassaden fördert die Lesbarkeit
öffentlicher Räume, weil dadurch Häuser zu Landmarken werden (Röhrbein
2008). Folgen mangelnder, die Orientierung erschwerender Lesbarkeit sind
Ärger, negative Gestimmtheit, Stress und Zeitverlust.

Gemeinschaftlichkeit und Nachbarschaft

8

In einer sich individualisierenden Gesellschaft stellt sich die Frage nach dem Stellenwert von Gemeinschaftlichkeit. Vieles spricht dafür, dass sich Gemeinschaften nicht völlig auflösen werden, denn das Zusammenleben ist überlebenswichtig. Eine enge emotionale Bindung des Kleinkindes an eine Bezugsperson ist in allen Kulturen zu finden (Rossmann 2004). Der Mensch ist am Beginn seines Lebens fast ausschließlich Sozialwesen; allein auf sich gestellt, könnte er nicht überleben. Der Begriff „Sozialisation" bringt das zum Ausdruck.

> „Von Geburt an tritt das heranwachsende Kind in Interaktion mit seiner sozialen Umwelt. ... Es erfährt dadurch die für seine Umgebung typischen Wertvorstellungen, Normen und Rollen. ... Den allgemeinen Sachverhalt des Einflusses soziokultureller Faktoren auf die Entwicklung im Sinne des Hineinwachsens in die umgebende Gesellschaft umschreibt man mit dem Terminus Sozialisation" (Trautner 1978, S. 139).

Hier tritt sehr deutlich zutage, dass die Gesellschaft – in den Worten von Bronfenbrenner (1996) das Makrosystem – ein starker Einflussfaktor ist, der den Menschen von Beginn seines Lebens an über viele Jahre hinweg prägt. Diese Prägung wird durch Spielzeug unterstützt. Ein Beispiel ist in Abb. 8.1 dargestellt: Mit einem Hotel, das sich das Kind aus diversen Teilen zusammenbauen kann, wird es auf eine Gesellschaft eingestimmt, in der Multilokalität das Normale ist (vgl. Abschn. 9.3).

Der Sense of Community umfasst Bindungen an gemeinschaftliche Orte und die Gewissheit, dass man dazu gehört und „nicht allein auf weiter Flur" ist, dass man ähnliche Wertvorstellungen wie die anderen hat, dass man sich kennt

Abb. 8.1 Playmo Hotel (https://www.ebay.de/i/233389259273, abgerufen 22.11.2019)

und die Überzeugung, dass man für die anderen wichtig ist. All das wird unter dem Begriff „Sense of Community" subsumiert. Um die Einflussfaktoren und Auswirkungen des Gemeinschaftssinns zu erforschen, muss man dieses weitgefächerte Konzept messbar machen. Ein Messinstrument stammt von Chipuer und Pretty (1999). Es enthält Aussagen, die auf mehrstufigen Skalen von „gar nicht zutreffend" bis „voll und ganz zutreffend" zu kommentieren sind. Aussagen sind zum Beispiel:

- Die Leute, die hier wohnen, haben unterschiedliche Wertvorstellungen.
- Meine Nachbarn haben ähnliche Ansichten wie ich.
- Bei den meisten Leuten, die hier wohnen, kann ich sagen, wer sie sind.
- Ich fühle mich hier zu Hause.
- Nur sehr wenige Nachbarn kennen mich.
- Wenn Probleme auftauchen, finden die hier wohnenden Leute immer eine Lösung.
- Die Leute hier kommen nicht gut miteinander aus.
- Ich vermute, dass ich hier lange wohnen werde.

Der Gemeinschaftssinn verkörpert die Daseinsform des Menschen als Sozialwesen, er beinhaltet Vorstellungen über die Art des Wohnens, über die Nachbarn
und andere Menschen.

Auch wenn sich der Anteil der Haushalte, in denen mehrere Personen leben,
in den letzten Jahren kontinuierlich verringert hat, so wohnen doch immer
noch viele Menschen zusammen in einer Wohnung (Abb. 8.2). Die Formen des
Zusammenwohnens haben sich jedoch vervielfältigt. So sind es nicht mehr nur
Familien, die sich eine Wohnung teilen. Gemeinschaftlichkeit bezogen auf das
Wohnen kann bedeuten: Mehrere verwandte oder nicht verwandte Menschen
leben zusammen in einer Wohnung, in einem Haus oder in einer Umgebung.

Das Zusammenleben mehrerer Menschen unterschiedlichen Alters – einer Familie
– in einer gemeinsamen Wohnung ist nicht mehr die klar vorherrschende Norm.

„Vor einigen Jahrzehnten lebte ein sehr großer Teil der Bevölkerung im mittleren
Lebensalter in einer Ehe mit Kindern. Seither haben andere Lebensformen an
Bedeutung gewonnen. … Paare leben zunehmend unverheiratet als Lebensgemein-
schaft zusammen. … Die Zahl der Menschen, die als Alleinstehende ohne Partner
und Kinder wohnen, steigt" (Datenreport 2018, S. 51).

Häufigster Haushaltstyp ist seit längerem der Ein-Personen-Haushalt, gefolgt
vom Zwei-Personen-Haushalt. Nur in jedem vierten der insgesamt 41.378

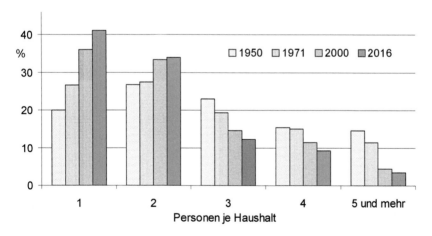

Abb. 8.2 Entwicklung der Haushaltsgrößen ab 1950 (Datenquelle: Statistisches Bundesamt, Volkszählungen (1950 und 1971) bzw. Mikrozensus (2000 und 2016) Berechnungen
des BiB (2018)

Tab. 8.1 Haushaltsgrößen 2008 und 2018 in Prozent (Statistisches Bundesamt) (https://
www.destatis.de/DE/Themen/Gesellschaft-Umwelt/Bevoelkerung/Haushalte-Familien/
Tabellen/lrbev05.html)

Haushalte mit	2008	2018
Einer Person	39,4	41,9
Zwei Personen	34,0	33,8
Drei Personen	13,1	11,9

Tausend Haushalte in Deutschland leben heute drei und mehr Personen. Der
Vergleich der Anteile in den Jahren 2018 und 2008 zeigt eine kontinuierliche
Zunahme der allein Wohnenden (Tab. 8.1).

Wohngemeinschaften nicht verwandter Personen sind vor allem in der Alters-
gruppe der 20- bis 30-Jährigen zu finden. Daneben gibt es aus einer älteren und
einer jüngeren Person bestehende Wohngemeinschaften, die für beide von Vorteil ist, indem z. B. der ältere Bewohner die Wohnkosten bestreitet und der
jüngere Bewohner Dienstleistungen erbringt. Gemeinschaftlichkeit reicht über die
Wohnung hinaus. Hier treffen Menschen mit unterschiedlichen Lebensstilen aufeinander, die sich nicht ausgesucht haben. Eine Nicht-Wohngemeinschaft ist das
„living apart together" (LAT), eine Gemeinschaft erwachsener Menschen, die nicht
auf einer gemeinsamen Wohnung beruht. Eine völlig andersartige Gemeinschaft ist
das Zusammenwohnen mit einem Haustier, meistens einem Hund oder einer Katze
als Gefährten des Menschen.

8.1   Wohnen von Familien

Typisch für eine individualisierte Gesellschaft ist Normenvielfalt, von Beck
(2008) als „Normalisierung von Diversität" bezeichnet, die an die Stelle einer allgemein verbindlichen sozialen Norm gerückt ist. Beck hat das an einem Beispiel
erläutert:

> „Bis in die 60er Jahre des 20. Jahrhunderts gab es in den westlichen Gesellschaften
> ein allgemein anerkanntes Modell von Familie. ... Dieses Leitbild einer Normal-
> familie bestand aus einem erwachsenen Paar mit leiblichen Kindern. ... Zwar ist
> die Normalfamilie der beschriebenen Art durchaus nicht verschwunden, aber es gibt
> vielfältige andere Formen daneben, und vor allem: die Norm selbst hat an Geltungs-
> charakter verloren" (Beck 2008, S. 305).

Erkennbar ist dieser Geltungsverlust am Wechsel der Themen. Das „familien-gerechtes Wohnen", das in den 1980er bis hinein in die 1990er Jahre ein viel diskutiertes Thema war, dem Konferenzen, Tagungen, Publikationen und Landeswettbewerbe gewidmet waren (vgl. Flade et al. 1992, 1996), hat als Leitbild nicht mehr den hohen Stellenwert wie noch vor Jahrzehnten. Es gibt aber zweifellos, wie auch Beck bemerkt hat, immer noch Familien: eine altersheterogene Gemeinschaft, in der sich wegen des raschen Entwicklungs-tempos der jüngeren Familienmitglieder die soziale Struktur relativ schnell verändert.

Ein „familiengerechter" Grundriss zeichnet Wohnungen aus, in denen Wohn-räume teilbar und nutzungsoffen sind, sodass die Wohnung an sich verändernde Familienzyklus-Phasen angepasst werden kann (vgl. Abb. 3.4). Kleinkinder haben noch kein Bedürfnis, die Grenze zwischen sich und den anderen Familien-mitgliedern zu kontrollieren, während Privatheit für Jugendliche ein wichtiges Anliegen ist (Flade et al. 1992). Zu den Überlegungen, wie den Bedürfnissen von Familien im Wohnungsbau entsprochen werden kann, gehört auch, wie Belastungsfaktoren wie Lärm und Beengtheit verringert werden können. Sie sind für Kinder besonders abträglich, denn sie haben weniger Möglichkeiten als Erwachsene, ihnen auszuweichen oder den dadurch verursachten Stress zu bewältigen. Ergebnisse wie diejenigen von Wachs und Gruen (1982), die negative Korrelationen zwischen der kognitiven Entwicklung von Kindern und einer hohen Wohndichte, die mit starker Lärmbelastung und mangelnder räumlicher Strukturiertheit und Ordnung in der Wohnung einhergeht, ermittelt haben, sind deshalb zu erwarten. Empirisch nachgewiesene Auswirkungen beengten Wohnens auf Kinder sind schlechte Schulleistungen und Verhaltensstörungen sowie eine verzögerte Sprachentwicklung (Imhof und Klatte 2011). Infolge der akustischen Überstimulation bei hoher Wohndichte sind Kommunikationsstörungen unaus-weichlich, wobei noch hinzu kommt, dass Eltern gegenüber ihren Kindern in solchen Situationen weniger responsiv sind (Evans et al. 1999). Beengte Wohn-verhältnisse haben demnach eine direkte und eine indirekte Wirkung. Direkt meint: die Kinder haben weniger Platz; indirekt bedeutet: die Eltern sind restriktiver und gehen weniger auf die Bedürfnisse der Kinder ein (Abb. 8.3).

Für Familien nicht geeignete Wohnverhältnisse reduzieren die Sensibilität der Eltern gegenüber den Bedürfnissen und Äußerungen ihrer Kinder (Chawla 1991). Dass dadurch die Responsivität der Eltern verringert wird, haben Evans et al. (2010) erneut bestätigt. Die Forscher haben die Zusammenhänge zwischen beengtem Wohnen, der elterlichen Empathie und der kognitiven Entwicklung 3-Jähriger analysiert. Der kognitive Entwicklungsstand der Kinder wurde mit

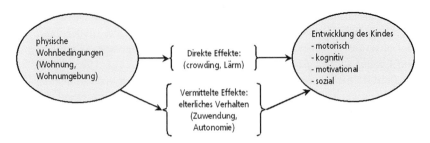

Abb. 8.3 Direkte und indirekte Wirkung der Wohnumwelt auf Kinder (Flade 2005, S. 13)

Tests erfasst, das Verhalten der Mutter mit einem standardisierten Beobachtungs-verfahren. Bei beengten Wohnverhältnissen sind sowohl die Kinder als auch die Mütter gestresst. Der Zusammenhang zwischen beengtem Wohnen und einer ver-zögerten kognitiven Entwicklung bei Kindern wird, wie Evans et al. festgestellt haben, „mediated by maternal responsiveness. Mothers in more crowded homes are less responsive to their children" (S. 135). Vermehrte familiäre Auseinander-setzungen, ein stark kontrollierendes und strafendes Erziehungsverhalten sowie ein Mangel an Einfühlungsvermögen sind Folgen beengten Wohnens.

Das Verhalten der Eltern hat eine prägende und langfristige Wirkung. In dem Vierfelderschema Tab. 8.2 wird das elterliche Verhalten mit zwei Dimensionen beschrieben: Zuwendung/Ablehnung und Autonomie/Kontrolle.

Es sind neben der kognitiven Entwicklung auch Verhaltensweisen, die auf eine nicht gelingende Sozialisation hinweisen. Kindliche Verhaltensstörungen sind wahrscheinlicher, wenn Eltern verstärkt kontrollieren und sich dem Kind weniger zuwenden (Tab. 8.2). Die empirische Forschung hat diese Zusammenhänge hin-reichend bestätigt. So haben Evans und Saegert et al. (2001) die Auswirkungen beengten Wohnens auf die psychische Gesundheit von Dritt- und Fünftkläss-lern analysiert. Die Wohndichte wurde ermittelt, indem die Zahl der Wohn-räume ins Verhältnis zur Zahl der Personen in der Wohnung gesetzt wurde. Mit einem standardisierten Verfahren wurde die psychische Gesundheit der Kinder erfasst. Die Mütter bekamen eine Liste von Verhaltensstörungen (z. B. andere Kinder drangsalieren) und Symptomen (z. B. Niedergeschlagenheit, Ängstlich-keit, Weinerlichkeit), die auf 3-stufigen Skalen (0 = does not apply, 1 = applies somewhat, 2 = certainly applies) zu kommentieren waren. Auch hier ergab sich ein signifikanter Zusammenhang zwischen der Dichte in der Wohnung und kind-lichen Verhaltensstörungen. Die Haltung der Hilflosigkeit, die sich bei den Kindern herausbildet, wird so gut gelernt (deshalb heißt es auch *gelernte* Hilflosigkeit), dass sie auch dann fortbesteht, wenn sich die Umstände geändert haben.

Tab. 8.2 Zusammenhänge zwischen elterlichem und kindlichem Verhalten (Trautner 1978, S. 153)

Elterliches Verhalten	Kontrolle	Autonomie
Zuwendung	Unterwürfig, abhängig, berechnend, gehorsam, nett, geringe Aggressivität, wenig kreativ, sehr nachgiebig	Aktiv, unabhängig, sozial aufgeschlossen, kreativ, „erfolgreiche" Aggressivität, fähig zur Rollenübernahme
Ablehnung	Neurotische Verhaltensstörungen, Schwierigkeiten bei der Rollenübernahme, hohe Autoaggressivität, sozial abgelehnt, schüchtern, streitsüchtig	Häufig kriminelles Verhalten, starke Aggressivität, widersetzlich

Naheliegend ist die Frage nach den Kompensationsmöglichkeiten. Maxwell (1996) ging von der Überlegung aus, dass Vorschulkinder viel Zeit in Kindertagesstätten verbringen, sodass diese Orte ein wichtiger Teilbereich ihres Lebensraums sind, der die negativen Effekte einer hohen Wohndichte möglicherweise mildern könnte. Maxwell hat Kinder im Vorschulalter aus Einrichtungen mit unterschiedlicher räumlicher Dichte getestet und deren Verhalten beobachtet. Ein Teil der Kinder wohnte beengt, wobei als hohe Wohndichte galt, wenn es in der Wohnung weniger Räume als Personen im Haushalt gab. Das war bei 15 % der Kinder der Fall. Mit verschiedenen Tests, darunter dem Children's Embedded Figures Test wurden die kognitiven Fähigkeiten der Kinder ermittelt. Ihr Verhalten wurde mit Skalen erfasst, auf denen die Erzieherinnen das Ausmaß an Feindseligkeit und Aggressivität, Ängstlichkeit und Furchtsamkeit sowie Hyperaktivität und Ablenkbarkeit einstuften. Die Kombination der Merkmale Wohndichte und Dichte in der Kindertagesstätte ergibt bei der Dichotomisierung des Merkmals Dichte ein Vierfelder-Schema (Abb. 8.4). Sowohl bei den kognitiven Leistungen als auch im Verhalten der Kinder ergaben sich, differenziert nach der Dichte in den beiden Bereichen, signifikante Unterschiede.

Die Kinder, die in beiden Lebensbereichen vergleichsweise viel Platz haben, konnten in dem Children's Embedded Figures Test die Figuren leichter aus dem Feld heraus lösen, und sie zeigten weniger Verhaltensstörungen, was auf eine intakte emotional-soziale Entwicklung hinweist. Die Kinder, die in beiden Bereichen räumliche Dichte erlebten, schnitten in ihren kognitiven Leistungen schlechter ab und wiesen vermehrt Verhaltensstörungen auf. Die naheliegende Empfehlung ist, Kindertagesstätten in Gebieten, in denen die Wohndichte im

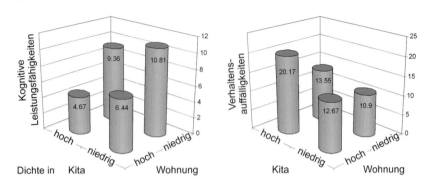

Abb. 8.4 Kognitive Leistungen und Verhaltensauffälligkeiten von Kindergartenkindern nach der räumlichen Dichte in der Wohnung und in der Kindertagesstätte (Maxwell 1996, S. 505 f., eigene Grafik)

Mittel überdurchschnittlich hoch ist, geräumiger zu dimensionieren, sodass sie häusliche Enge etwas ausgleichen können.

Durch Spielen erwerben Kinder die Fähigkeit, sich mit der Umwelt und den darin enthaltenen Dingen auseinander zu setzen, d. h. sowohl auf die Anforderungen aus der Umwelt zu reagieren als auch selbst aktiv zu werden und sich die Umwelt anzueignen. Ein Selbstaktivwerden bedeutet Autonomie statt Kontrolle. Günstig sind deshalb Wohnumwelten, die Autonomie fördern (Wachs und Gruen 1982; Chawla 1991).

Ein Vergleich der Wohnungsgrundrisse vor 50 Jahren mit den heute üblichen Aufteilungen der Wohnfläche führt vor Augen, dass der Individualisierungsprozess nicht nur die Daseinsform des Menschen als Einzelwesen besonders hervor hebt, sondern auch eine Gleichberechtigung dieser Einzelwesen anstrebt. Heute gibt es die „Hierarchie der Wohnräume" nicht mehr, in der noch bis Ende der 1980er Jahre die Norm galt, dass das Wohnzimmer mit Essplatz für vier Personen mindestens 20 qm, das Elternschlafzimmer 14 qm, das Zimmer für zwei Kinder 11 qm und für ein Kind 8 qm groß sein sollte. Diese Grundriss-Konzeption war, wie es Röhrbein (2003) formuliert hat, ein „Aufzuchtsmodell", das Gegenteil von einem „emanzipativen Entwicklungsmodell", in dem alle Familienmitglieder gleich berechtigt sind und alle einen eigenen Bereich beanspruchen können.

Wohnhochhäuser sind für Familien weniger geeignet, wobei nicht die Hausform an sich, sondern die Höhe des Stockwerks das entscheidende Merkmal ist, von dem die Geeignetheit abhängt. Mundt (1980) hat herausgefunden, dass

Kinder im Vorschulalter, die in den oberen Stockwerken von Hochhäusern wohnen, seltener draußen mit anderen Kindern zusammen kommen als gleichaltrige Kinder in den unteren Stockwerken. Oda et al. (1989), die in Hochhäusern in Tokio die Effekte des Wohnens auf die physische und kognitive Entwicklung von Kindern untersucht haben, fanden ebenfalls, dass vor allem das Wohnen in den höheren Stockwerken ungünstig ist. Die weit oben wohnenden Kinder zeigten Verzögerungen in der Entwicklung von Eigenständigkeit. Die Forscher erklärten das Ergebnis damit, dass diese Kinder weniger Gelegenheit haben, selbstständig zu agieren, da sie seltener außerhalb der elterliche Kontrolle mit Gleichaltrigen zusammen sein können. Ihr Free Range ist eingeschränkt. Und auch Evans et al. (2003) fanden heraus, dass jüngere Kinder möglichst nicht in den oberen Stockwerken von Hochhäusern wohnen sollten, weil sich das auf ihre Entwicklung ungünstig auswirkt. Die häufiger auftretenden Verhaltensauffälligkeiten führten sie ebenfalls auf das seltenere Draußen sein zurück. Die Kinder haben weniger Gelegenheiten, raumgreifende Aktivitäten auszuüben, für die in Wohnungen kein Platz ist, sie können weniger ausgiebig die Umwelt erkunden, sie bekommen dadurch weniger Anregungen, sie haben weniger Möglichkeiten, mit Gleichaltrigen zusammen zu spielen und weniger Gelegenheiten, zeitweilig dem elterlich kontrollierten Bereich zu entkommen. Ein Blick in Tab. 8.2 zeigt, dass sich vermehrte Kontrolle und zu wenig Autonomie negativ auf die kindliche Entwicklung auswirken.

In einer Untersuchung von Churchman und Ginsburg (1984), in der sich ein positives Gesamtbild vom Wohnen in Hochhäusern ergeben hatte, war genau dies der Negativ-Punkt. Die Schutz und Rückzug bietende Wohnung in Ruf- und Sichtweite ist in den oberen Etagen weit entfernt. Die Folge ist, dass die unter 6-Jährigen seltener draußen sind.

Alle diese Untersuchungen verweisen auf die Bedeutung des Außenraums für die kindliche Entwicklung. Es hängt –abgesehen vom Wohnen in den oberen Etagen von Hochhäusern – wesentlich von der Beschaffenheit der Wohnumgebungen ab, inwieweit sich Kinder dort eigenständig bewegen und sukzessiv ihren Free Range erweitern können. Die Entwicklung fördernd sind Wohnumgebungen, die Eltern als sicher und „walkable" wahrnehmen, denn sie gewähren den Kindern dann mehr Autonomie und Bewegungsfreiheit, wie Napier et al. (2011) empirisch nachgewiesen haben. Die Befragung von Eltern von Fünftklässlern ergab, dass die Kinder in „less walkable communities" weniger körperlich aktiv sind. Als Folgen mangelnder körperlicher Bewegung wurden Inaktivität, Unselbstständigkeit, Übergewicht und weniger Kontakte mit Gleichaltrigen festgestellt.

Eine zu geringe Bebauungsdichte reduziert Walkability (Fußgängerfreundlichkeit) und fördert „Verhäuslichung". Den Begriff „Verhäuslichung" hat Zinnecker (2001) verwendet, um eine Entwicklung zu beschreiben: Ehemals straßenöffentliche Tätigkeiten werden in Wohnungen und Institutionen wie die Kindertagesstätte verlegt; Kinder können nicht mehr wie anno dazumal selbstbestimmt draußen spielen, sondern sind kontrolliert von Erwachsenen mehr drinnen. Verhäuslichung bedeutet Einbußen an Eigenständigkeit. Wahrgenommene Verkehrsunsicherheit ist einer der häufigsten Gründe ihrer Verhäuslichung (vgl. Abschn. 6.4).

Dass Verhäuslichung weltweit stattfindet und mangelnde Walkability wesentlich dazu beiträgt, hat die Untersuchung von Villanueva et al. (2012) gezeigt, die in Perth in Australien durchgeführt wurde. Anzumerken ist hier, dass sich die Forschergruppe mit der eigenständigen Mobilität 10- bis 12-Jähriger befasst hat, also bereits etwas älterer Kinder. Eine mangelnde Walkability wirkt sich auch bei Kindern jenseits des Grundschulalters negativ aus: Ihre „IM" (independent mobility) ist in Gebieten, die Eltern als verkehrsunsicher wahrnehmen, deutlich geringer. Diese Einschränkung ist insbesondere wegen der langfristigen Folgen schwerwiegend: „Restricting IM not only reduces children's physical activity levels but also has the potential to influence their mental and social development" (Villanueva et al. 2012, S. 680).

Walkability setzt jedoch eine bestimmte bauliche Dichte voraus. Orte, die man zu Fuß erreichen kann, dürfen nicht zu entfernt weg sein. „Die Stadt der kurzen Wege" gekoppelt mit Annehmlichkeiten für Zufußgehende wie eine Streckenführung durch Parks statt an Hauptverkehrsstraßen entlang fördert nicht nur die eigenständige Mobilität von Kindern und Jugendlichen, sondern das Zufußgehen insgesamt. Ein „Nebeneffekt" ist, dass Jugendliche in aufenthaltsfreundlichen Wohnumwelten weniger exzessiv das Internet nutzen, wie eine Auswertung der Daten aus dem Western Australian Health und Wellbeing Survey ergeben hat (Christian et al. 2017). Bei insgesamt 2.790 Jugendlichen wurde die Zeit, in der sie mit Bildschirm-Aktivitäten befasst sind, erfasst. Fehlen attraktive Orte in der Wohnumgebung, verbringen Jugendliche signifikant mehr Zeit im Internet.

8.2   Wohngemeinschaften

In Utopien werden Wohngemeinschaften als Ideal menschlichen Zusammenlebens geschildert. In der von Thomas Morus verfassten „Utopia", 1516 erstmals veröffentlicht, wird die fiktionale, auf einer Insel liegende Stadt Amaurotum in Utopia dargestellt. Sie ist von einer hohen breiten Mauer mit zahlreichen Türmen umgeben. Die 3-stöckigen Häuser sind in langen, blockartigen Reihen angeordnet, in denen jeweils 30 Haushalte leben. Auf der hinteren Seite erstreckt sich über den gesamten Block hinweg ein großer Gemeinschaftsgarten, zu dem alle Bewohner des Hauses Zugang haben. In jedem Haus gibt es eine Halle, in der gemeinsam gegessen wird. Die Türen sind für alle offen. Man lebt im Kollektiv. Der Mensch ist voll und ganz Sozialwesen und will es auch sein. Amaurotum steht für ein friedliches Miteinander, niemand verspürt das Bedürfnis, sich als einzigartiges Individuum hervor zu tun und von den anderen abzugrenzen.

In der heutigen Realität sind Wohngemeinschaften nicht selten über eine Zweckgemeinschaft hinausgehende Notlösungen (Maak 2014). Das gilt z. B. für studentische Wohngemeinschaften, in denen man lebt, weil das Single-Apartment, das man bevorzugen würde, zu teuer oder auch nicht zu haben ist.

Die kleinste Gemeinschaft umfasst zwei Personen. Dabei kann es sich um ein Paar handeln, einen alleinerziehenden Elternteil mit Kind oder auch um zwei nicht miteinander verwandte Personen, die sich zusammen geschlossen haben, weil es für beide von Vorteil ist. Es sind also sowohl soziale Bedürfnisse nach Kontakt und Kommunikation als auch ökonomische Gründe, warum sich Menschen eine Wohnung oder ein Haus teilen.

Wie das gemeinschaftliche Wohnen (Home Sharing) erlebt und inwieweit es aktiv angestrebt wird, hängt wesentlich davon ab, ob man diese Wohnform als Vorteil ansieht. Befragungen von Danigelis und Fengler (1990) mit nicht miteinander verwandten Bewohnern, die sich eine Wohnung teilen, ergaben, dass sie das Zusammenwohnen positiv bewerten. Die Forscher haben das Ergebnis als Bestätigung der sozialen Austauschtheorie interpretiert, nach der Menschen soziale Beziehungen aufrecht erhalten, solange der subjektive Nutzen im Vergleich zu den Kosten überwiegt. Das Teilen einer gemeinsamen Wohnung funktioniert, wenn es für alle Beteiligten von Vorteil ist, d. h. wenn es eine Win-Win-Situation darstellt. Dies ist z. B. für das Zusammenwohnen einer älteren und einer jüngeren Person der Fall: Für junge Menschen hat das Wohnungsteilen den Vorteil, dass es kostengünstig ist; den Älteren ermöglicht es, sich sicherer und weniger hilflos zu fühlen und nicht zu vereinsamen. Dabei kann Unterschiedliches vereinbart werden: gratis Wohnen auf der einen Seite, Hilfeleistungen, Hausarbeiten und Begleitdienste auf der anderen Seite. Es ist für Ältere eine Alternative zum Altenheim, wie Altus und Mathews (2000) festgestellt haben, die ältere Menschen befragt haben, die sich an einem speziellen Programm zum Wohnungsteilen, einem „homesharing match-up", beteiligt hatten. Die Befragten bewerteten das Home Sharing weit überwiegend positiv, denn seit sie gemeinschaftlich wohnen, hätte ihr Wohlbefinden zugenommen; sie fühlten sich sicherer, glücklicher und weniger einsam und schätzten es mehr als früher, zu Hause zu sein. Vor allem die Männer profitieren vom Wohnungsteilen. Bei ihnen nimmt durch das Home Sharing das Wohlbefinden und das Gefühl, gesund zu sein, deutlich stärker zu als bei den Frauen.

Geeignet für das Zusammenwohnen von zwei nicht verwandten Personen ist eine Wohnung mit zwei Individualräumen und einem Gemeinschaftsbereich, von Franck (1989) als „Mingle" bezeichnet (ein aus „Mixed" und „Single" gebildetes Wort). Ein Home Sharing einer jüngeren und einer älteren Person in einem Mingle kann für beide Beteiligten ein Gewinn sein, wie das folgende Beispiel zeigt:

> „Mein Mitbewohner heißt Herr Lewerenz und ist 89 Jahre alt. Pro Quadratmeter Wohnfläche helfe ich ihm eine Stunde im Haushalt, so steht es im Mietvertrag. Das sind 24 Stunden im Monat, also 6 Stunden pro Woche. Dafür kann ich günstiger bei ihm wohnen. Mein Zimmer kostet dann noch 80 Euro pro Monat, so etwas findet man in Köln sonst nicht… Ich mache den Abwasch, gehe einkaufen oder pflanze Blumen im Garten. … Manchmal habe ich Sorge, dass ich zu wenig helfe" (Der Spiegel Wissen et al. 2019, S. 111).

Wie konfliktfrei ein Zusammenwohnen ist, hängt nicht allein von den Eigenschaften, Einstellungen und Absichten der Bewohner ab, sondern wesentlich auch von der Architektur. In Abb. 8.5 ist als Beispiel der Grundriss einer Wohneinheit für fünf Personen in einem Studentenwohnheim dargestellt. Zu erkennen ist ein 2-stufiges territoriale Gefüge: jeder Bewohner hat ein eigenes Zimmer; alle fünf teilen sich Küche, Essbereich und Bad.

Optimal für ein gemeinschaftliches Wohnen ist eine räumliche Struktur, in der die unterschiedlichen Arten von Territorien in einem ausgewogenen Verhältnis zueinander stehen, wobei über deren Zugänglichkeit sowie Nutzungsrecht und Nutzungsart Konsens besteht. In der in Abb. 8.5 dargestellten Wohneinheit gibt es ein gemeinsames sekundäres Territorium. Eine feinere Abstufung in dem territorialen Gefüge wäre, dass sich jeweils zwei bzw. drei Bewohner einen kleinen Gemeinschaftsbereich und alle fünf Personen in der Wohngemeinschaft einen größeren Raum teilen (vgl. Abb. 5.1).

Von einem territorialen Funktionieren (territorial functioning) kann nicht mehr die Rede sein, wenn einige Bewohner in einem Studentenwohnheim eine Gemeinschaftsküche für ein sekundäres Territorium halten, zu dem auch die darin aufgestellten Kühlschränke der einzelnen Bewohner gerechnet und nicht als primäres Territorium respektiert werden (Abb. 8.6).

Studierende sind zwar eine altershomogene, aber in anderer Hinsicht heterogene Gruppe, denn sie stammen aus unterschiedlichen Ländern, deren Kulturen,

Abb. 8.5 Wohngemeinschaft von fünf Personen in einem Studentenwohnheim

soziale Normen und Auffassungen von Zugänglichkeit und Nutzungen sich mehr oder weniger unterscheiden. Konflikte sind hier kaum zu vermeiden. Eine anschauliche Schilderung dazu findet sich bei Maak (2014, S. 182).

In welchem Verhältnis sollten Individual- und Gemeinschaftsbereiche zueinander stehen? Großzügig dimensionierte Gemeinschaftsräume zulasten der Individualräume haben den Nachteil, dass die Individualräume zu Kammern zusammenschrumpfen, in die abgezirkelt und unverrückbar nur ein Bett, ein kleiner Tisch, ein Schrank und ein Stuhl hineinpassen, sodass ein „making the dormitory room feel more homelike" (Tognoli 2003) kaum gelingen kann.

Des Weiteren fragt sich, welche Anordnung von Individualräumen in einem Flur bzw. Gebäude günstig ist. Verbreitet ist in Studentenwohnheimen das Korridorprinzip: Die Einzelzimmer liegen aufgereiht an einem langen Korridor. Diese Anordnung wirkt sich positiv aus, wie Devlin et al. (2008) festgestellt haben. Mit der „Sense of Community"- Skala, die sie in ihrer Untersuchung verwendeten, haben sie geprüft,

Abb. 8.6   Nicht intakte territoriale Struktur in einer Gemeinschaftsküche

- wie zugehörig sich die Studierenden zum Gebäude und zur Hausgemeinschaft fühlen,
- wie eng die Beziehungen zu den Mitbewohnern sind,
- inwiefern sie den Eindruck haben, den Mitbewohnern nicht gleichgültig zu sein,
- ob sie glauben, dass man sich wechselseitig umeinander kümmern würde, wenn es erforderlich ist.

Das Ergebnis war eindeutig:

> „Creating small pockets of students in pods or suite-like clusters appears related to a lower sense of community. … The traditional corridor design appears to offer opportunities for friendship formation among a larger base of dorm residents than may be the case for clusters and suites" (Devlin et al. 2008, S. 518).

Die Vorstellung, dass kleinere räumliche Einheiten wie die Unterteilung des langen Korridors in kleinere Wohneinheiten Gemeinschaftlichkeit fördern und stärken würden, bezeichneten die Forscher als „Mythos des Gemeinschaftsraums"

(„myth of the suite", S. 491). Kleinere Einheiten würden Begegnungsmöglichkeiten verringern, während man im langen Korridor auf viele andere Bewohner trifft, denen man sonst nie begegnet wäre, unter denen einige sind, mit denen man – selbstbestimmt – näher in Kontakt tritt.

Studentisches Wohnen ist von absehbarer Dauer. Im Vergleich zur Wohndauer in späteren Lebensphasen ist die Zeit, die man am Studienort verbringt, relativ kurz. Wissend, dass es nur eine temporäre Wohnumwelt mit einer zeitlich überschaubaren Aufenthaltsdauer ist, wird gar nicht erst eine tief reichende emotionale Ortsverbundenheit entwickelt.

Allein wohnen bedeutet nicht zwangsläufig Mangel an sozialen Kontakten. So sind z. B. die in einem Hochhaus Wohnenden eine Hausgemeinschaft; sie haben einen gemeinsamen Eingangs- und Treppenbereich und eine gemeinsame Adresse. Dadurch ergeben sich viele passive Kontakte. Inwieweit sich in dieser Hausgemeinschaft jedoch nachbarliche Beziehungen herausbilden, hängt von den Eigenschaften der Bewohner und den sozialräumlichen Strukturen ab. Wohnhochhäuser können eine problematische Wohnform sein, wenn sie von Menschen bewohnt werden, die sich für ihre unmittelbare sozialräumliche Umgebung nicht interessieren, die z. B. Incivilities hinnehmen oder sogar selbst produzieren. Vandalismus, Verschmutzung und Vermüllung der Eingangsbereiche, der Treppenhäuser, Flure, Fahrstühle und Kellerräume sind offenkundige Anzeichen einer gestörten Ordnung. Als erfolgreiche präventive Maßnahme hat sich die Einrichtung von Pförtnerlogen erwiesen (Boekholt 1997). Die Pförtner fungieren zugleich als Hausbetreuer, sie sind Ansprechpersonen für die Hausbewohner, sie kontrollieren den Eingangsbereich, indem sie die verschlossenen Eingangtüren auf Knopfdruck öffnen, sie achten auf die Sauberkeit und Gepflegtheit der Flure, Treppenhäuser, Kellerräume und Fahrstühle, sie nehmen Pakete an und führen anfallende kleinere Reparaturen aus. Der Erfolg dieser Maßnahme lässt sich mit der Disorder-Theorie erklären: Das Verhindern unerwünschter Vorkommnisse wird als Zeichen wahrgenommen, dass die Hausverwaltung in der Lage ist, ein geordnetes Zusammenleben zu gewährleisten.

Dass sich die Anonymität in Wohnhochhäusern negativ auswirken kann, wurde in einer Befragung von Mieterinnen aus 3- und aus 14-stöckigen Gebäuden im Stadtviertel Bronx in New York festgestellt (McCarthy und Saegert 1978). Die Bewohnerinnen in den Hochhäusern äußerten häufiger, dass sie sich nicht sicher fühlen, dass sie seltener jemanden im gleichen Haus oder in der Wohnanlage um einen Gefallen bitten würden und dass sie in Notfällen kaum mit Hilfeleistungen anderer Bewohner rechnen könnten. Sie hielten es für unwahrscheinlicher, dass ein Bewohner einem Mitbewohner, der im

Hausflur überfallen wird, zu Hilfe kommt, und dass er eingreifen würde, um Aggressionen und Angriffe zu verhindern. Die vorherrschende Haltung war: „Das geht mich nichts an" bzw. „Ich will mit der Sache nichts zu tun haben". Das Ergebnis spricht dafür, dass in Gebäuden, in denen viele Menschen wohnen, statt einer regen unterstützenden Nachbarschaft eher Anonymität und soziale Distanz herrscht. Das Ergebnis bestätigt die Annahme von Sodhi (1957), dass ein Grund für die Gleichgültigkeit der Menschen anderen gegenüber ist, dass ein Mensch nur mit einer begrenzten Anzahl von Mitmenschen soziale Beziehungen aufnehmen kann. Diese Mitmenschen in der großen Menge herauszufinden, gelingt nicht, wenn man sich von Beginn an gleichgültig ist und es gar nicht erst versucht wird.

Andererseits bietet die große Zahl an Bewohnern im Hochhaus die Gelegenheit, vielen Menschen zu begegnen und dabei festzustellen, mit wem man in engeren Kontakt treten möchte. Eine von Churchman und Ginsberg (1984) in Israel durchgeführte Befragung von in Hochhäusern wohnenden Frauen hat ergeben, dass diese Wohnform soziale Interaktionen fördert. Die Hochhausbewohnerinnen sahen es als vorteilhaft an, dass im Haus viele Menschen wohnen, zu denen sowohl die Kinder als auch die Erwachsenen Kontakt aufnehmen können, und dass es genauso unproblematisch ist, sich zurück zuziehen, wenn man das Bedürfnis hat, allein und ungestört zu sein. Die Diskrepanz zwischen den Ergebnissen von Saegert und McCarthy und von Churchman und Ginsberg lässt sich damit erklären, dass Hochhäuser in Israel vor allem von Mittelschicht-Haushalten bewohnt werden, die meistens Wohnungseigentümer sind. Es ist eine sozial homogene Gruppe, in der leicht Kontakte geknüpft werden können. Hier zeigt sich, dass es nicht die Architektur allein ist, die Kontakte fördert oder nicht, sondern dass es entscheidend von den Bewohnern abhängt, wie sich das Leben in Wohnhochhäusern gestaltet. Für die jungen hochmobilen Singles, die meistens weniger „verwurzelt" und weniger sozial eingebunden sind, bietet das Wohnen in Hochhäusern Vorteile. Ihnen kommt die Anonymität im Haus entgegen, weil sie von antizipierten sozialen Zwängen befreit.

Zusammenfassend ist festzustellen, dass Wohnhochhäuser eine passende Wohnform sein können, wenn darin Menschen mit ähnlichem sozioökonomischen Status wohnen, ewenn die Bewohner nicht an nachbarlichen Beziehungen interssiert sind und deshalb die Anonymität im Hochhaus zu schätzen wissen oder wenn es einen präsenten Hausbetreuer gibt.

8.3 Nachbarschaft

Nachbarschaft (neighborhood) ist ein sozialräumliches Phänomen: Man wohnt mit anderen zusammen an einem Ort. Je nach Perspektive und Fragestellung wird entweder das Räumliche: die gemeinsame Wohnumgebung, oder das Soziale: die nebenan Wohnenden, hervor gehoben (Hamm 1996). Nachbarschaft als physische Umwelt und Nachbarschaft als soziale Gruppe sind Akzentsetzungen. Anders als bei Wohnprojekten mit geplanter Nachbarschaft hat man sich vorher nicht gekannt, sodass gilt: Nachbarn sind eine Gruppe, die wegen der gemeinsamen Wohnumgebung zustande gekommen ist. Nicht allein die direkte räumliche Nähe ist entscheidend, sondern auch die Sympathie, die man für einander empfindet. Für den einen ist der Nachbar Nr. 1 der direkt nebenan Wohnende, für den anderen derjenige, der ein paar Häuser weiter entfernt wohnt.

Dass räumliche Nähe nachbarliche Kontakte fördert, haben Festinger et al. (1950) nachgewiesen und zugleich auch erklärt. Ausgangspunkt ihrer Untersuchung war die Annahme, dass räumliche Nähe bewirkt, dass sich Bewohner des Öfteren treffen, wobei es zu passiven Kontakten kommt. Diese sind Grundlage für sich herausbildende engere soziale Beziehungen und Freundschaften. Festinger et al. haben in der Wohnanlage „Westgate West" für Hochschulangehörige, bestehend aus 17 baulich gleichen 2-geschossigen Häusern mit jeweils 10 Wohnungen pro Haus, die sozialen Beziehungen untersucht. Der Zeitpunkt und der Ort waren bestens geeignet, denn die Bewohner, die dort einzogen, haben sich vorher nicht gekannt, sodass die sozialen Kontakte in statu nascendi untersucht werden konnten, und es waren allesamt Hochschulangehörige, d. h. eine homogene Gruppe. Die Eingangstüren zu den Wohnungen im ersten Stockwerk mündeten auf einen Laubengang, von dem aus zwei Treppen nach unten führten (Abb. 8.7). Die Untersuchung bezieht ihre Aussagekraft daher, dass der Einflussfaktor der sozialen Ähnlichkeit konstant war – alle Bewohner sind Hochschulangehörige – sodass allein der Effekt der räumlichen Nähe untersucht wurde. Die räumliche Nähe wurde in Entfernungseinheiten gemessen, wobei als Einheit der Abstand zwischen zwei benachbarten Türen definiert wurde. (Abb. 8.7)

Insgesamt 166 von den 170 Bewohnern aus den 17 Häusern in Westgate West (jeweils eine Person in jeder Wohnung) wurde nach ihren drei besten Bekannten in der Wohnanlage gefragt. Da jede Person drei Nennungen abgeben konnte, ergaben sich insgesamt 510 Nennungen. Wäre die räumliche Nähe ohne Bedeutung, wäre die Verteilung zufällig. Das war jedoch nicht der Fall: 55 % entfielen auf das gleiche Haus, nur 45 % auf die übrigen 16 Häuser. Mit

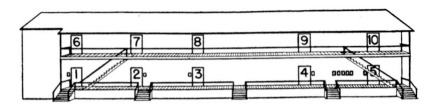

Abb. 8.7 Schematisiertes Diagramm des untersuchten Haustyps (Festinger et al. 1950, S. 36)

zunehmender Entfernung nahm die Häufigkeit von Freundschaften ab. Die räumlich am nächsten Wohnenden wurden häufiger, die weiter entfernt Wohnenden seltener als gute Bekannte bezeichnet. Die Wohnungen Nr. 1 und Nr. 5 in Abb. 8.7 zeichneten sich gegenüber den anderen dadurch aus, dass alle Bewohner in der oberen Etage immer dort vorbei kommen, sodass es an diesen Stellen zu vermehrten passiven Kontakten kommt. Dies spiegelte sich in dem Ergebnis wider, dass die Bewohner aus den Wohnungen Nr. 1 und Nr. 5 überproportional häufig als gute Bekannte bezeichnet wurden. Das Ergebnis war somit, dass der räumliche Faktor grundlegend für das Zustandekommen passiver Kontakte ist, aus denen sich festere Beziehungen entwickeln können.

Inwieweit dies geschieht, hängt von der wahrgenommenen Ähnlichkeit der Nachbarn ab, darunter ihrer Lebenslage, Lebensphase und ihrem Lebensstil. In der Untersuchung von Festinger et al. waren sich die Bewohner in allem ähnlich.

Die nachbarlichen Beziehungen sind ein Einflussfaktor der Wohnzufriedenheit:

„Attachment to the neighbourhood and relationships with neighbours explained the greatest variance in residential satisfaction" (Amérigo und Aragonés 1990, S. 313).

Auch Boniauto et al. (1999) haben bestätigen können, dass das Wohlbefinden, die wahrgenommene Wohnqualität und die Wohnzufriedenheit wesentlich vom sozialen Umfeld abhängen.

Nachbarschaft beinhaltet kognitive, affektive und Verhaltensaspekte und neben viel Positivem auch Negatives. In den Analysen von Skjaeveland et al. (1996, 2002) zeichneten sich vier Dimensionen ab. Nachbarschaft lässt sich danach beschreiben als

- soziales Verhalten in Form von Unterstützung und Hilfe (supportive acts of neighboring),
- Auseinandersetzung mit den Nachbarn und Ärger über sie (neighbor annoyance),
- emotionale Bindungen an die Nachbarschaft (neighborhood attachment),
- Kennen der anderen Bewohner und Erkennen, dass sie keine Fremden sind, ohne jedoch eine nähere Beziehung zu ihnen aufzunehmen (weak social ties).

Nachbarschaft tritt im *Verhalten* zutage: Man hilft denen, die in der Nähe wohnen. Soziale Unterstützung und gemeinsame Aktionen machen die Verhaltens- bzw. instrumentelle Komponente von Nachbarschaft aus. Es kann sich dabei um eine Zweckgemeinschaft handeln, die wegen der Vorteile der gegenseitigen Hilfeleistungen aufrechterhalten und geschätzt wird. Doch Nachbarschaft hat nicht nur positive Seiten, denn es gibt auch *Konflikte*, Ärger, Antipathien, Missverständnisse und unterschiedliche Vorstellungen, wie etwas gehandhabt werden sollte. Hamm (1996) hat dazu bemerkt, dass die Tatsache, dass nachbarliche Beziehungen nicht nur konfliktfreies Zusammenleben sind, in Planungsdiskussionen oftmals ignoriert wird; Nachbarschaft wird ausschließlich positiv gesehen. Ein weiterer Punkt ist, auf den Hamm ebenfalls hingewiesen hat, ist, dass enge nachbarliche Beziehungen immer auch mit sozialer Kontrolle einhergehen, was das positive Bild von Gemeinschaft ebenfalls relativieren kann.

Die *emotionale Verbundenheit* mit der Nachbarschaft lässt sich als eine Substruktur der emotionalen Ortsverbundenheit auffassen (Abschn. 4.1), die räumliche *und* soziale Bindungen umfasst. Man fühlt sich wegen der am gleichen Ort wohnenden Menschen mit diesen verbunden. Gemeinschaftlichkeit und das Gefühl von Zugehörigkeit fördern das Wohlbefinden und die psychische Gesundheit:

„The provision of social support through bonds within communities has become a key area of interest for mental health professionals" (Riger und Lavrakas 1981, S. 55).

Soziale Beziehungen sind mehr oder weniger eng; sie können wie die *weak social ties* auf ein bloßes einander Kennen und Grüßen beschränkt sein. Es sind oberflächliche Beziehungen, die jedoch sehr wichtig sind, wenn die Zahl der in der Nähe Wohnenden wie z. B. in einer Großwohnsiedlung sehr hoch ist. Der Wert solcher schwachen Bindungen liegt darin, dass sie Anonymität verringern: Man kann zwischen Mitbewohnern und Fremden unterscheiden.

Die gegenseitige Unterstützung und Hilfe ist ein Vorteil der Gruppe gegenüber dem Einzelnen, der allein auf sich gestellt ist. In der Bezeichnung „Sozialkapital", das in Gruppen wie der Familie und der Nachbarschaft erzeugt wird, kommt dieser Vorteil direkt zum Ausdruck. Die Gruppe kann, weil sie über Sozialkapital verfügt, mehr erreichen als jeder einzelne für sich allein. Wie Schnur (1999) anschaulich geschildert hat, gibt es analog zur Kreditvergabe in der Finanzwelt Gläubiger und Schuldner, die miteinander in einer Austauschbeziehung stehen. Das Guthaben sind die geleisteten Gefälligkeiten und Hilfen, die Schulden sind die empfangenen Hilfen. Die sozialen Beziehungen beruhen, wie es die Austauschtheorie postuliert, auf Belohnungen und Kosten, die in sozialen Interaktionen entstehen. Nachbarschaft ist eine Art „Nährboden", auf dem Sozialkapital gedeihen kann. „Social capital has been conceptualized as the features of social organization – such as trust between citizens, norms of reciprocity, and group membership – that facilitate collective action" (S. 120), und weiter: „Participating in neighborhood organizations or helping neighbors (offering 'social support') is social capital" (Mazumdar et al. 2018, S. 133).

Eine auf der Wohnnähe beruhende Gemeinschaft ist als Produzent von Sozialkapital vor allem dann von Bedeutung, wenn es um die Durchsetzung örtlicher Interessen geht. Die Gruppe verfügt über mehr Durchsetzungskraft als ein Einzelner, was genutzt wird, um Aktionen wie z. B. „Sichere Schulwege" oder „Erhalt der Straßenbäume" durchzuführen. Der Zusammenschluss von Menschen kann darüber hinaus die öffentliche Sicherheit sowohl objektiv als auch subjektiv erhöhen, indem sich die Bewohner als neighborhood watcher betätigen[1].

Eine Untersuchung von Martin (2002) in Detroit ergab, dass eine intakte Gemeinschaft Desorganisation und Kriminalität zu verringern vermag. Es zeigte sich: Sozialkapital, soziale Kohäsion und kollektive Effizienz können Wohnungseinbrüche vereiteln.

Das Ergebnis der insgesamt 23 empirische Untersuchungen umfassenden Metaanalyse von Mazumdar et al. (2018) war eine Liste von Dimensionen, die Nachbarschaft und Sozialkapital umschreiben:

- gegenseitige Hilfeleistungen, soziale Unterstützung
- Ortsverbundenheit, Ortsidentität
- Gemeinschaftssinn, sense of community

---

[1]Ein Übermaß an neighborhood watching kann in ein Übermaß an sozialer Kontrolle und einer Atmosphäre des Misstrauens umschlagen.

- soziale Kohäsion, soziale Beziehungen und Interaktionen
- Vertrauen und Sicherheit
- Bekanntheit der anderen
- kollektive Effizienz
- Engagement, Involviertsein und Beteiligung an gemeinsamen Aktionen.

In der Liste von Mazumdar et al. (2018) fehlt die bei Skjaeveland et al. (1996, 2002) aufgeführte Konflikt-Dimension. Stärker gewichtet wird dagegen die kollektive Effizienz, die Nachbarschaft wertvoll macht. Fasst man beide Auflistungen zusammen, gelangt man zu fünf Dimensionen:

- ein Nützlichkeitsfaktor: gegenseitige Hilfeleistungen, soziale Unterstützung, Vertrauen und Sicherheit, gemeinsame Aktionen, kollektive Effizienz,
- ein Emotionsfaktor: Verbundenheit und Identifizierung mit einem Ort,
- ein Sozialfaktor: soziale Beziehungen, Gemeinschaftssinn (sense of community), Zugehörigkeit,
- ein Bekanntheitsfaktor: Bekanntheit der anderen Bewohner, Unterscheidung zwischen Mitbewohnern und Fremden, weak social ties,
- ein Konfliktfaktor: konträre Ansichten und Auseinandersetzungen zwischen Nachbarn.

Nachbarschaftskonflikte scheinen weniger thematisiert zu werden; sie stören das positive Bild einer intakten Gemeinschaft. In Wohnumgebungen treffen indessen anders als in der Untersuchung von Festinger et al. (1950), in der sich die Nachbarschaft ausschließlich aus Hochschulangehörigen zusammensetzte, Menschen mit unterschiedlichen Lebensstilen, Interessen und Ansichten aufeinander, was zu Konflikten und Auseinandersetzungen führen kann. Je heterogener die Nachbarschaft ist, umso wahrscheinlicher sind Missverständnisse, Ärger und Verdruss. Nachbarschaftskonflikte sind ein gravierender Belastungsfaktor, weil man ihnen wegen des festen Wohnorts kaum aus dem Wege gehen kann. Ein häufiger Grund für Konflikte ist der von den Nachbarn herrührende Lärm. Dieser kann, auch wenn es gar nicht die Nachbarn selbst sind, die laut sind, sondern eine Lärmquelle auf deren Grundstück, zu Streit führen, der schließlich vor Gericht ausgetragen wird (Roth 2006). Regional unterschiedlich ist die Lärmquelle. Auf dem Lande sind es häufig Kuhglocken oder krähende Hähne.

Wie stark belästigt man sich fühlt und was man daraufhin unternimmt, ist kulturell unterschiedlich, wie eine Länder vergleichende Untersuchung von Müller-Andritzky et al. (1992) ergeben hat. Die Forscher haben Bewohner aus Mehrfamilienhäusern in Oldenburg und in Osaka interviewt. Über die am meisten störenden Geräuschquellen war man sich in beiden Ländern einig. Der Lärm von Kindern und Jugendlichen, von Fahrzeugen sowie die Geräusche von Fernsehern, Radios und Stereoanlagen wurden oft als belästigend bezeichnet. Ein Unterschied zeigte sich bei der Einschätzung des Grades der Belästigung. So fühlten sich 20 % der Oldenburger durch die Nachbarn erheblich gestört gegenüber 10 % der Osaker. 42 % der Deutschen gegenüber 8 % der Japaner meinten, sich nicht an den Lärm in ihrer Wohnumwelt gewöhnen zu können. Auch hinsichtlich der Maßnahmen gegen Nachbarschaftslärm waren Unterschiede festzustellen. Während 90 % der Deutschen ihre Nachbarn direkt darauf ansprechen, tun dies nur 30 % der Japaner. Müller-Andritzky et al. haben die Unterschiede auf das unterschiedliche Harmoniebedürfnis zurück geführt. Weil ein aktives Vorgehen gegen laute Nachbarn die gewünschte Harmonie (noch mehr) beeinträchtigen könnte, halten sich die Japaner, deren Harmoniebedürfnis offensichtlich stärker ist, mit Beschwerden zurück.

Wie eng und von welcher Art die Beziehungen zu den Nachbarn sind, hängt nicht nur von den individuellen Vorlieben, Lebensstilen, Einstellungen und Eigenschaften der Bewohner, sondern auch von den physisch-räumlichen Bedingungen ab, die Begegnungen und Kontakte im Umfeld der Wohnung begünstigen oder auch erschweren können. Die Geeignetheit einer Wohnumgebung für Begegnungen, Kontakte, Kommunikation und gemeinsame Aktivitäten wird vom Lärmniveau, von den räumlichen Strukturen, von der baulichen Dichte, dem Erscheinungsbild und von der Größe einer Siedlung beeinflusst. So korreliert Ruhe in der Wohnumgebung positiv mit nachbarlicher Verbundenheit (Bonaiuto et al. 1999).

Räumliche Strukturen ergeben sich durch die Anordnung baulicher und dinglicher Elemente. In Abb. 8.8 sind einige dieser Muster veranschaulicht. Der Typ Fußweg (pedestrian street) ist ein typischer Durchgangsraum. Bei dem gemeinschaftsfördernden Typ Hof (courtyard) sind die Häuser rings um einen Hof angeordnet. Beide Strukturen zusammen ergeben den Kombinationstyp. Der Überdachungstyp (glass-covered street) ist mehr als nur eine Variante des Typs

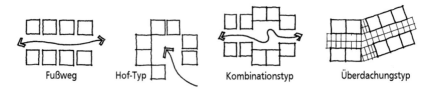

Abb. 8.8 Sozialräumliche Muster (McCamant und Durrett 1989, S. 173)

Fußweg, denn die gläserne Überdachung macht aus einem Außenraum einen witterungsunabhängigen Innenraum. Der öffentliche Raum nimmt hier die Züge eines sekundären Territoriums an.

Die Umwandlung von einer normalen Straße in eine mit einem Glasdach überspannte Straße verändert das Setting grundlegend. Die glass-covered street bietet mit dem Dach über dem Kopf Schutz und ansatzweise ein Gefühl von Geborgenheit (Abb. 8.9)

Nachbarschaftsfördernd sind nicht nur freie Flächen insbesondere vom Hof-Typ, sondern auch Zwischenbereiche zwischen der eigenen Wohnung und dem öffentlichem Raum, die Anonymität reduzieren und den Sense of Community stärken. Für die Entstehung und Festigung nachbarlicher Beziehungen sind solche sekundären Territorien unverzichtbar, wie Harloff et al. (1993) durch Beobachtungen und Befragungen in vier räumlich unterschiedlich strukturierten Wohnsiedlungen in Berlin bestätigt haben. Eine Zwischenzone besonderer Art ist der Gartenzaum, eine klare Grenze zwischen zwei privaten Bereichen. Zum positiven Effekt des Gartenzaums hat Heeg (1994) bemerkt: „Ein gut funktionierendes Mittel zur Kontaktaufnahme zwischen Nachbarn sind ‚Gartenzaunsituationen', die deshalb so attraktiv sind, weil sie Gespräche … ermöglichen, ohne dass dabei das eigene Territorium verlassen werden muss" (S. 371). Der Zaun schafft räumliche Ordnung, die etwaigen Konflikten vorbeugt.

Dass den räumlichen Bedingungen im Umfeld der Wohnungen bei der Planung von Neubaugebieten viel Aufmerksamkeit zuteil werden sollte, belegen die Ergebnisse von Skjaeveland und Gärling (1997):

Abb. 8.9 Beispiel einer Glass-covered street

- In Siedlungen mit hoher baulicher Dichte sind gegenseitige Unterstützung und Hilfeleistungen seltener.
- Mangelnde bauliche Qualität, darunter insbesondere eine nicht ausreichende Schalldämmung, fördern Nachbarschaftskonflikte.
- In größeren Wohnsiedlungen sind weak social ties eine wichtige Beziehungsform. Sie verringern Anonymität.

Im Ergebnis von Wilson und Baldassare (1996), dass der Gemeinschaftssinn bei Innenstadtbewohnern schwächer ausgeprägt ist als bei Bewohnern von Vororten, drückt sich die Bedeutung sekundärer Territorien für nachbarliche Beziehungen aus. In den dichter bebauten Innenstädten sind solche Zwischenzonen rar. Auch Mazumdar et al. (2018) haben festgestellt, dass bei hoher baulicher Dichte und reduzierten sekundären Territorien das Interesse an Gemeinschaft und die Bereitschaft, sich für gemeinsame Aktionen zu engagieren, geringer ist.

Doch nicht nur eine sehr hohe, auch eine sehr geringe bauliche Dichte ist abträglich, weil sie größere Entfernungen nach sich zieht und man weniger zu Fuß geht. Geringe bauliche Dichte bedeutet demzufolge auch weniger Face-to-Face Begegnungen. Passiv-Kontakte sind jedoch für die Entstehung sozialer Beziehungen unverzichtbar (Festinger et al. 1950).

„Physical characteristics of neighborhoods associated with greater, 'walkability' or pedestrian friendliness, may encourage residents to spend time walking in the neighborhood … and thus, facilitate casual interaction and enhance informal relationships between neighbors" (Wilkerson et al. 2012, S. 596).

Wichtig für das soziale Leben ist ein ästhetisch ansprechendes Erscheinungsbild, denn auf eine als schön wahrgenommene Umgebung wird emotional positiv reagiert. In solchen Umgebungen halten sich Menschen länger auf, wohingegen sie auf hässlich wirkende Orte emotional negativ reagieren, was sie davon treibt (Mehrabian und Russell 1974). Wie bedeutsam positive emotionale Reaktionen auf Umwelten sind, hat die Untersuchung von Foster et al. (2014) bestätigt. Die Forscher stellten fest, dass eine Verschönerung der Wohnumgebung das Zufuß gehen fördert, was wiederum Begegnungen und nachbarliche Kontakte begünstigt. Außenbereiche mit Bäumen und Grünanlagen, die man als schön erlebt, regen zum Aufsuchen und Verweilen an. Es sind Gelegenheiten für Begegnungen und soziale Kontakte. Poortinga et al. (2017) haben, ausgestattet mit dem von ihnen entwickelten objektiven Verfahren zur Ermittlung der Wohnqualität, dem „Residential Environment Assessment Tool", erneut nachgewiesen, dass grüne Natur in der Wohnumgebung nachbarliche Kontakte fördert.

Wohnprojekte, die explizit mit Blick auf Gemeinschaftlichkeit geplant wurden, überlassen es nicht dem Zufall, wer die künftigen Nachbarn sind. Man findet sich vorab zusammen und plant gemeinsam. Ein typisches Muster, das sich dabei ergibt, ist ein Platzin der Mitte, um den herum die einzelnen Häuser angeordnet sind, eine Anordnung vom Typ „Hof" (vgl. Abb. 8.8). Ein konkretes Beispiel sind zwei solcher Höfe in Offenau/ Baden-Württemberg, um die herum jeweils acht Reihenhäuser mit einer Haustür zum Hof gebaut wurden (Arbeitsgemeinschaft Baden Württembergischer Bausparkassen 2000). Der jeweils in der Mitte gelegene Hof ist sekundäres Territorium bzw. Gemeinschaftsraum für die ringsum Wohnenden. Die unerwünschte Sozialkontrolle wird dadurch vermieden, dass es einen hinteren Ausgang zum eigenen Grundstück und zum öffentlichen Raum gibt. Damit ist Privatheit gewährleistet.

8.4   Gemeinschaftlichkeit in öffentlichen Räumen

Teile des Home Range sind öffentliche Räume. Soziale Orte und Treffpunkte im öffentlichen Raum hat Oldenburg (1999, 2001) als „Third Places" bezeichnet. „Third" meint dabei, dass es sich um Umwelten jenseits der Wohnung (first place) und des Arbeitsorts (second place) handelt. Dass es Third Places gibt und dass sie bevorzugt genutzt werden, zeigt, dass der Mensch nach wie vor ein Sozialwesen ist.

„Third Places" sind diejenigen Orte im öffentlichen Raum, die von denen, die sie aufsuchen, als „community-gathering places" erlebt werden. Aussagen der vom Metha und Bosson (2010) Befragten zu diesen Orten waren:

- Man kann hier verweilen.
- Der Aufenthalt ist angenehm und anregend.
- Man kann etwas trinken und essen, ohne dass es viel kostet.
- Der Ort ist gut zu erreichen.
- Man trifft Bekannte.
- Man lernt neue Leute kennen.

Ob Orte wie Cafes, Buchläden und Restaurants usw. als community-gathering place erlebt wird, hängt von deren affektiven Qualitäten ab sowie von der Atmosphäre, die sie ausstrahlen. Ein gemeinschaftsförderndes Merkmal in öffentlichen Räumen sind Sitzplätze, die zum Hinsetzen und Verweilen auffordern. In einem Experiment, in dem Versuchspersonen Fotos von Plätzen dargeboten wurden, haben Abdulkarim und Nasar (2014) die große Bedeutung

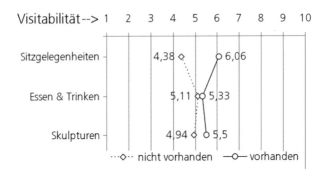

Abb. 8.10 Visitability von Orten in Bezug auf drei Merkmale (Abdulkarim und Nasar 2014, S. 820)

von Sitzgelegenheiten bestätigt. Auf den Fotos wurden die drei Merkmale Sitz-gelegenheiten, Möglichkeiten etwas zu essen und zu trinken und Skulpturen, die dem Platz Einzigartigkeit verleihen, durch Hinzufügen oder Weglassen systematisch variiert. Die Versuchspersonen sollten die Fotos anhand vor-gegebener Aussagen auf 10-stufige Skalen beurteilen:

• I will walk out of my way to visit and spend time in that place.
• I will stop at that place if I happen to be passing by.
• That is a place where I would choose to meet a friend.
• I would regularly visit that place.

Aus den vier Skalenwerten wurde ein Gesamtwert, der Perceived Visitability Score, gebildet.

Wie aus Abb. 8.10 hervor geht, lagen die drei Mittelwerte unter dem Durch-schnittswert von 5,2, wenn die jeweiligen Merkmale nicht vorhanden waren, andernfalls lagen sie darüber. Am deutlichsten war der Unterschied bei den Sitzgelegenheiten. Daraus schlossen die Forscher: „Sittable space was most important" (Abdulkarim und Nasar 2014, S. 820). D. h. um die Visitability des öffentlichen Raums zu erhöhen, muss man für Sitzgelegenheiten sorgen. Die Kombination aus Sitzgelegenheiten und Skulpturen auf den dargebotenen Bildern erzielte mit durchschnittlich 6,12 den höchsten Skalenwert. Man kann somit einen Ort mit Sitzgelegenheiten noch besuchenswerter machen, indem man ihn mit Skulpturen bereichert. Skulpturen sind ein fest verankertes Element, das wegen seiner Einzigartigkeit zugleich auch zur Lesbarkeit der Umwelt beiträgt,

Abb. 8.11 Ort im öffentlichen Raum mit Sitzgelegenheiten und Skulptur

indem es als Landmarke fungiert. Die Skulptur kann einen Platz zusätzlich noch von der Straße abschirmen (Abb. 8.11).

Dass Sitzgelegenheiten zur Attraktivität öffentlicher Plätze beitragen, haben Gehl und Svarre (2013) in einer Studie in Oslo bestätigt: eine Verdopplung der Zahl der Bänke bewirkte, dass sich doppelt so viele Leute dort niederließen. Begegnungsmöglichkeiten im öffentlichen Raum können so durch Schaffung von Sitzgelegenheiten, die zum Verweilen einladen, gefördert werden.

8.5 Gemeinschaft ohne gemeinsame Wohnung

Eine neuere Form sozialer Beziehungen ist das „living-apart-together" (LAT). Es ist eine Gemeinschaft von zwei Menschen, die sich als Paar verstehen, aber nicht in einer gemeinsamen Wohnung leben, „a couple that does not share a home" (Levin 2004, S. 226). Es ist eine rein soziale Beziehung, abgekoppelt von alltäglicher räumlicher Nähe. Es ist eine weitere Lebensform unter vielen anderen, die sich im Zuge der Individualisierung herausbilden, ein Teil dessen, was Beck (2008) als „Normalisierung von Diversität" (S. 305) bezeichnet hat. Ebenso hat sich Levin geäußert, indem er schreibt: „The traditional concept of family and definitions of family norms are increasingly challenged by a range of personal living arrangements" (Levin 2004, S. 224). Wie unterschiedlich diese Arrangements sein können, zeigt die Gegenüberstellung der Wohnform des gemeinschaftlichen Wohnens von zwei unabhängigen nicht verwandten Personen mit dem getrennten Wohnen von zwei Personen, die sich als Paar verstehen, ohne eine gemeinsame Wohnung zu haben.

In Interviews, die Levin mit Paaren, die getrennt wohnen, durchgeführt hat, kristallisierten sich zwei Gruppen heraus:

- diejenigen, die gern zusammen wohnen würden, es aber aus unterschiedlichen Gründen nicht bewerkstelligen können,
- diejenigen, die getrennte Wohnungen vorziehen, auch wenn ein Zusammenwohnen möglich wäre.

Gründe für ein getrenntes Wohnen sind äußere Zwänge, z. B. finden beide Partner nicht die für sie passende Arbeitsstelle am gleichen Ort, sodass sie berufsbedingt getrennt wohnen müssen, oder beide studieren an unterschiedlichen Orten. Mit Blick auf neue Wohn- und Lebensformen ist insbesondere die zweite Gruppe von Interesse. Wie Levin (2004) herausgefunden hat, wird das living-apart-together unterschiedlich begründet: Man wohnt lieber getrennt, weil man denselben Fehler nicht noch einmal machen möchte oder weil man es zu kompliziert findet, sich über ein gemeinsames Wohnkonzept zu einigen, oder weil man sich nach einer Phase gemeinsamen Wohnens bewusst für ein getrenntes Wohnen entschieden hat oder weil man, auch wenn die Paar-Beziehung bestehen bleibt, nicht mehr zusammen wohnen will oder weil man leichter eine neue Beziehung eingehen kann, wenn man keine gemeinsame Wohnung hat.

8.6 Zusammenwohnen mit einem Haustier

Das Wohnen mit einem Haustier, das dem Menschen ein Kumpan (companion animal) ist, lässt sich im weitesten Sinne zu den Formen gemeinschaftlichen Wohnens rechnen. Statistiken belegen, dass diese Form von Gemeinschaft sehr verbreitet ist. Derzeit wohnen etwa rund 12,2 Mio. Katzen und 11,8 Mio. Hunde als

Gefährten des Menschen in deutschen Haushalten[2]. Während in früheren Epochen der wirtschaftliche Nutzen der Tiere im Vordergrund gestanden hat, sind Katze und Hund im Haus heute vor allem Gefährten. Ihnen wird darüber hinaus als „emotional support animals" eine therapeutische Wirkung zugeschrieben. Es gibt dazu mehrere Erklärungen: die Bindungstheorie, der Lebensstilansatz, das Konzept der sozialen Unterstützung, die Buffering-Hypothese und die Bilanzierungstheorie (Collis und McNicklas 1998; Garrity und Stallones 1998; Keil 1998). Nach der Bindungstheorie entwickelt der Mensch eine emotionale Bindung zu seinem Haustier. Der Lebensstilansatz geht davon aus, dass sich von Kindheit an im Laufe des Lebens eine Mensch-Tier-Beziehung herausbildet, die den Besitz von Haustieren und deren Rolle, Wichtigkeit und Wirkung im späteren Leben bestimmt. Nach der Theorie der sozialen Unterstützung sowie der Buffering-Hypothese können Tiere Stress mindern bzw. in belastenden Situationen eine Art Puffer bilden, der den Stress abschwächt und die Stressbewältigung unterstützt. Nach der Bilanzierungstheorie bewertet der Mensch die Beziehung zu seinem Haustier unter dem Gesichtspunkt von Kosten und Nutzen, wobei hier nicht der ökonomische Nutzen gemeint ist. Abhängig vom Ergebnis der Bilanzierung, intensiviert, beibehält oder beendet er die Beziehung. Solche nicht-ökonomischen Aspekte sind:

- Geselligkeit, soziale Anregung und Kommunikation
- Gesundheit, Wohlbefinden und Lebensfreude
- Zuneigung und Emotionalität
- Geborgenheit und Schutz
- Stressreduktion
- Strukturierung des Alltags
- Schönheit und Ästhetik
- Prestige
- Vermittlung sozialer Kontakte
- Erfolgserleben.

Die Bedeutung des Gesundheitsaspekts haben Giles-Corti und Donovan (2003) nachgewiesen. Ihre Untersuchung ergab, dass das Risiko von Herz-Kreislauf Erkrankungen bei Menschen, die einen Hund besitzen, geringer ist als bei denen, die keinen Hund nach draußen führen müssen. Hundebesitzer bewegen sich mehr, was ihrer Gesundheit zugute kommt.

---

[2]https://de.statista.com/themen/174/haustiere/ abgerufen am 15.1.19.

Ein Haustier kann bis zu einem gewissen Grad fehlende Kontakte zu anderen Menschen kompensieren, was insbesondere für Alleinstehende und nicht mehr mobile Menschen wichtig ist (Keil 1998). Zugleich können Tiere eine „Kontaktbrücke" sein, indem man z. B. mit anderen Hundebesitzern ins Gespräch kommt. Hunde können das Bedürfnis nach Sicherheit befriedigen, der Anblick eines schönen Tieres das Bedürfnis nach Ästhetik. Der Besitz einer Rassekatze oder eines Hundes mit Stammbaum kann die Bedürfnisse nach Anerkennung und nach Zugehörigkeit erfüllen, wenn man im Verein für Perserkatzen oder im Hundezüchterverein als Mitglied aufgenommen wird. Man gehört dazu, wenn man sich am Sonntagmorgen auf dem Dressurplatz trifft. Ein Erfolgserlebnis lässt sich verbuchen, wenn das aus dem Tierheim geholte, anfangs sehr schreckhafte Tier wieder selbstbewusster wird. Hund und Katze können so vielerlei Bedürfnisse befriedigen, was Bergler (2009) durch Befragung von Katzen- und Hundebesitzern bestätigt hat. Katzen symbolisieren eine weniger domestizierte ursprüngliche Natur und damit Freiheit und Unabhängigkeit (Schmidt 2018).

Die Enge und Art der Beziehung zwischen Mensch und Katze hängen von mehreren Faktoren ab, vom Anregungsgehalt, der Behaglichkeit und Ruhe, der attraktiven Eigenwilligkeit sowie der Vitalität, die das Tier ausstrahlt. Bei der Mensch-Hund-Beziehung sind Faktoren wie Freundschaft, Treue, Prestige und Kontaktförderung sowie Gesundheitsförderung durch Bewegung wichtig (Bergler 2009).

Bei älteren Menschen werden die Risikofaktoren: Vereinsamung, Mangel an emotionaler Zuwendung, kritische Lebensereignisse, Unterforderung, Angst, Alltagsstress, Langeweile und Bewegungsmangel durch das Haustier abgeschwächt. Katzen und Hunde vermögen soziale Beziehungen zu normalisieren und die Kommunikationsfähigkeit zu fördern. Die positive Wirkung von Haustieren insbesondere in Lebenskrisen wie Arbeitslosigkeit, Dauerstress am Arbeitsplatz, Konflikten und Trennung vom Partner und schwerer Krankheit hat Bergler als „co-therapeutisch" bezeichnet. Die Intensität der stark von Gefühlen der Sympathie, Intimität und Vertrautheit bestimmten Beziehung zum Haustier nimmt in Krisensituationen zu. Erlebter Hilflosigkeit und Resignation, negativer Gestimmtheit und Depression wird so entgegen gewirkt

Nicht nur die zwischenmenschlichen sondern auch die Mensch-Tier-Beziehungen sind wechselseitig (Abb. 8.12). Sowohl das Haustier als auch der Mensch, der mit ihm zusammenlebt, wird von dieser Beziehung geprägt (Bergler 2009).

Abb. 8.12 Wohnen mit einem Haustier

Hunde als Gefährten von Wohnungslosen sind genau genommen keine Haustiere – sie sind ebenfalls wohnungslos, aber es sind Kumpane, die unbeirrt zu einem halten und einen nicht infrage stellen.

Individualisierung des Wohnens

9

Kultur ist ein System gemeinsamer Normen und Werte in einer Gesellschaft (Altman und Chemers 1980). Individualisierung bedeutet, dass die *gemeinsamen* Normen und Werte an Geltung verlieren (Beck 2008). Abweichungen von einer bislang geltenden klar umrissenen Norm werden normal; es sind keine Abweichungen mehr. Die dadurch gewonnene Verhaltensfreiheit hat jedoch auch Schattenseiten, was zutage tritt, wenn man die Theorie des geplanten Verhaltens von Ajzen (1991) heran zieht. Danach bestimmen drei Faktoren das individuelle Verhalten:

- die Einstellungen zu einem Sachverhalt,
- die aus den sozialen Normen abgeleiteten subjektiven Normen, die vorgeben, wie man Sachverhalte zu verstehen und sich in einer Situation zu verhalten hat,
- die individuellen Handlungsabsichten.

Die subjektiven Normen sind internalisierte soziale Normen. Wenn an die Stelle einer sozialen Norm eine Normenvielfalt tritt, entfällt damit ein verhaltenssteuernder Faktor. Denn mit sozialen Normen sind Erwartungen verbunden, was richtig und was falsch ist. Fehlende unmissverständliche Normen und ein „anything goes" befreien nicht nur, sondern verunsichern auch. Hinzu kommt eine *Vereinzelung,* wenn man sich nicht mehr auf gemeinsame Normen beziehen kann. In dieser verunsichernden Situation schaut man umso mehr auf die anderen. Hier wirkt der von Cialdini (2001) beschriebene Mechanismus der sozialen Bewährtheit. Der einzelne Mensch sucht Rückhalt und Bestätigung, indem er darauf achtet, was die anderen denken und machen. Die Werbung nutzt diesen Mechanismus:

© Springer Fachmedien Wiesbaden GmbH, ein Teil von Springer Nature 2020
A. Flade, *Wohnen in der individualisierten Gesellschaft,*
https://doi.org/10.1007/978-3-658-29836-4_9

„Die Werbeleute wissen mittlerweile, dass man normalen Zuschauern … mit Erfolg
ein Produkt verkaufen kann, indem man zeigt, dass es von anderen ‚normalen‘
Leuten gemocht und konsumiert wird" (Cialdini 2001, S. 179).

Was hier zum Vorschein kommt, ist „Crowd-Behavior": ein Verhalten vieler ver-
einzelter Menschen, die sich an der großen Menge der anderen orientieren. „In
der Masse kann es passieren, dass das einzelne Individuum seine Individualität und auch die Verantwortung für sein Tun aufgibt. … Gleichzeitig teilen die
einzelnen Individuen gleiche Gefühle und gleiches Verhalten und erleben eine
starke soziale Verbundenheit" (Hellbrück und Kals 2012, S. 77). Als „Crowd"
(Masse) sind sie ein Kollektiv von Einzelwesen und keine aus Sozialwesen
bestehenden Gruppe mehr. Die Auflösung von sozialen Normen in eine Normenvielfalt in Richtung „alles ist erlaubt" führt so letztlich zu Crowd Behavior[1].

Die neue Normenvielfalt wird auch als „Pluralisierung der Lebensformen"
bezeichnet. Dazu ein konkretes Beispiel: „The traditional concept of family
and definitions of family norms are increasingly challenged by a range of
personal living arrangements" (Levin 2004, S. 224). Das Modell „Familie",
bestehend aus einem erwachsenen Paar mit leiblichen Kindern und einer mehr
oder weniger ausgeprägten geschlechtstypischen Arbeitsteilung, ist, wie Beck
(2008) konstatiert hat, inzwischen eine Lebensform unter vielen anderen. „Zwar
ist die Normalfamilie … durchaus nicht verschwunden, aber es gibt vielfältige
andere Formen daneben, und vor allem: die Norm selbst hat an Geltungs-
charakter verloren" (Beck 2008, S. 305). Diverse Formen des Nebeneinander-,
des Zusammen- und Alleinwohnens gelten heute als „normal". Diese Diversität wird von staatlicher Seite durch Regelungen sowie durch die Medien und
die Werbung massiv unterstützt (Beck 2008). Ehen mit gleichgeschlechtlichen
Partnern sind möglich geworden, und die Kategorie „divers" wurde eingeführt.
Eine Nicht-Akzeptanz der Diversität wird als Diskriminierung gebrandmarkt.

Individualisierung ist ein strukturelles Phänomen, es betrifft die Makroebene, wohingegen sich *Individualität* auf die Individualebene bezieht (Beck
2008). Der Begriff „Individualität" kennzeichnet den Menschen als ganzheitliches unverwechselbares Einzelwesen. In Sprüchen auf Plakaten im öffentlichen
Raum wie „Single macht, was Single will" wird die Betonung des Menschen als
Einzelwesen unterstrichen. Die auf den Bildern dargestellten strahlenden Singles

---

[1] vgl. z. B. den Beitrag „Meinungskampf mit Maulkörben" von Axel Meyer in der FAZ vom
1.4.19, S. 13.

scheinen ihre „Befreiung" von sozialen Bindungen sehr zu schätzen. Dass der Mensch auch Sozialwesen ist, das von den anderen Sozialwesen gar nicht so verschieden ist und das mit diesen anderen „Wesen" emotional verbunden ist, gerät in den Hintergrund. Die Betonung des unverwechselbaren Ich zuungunsten eines gemeinsamen Wir verändert das, was Stern (1935) als „personale Ganzheit" bezeichnet hat; sowohl zu wenig Ich („Ent-Ichung") als auch zu viel Ich („Ver-Ichung") würden nach Ansicht von Stern die personale Ganzheit gefährden. „Ent-Ichung" meint, dass das Individuum seine Konturen verliert, sich völlig auflöst und zu einem anonymen, dienstbaren Glied in einer Gemeinschaft wird. Mit „Ver-Ichung" meinte Stern die Beschränkung des Menschen auf sich selbst sowie den Versuch, die Welt nur zu Eigenzwecken dienstbar zu machen (vgl. Probst 2014). Eng verwandte Begriffe für das Phänomen der Konzentration auf das eigene Ich sind Narzissmus (Freud 1914) und Ich-Bezogenheit (Schultz 2000; Schultz et al. 2004). Eine starke Ich-Bezogenheit schmälert das Interesse an Belangen, die nichts mit einem selbst zu tun haben. „The modern development of the individual as the basic unit or object of attention does pose a problem for the environment" (Frantz et al. 2005, S. 433). Ich-Bezogenheit kommt in der Zustimmung zu Aussagen wie „*meine* Zukunft" statt „*unsere* Zukunft" bzw. „die Zukunft *nachfolgender Generationen*" zum Ausdruck (Schultz 2000; Schultz et al. 2004).

Beispiele für die mediale Unterstützung der Individualisierung bzw. Vereinzelung sind Überschriften wie „Ego Shoot", zu der es erläuternd heißt: „Diese Bilder füttern mein Ego"[2], sowie Prospekte, in denen Reisen angepriesen werden, die „Ich-Momente" und ein „Reisen zum Ich" bieten (Abb. 9.1). Hier geht es weniger darum, fremde Länder und Menschen kennen zu lernen und das Umweltwissen zu vermehren, sondern um ein narzisstisches Betrachten des eigenen Selbst – in den Worten von William Stern um „Ver-Ichung".

Diversität beinhaltet ein „anything goes". Das ist z. B. in der „Emancipatory City" der Fall, die Jürgens (2015) im Zusammenhang mit der Entstehung neuer Themen und Perspektiven der Stadtgeographie geschildert hat. Ebenso passt dazu die „Event City", die Lichtenberger (2002) als Erlebniswelt für Spektakel, Vergnügen, Konsum und Unterhaltung beschrieben hat. „Shopping Malls, Themenparks und Vergnügungszentren sind zu einem neuen Markenzeichen der Metropolen geworden ... statt einer Architektur der Funktion entsteht eine Architektur des Vergnügens" (Lichtenberger 2002, S. 111 f.). Der (emanzipierte)

---

[2]Frankfurter Allgemeine Magazin August 2018, S. 34.

Abb. 9.1 Reisen zum Ich (DIE ZEIT 7.3.19, Nr. 11)

Mensch wird in der Event City, die spannende Erlebnisse verheißt, zum passiven Konsumenten.

Faktoren, welche die Individualisierung vorantreiben, sind die demografische Entwicklung mitsamt der Veränderung der Haushalts- und Altersstrukturen, die technologische Entwicklung, die neue Bauformen, Smart Cities und Smart Homes und eine immer effektivere Überwachung des Menschen ermöglicht und neue ortsunabhängige Kommunikationsformen hervor gebracht hat, sowie die zunehmende räumliche Mobilität, die das Sesshaftsein an einem Ort zu einer Lebensform neben vielen anderen gemacht hat. Ein bedeutender Einflussfaktor ist des Weiteren die Verstädterung und Verbreitung städtischer Lebensformen.

Der demographische Wandel spiegelt sich in der Bevölkerungsstatistik wider, die eine Zunahme des Anteils der Ein-Personen-Haushalte ausweist. Man wohnt zunehmend häufiger allein und deutlich seltener als in früheren Jahren in einem Haushalt mit Kindern. Die Zunahme des Anteils der Älteren führt zu einer verstärkten Nachfrage nach barrierefreiem und betreutem Wohnen sowie assistiven Wohnformen.

Die technologische Entwicklung verändert das alltägliche Leben und das Wohnen in vielerlei Hinsicht. Ortsunabhängige Netzwerke ersetzen zunehmend die lokalen nachbarlichen Beziehungen. Veränderungen der Kommunikationsformen, und durch die über mobile Geräte möglich gewordene ortsunabhängige permanente Erreichbarkeit schmälern Privatheit. Das Smart Home „entlastet", indem bestimmte Tätigkeiten von digitalen Geräten übernommen werden.

Zunehmende Mobilität bedeutet: es wird eine leistungsfähige Verkehrsinfrastruktur benötigt, um einen erweiterten Home Range mit größeren Entfernungen bewältigen zu können. Der Ausbau der Infrastruktur verändert die Wohnumgebungen und damit auch das Wohnen. Multilokales Wohnen ist bei sich ausdehnenden Lebensumwelten nicht mehr die Ausnahme. Eine Zweitwohnung in der Nähe des Arbeitsplatzes ist eine Lösung, um nicht täglich weite Pendelstrecken zurück legen zu müssen. Diese Zweitwohnung stellt eine moderne Version der Werkswohnung im 19. Jahrhundert dar, als viele Betriebe nicht in der Nähe von Ortschaften lagen.

Der Zustrom der Menschen in die Städte führt dazu, dass sich das Wohnen in ökonomischer, ökologischer, sozialer und psychologischer Hinsicht verändert.

9.1 Die demografische Entwicklung

Die Veränderung der Haushaltsstrukturen lässt sich an den Mikrozensus-Daten ablesen. Während es im Jahr 2007 in Deutschland 14,9 Mio. Ein-Personen-Haushalte gab, lag deren Anteil zehn Jahre später bei 16,8 Mio., was einer Zunahme von 12,4 % entspricht (Abb. 9.2).

Der Ein-Personen-Haushalt ist derzeit mit einem Anteil von rund 42 % der häufigste Haushaltstyp. An zweiter Stelle folgt der Zwei-Personen-Haushalt mit einem Anteil von rund einem Drittel. Haushalte, in denen drei und mehr Menschen leben, stellen inzwischen eine Minderheit dar. Der Wohnungsneubau ist damit nicht mehr in erster Linie auf die Erstellung familiengerechter Wohnungen ausgerichtet. Die wichtigste Zielgruppe, für die Wohnungen gebut werden, sind heute die kleinen Haushalte ohne Kinder. Damit setzt sich die Vereinzelung beim Wohnen fort. Wer allein wohnt, braucht sich in seinem primären Territorium nicht mit anderen zu arrangieren. Literarisch gesprochen: Es ist eine Wohnung für ein Ich und kein Wir.

Abb. 9.2 Entwicklung
der Haushaltsgrößen
(Datenreport 2018, S. 52)

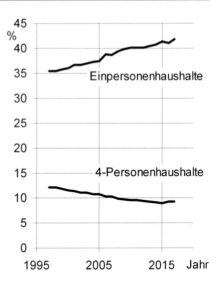

Es sind indessen nicht nur junge Singles, sondern auch viele ältere Menschen, die allein wohnen, sodass es im Wohnungsbau nicht nur um die Schaffung eines Angebots für Alleinlebende, sondern insbesondere auch für *ältere* Alleinlebende geht. Dass der Anteil der Älteren an der Bevölkerung zugenommen hat, belegt die Bevölkerungsstatistik: Im Jahr 1950 waren rund 10 % der Einwohner in Deutschland 65 Jahre und älter, inzwischen ist deren Anteil rund doppelt so hoch (Abb. 9.3). Umgekehrt waren 1950 rund 30 % der Einwohner unter 20 Jahre alt, 2016 betrug deren Anteil nur noch 18 %. Damit sind die Älteren zu einer der vorrangigen Zielgruppen der Wohnraumplanung geworden (Saup 1999; Narten 1999; Wahl et al. 1999, 2012).

Der weit überwiegende Teil der Älteren in Deutschland lebt in einer eigenen Wohnung (Saup 1999). Es ist, wie aus dem Siebten Altenbericht zu entnehmen ist, die häufigste und zugleich auch die bevorzugte Wohnform im Alter (Deutscher Bundestag 2018). Um das Leben in der eigenen Wohnung bis ins hohe Alter hinein zu ermöglichen, wurden viele Konzepte entwickelt. Konkrete Vorschläge zur Gestaltung von Wohnungen für Ältere hat Narten (1999) gemacht, wobei sie betont hat, dass die älteren Menschen vergleichsweise viel Zeit in ihrer Wohnung verbringen, sodass deren nutzergerechte Gestaltung besonders wichtig ist. Vielerlei Dienstleistungsangebote, von denen einige auch von technischen Assistenzsystemen erbracht werden können, ermöglichen es älteren Menschen,

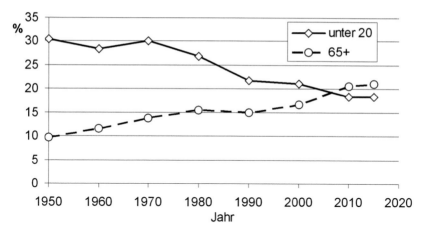

Abb. 9.3 Entwicklung der Altersstruktur (Datenreport 2018, S. 15)

auch bei eingeschränkter Bewegungsfähigkeit weiter in ihrer bisherigen Wohnung zu leben (Meyer 2018).

Wie weit sich der Home Range bei älteren Menschen erstreckt, hängt zum einen von ihrer körperlichen Befindlichkeit und Beweglichkeit ab, zum anderen aber auch von der Beschaffenheit der Wohnumgebung und der Lage und Erreichbarkeit der Zielorte. Eine eingeschränkte Bewegungsfähigkeit zwingt zum Bleiben. Ungünstige Umgebungen verstärken das Bleiben müssen. Der Begriff „environmental docility" bringt diese Abhängigkeit zum Ausdruck: Der Mensch muss sich den Umweltbedingungen fügen (Lawton und Nahemow 1973; Lawton 1980). Anders formuliert: die Wechselbeziehung zwischen Mensch und Umwelt wird mit abnehmender Beweglichkeit asymmetrischer, die Wirkrichtung Umwelt → Mensch wird vorherrschender. Schmitz-Scherer (2005) hat drei Dimensionen angeführt, von denen das Ausmaß des Sich fügen müssens abhängt:

- die biologisch-physiologische Dimension: der gesundheitliche Zustand und die sensorischen und motorischen Fähigkeiten und Fertigkeiten,
- die psychologische Dimension: die kognitiven Fähigkeiten sowie das Vermögen, ein unabhängiges Leben zu führen und mit Krisen und Belastungen fertig zu werden,
- die soziale Dimension: die Fähigkeit, Kontakte herzustellen, sich mitzuteilen und Anteil zu nehmen und anderen und der Umwelt gegenüber verantwortungsvoll zu handeln.

Weil die Wohnumwelt im Alter wegen der abnehmenden Mobilität zu einem noch wichtigeren Bleibeort wird, kommt es umso mehr darauf an, dass Wohnung und Bewohner zusammen passen, wobei nicht allein die funktionale, sondern auch die emotionale, kognitive und motivationale Kongruenz gemeint ist. Dazu gehören (Kahana et al. 2003):

- physische Annehmlichkeiten
- ästhetische Qualitäten
- Sicherheit
- eine unkomplizierte Erreichbarkeit von Zielorten
- die Verfügbarkeit von Dienstleistungen
- ein ausgewogenes Verhältnis zwischen Stimulation und Ruhe
- Wählen können zwischen Alleinsein und Zusammensein.

Ein schönes Ambiente und ästhetische Qualitäten wie Bäume und Pflanzen, eine gute Luftqualität, ein ansprechendes Aussehen und ein gepflegter Zustand der Häuser, eine sichere Umgebung, Läden für den täglichen Bedarf, ärztliche Versorgung und Haltestellen des öffentlichen Verkehrs in der Nähe erhöhen die Wohn- und Lebensqualität. Ein individuell passendes Ausmaß an Stimulation überfordert nicht und verursacht keinen Stress, sondern weckt die unwillkürliche Aufmerksamkeit und fördert auf diese Weise die mentale Erholung (Hartig et al. 2014; Kaplan 1995). Privatheit kann im Alter zu einem Problem werden, weil es zwar reichlich Rückzugsmöglichkeiten, aber weniger Gelegenheiten des Zusammenseins gibt.

Mit den altersbedingten Veränderungen, Krisen und Belastungen wird ein älterer Mensch im Allgemeinen eher fertig, wenn seine Lebenswelt unverändert bleibt. Das erklärt auch, warum die meisten Älteren solange wie möglich in ihrer bisherigen Wohnung bleiben möchten (Altus und Mathews 2000). Darüber hinaus ist die Wohnung der Ort vieler persönlicher Erinnerungen; sie ist ein Teil von einem selbst. Ein stetiger Verlauf ohne einschneidende Brüche, die das gewohnte Leben vollkommen verändern, stärkt die Ich-Identität; man ist über die Zeit hinweg derselbe Mensch geblieben (Fuhrer 2008; Bischof 2012).

Wer nicht bleiben und auch in örtlicher Hinsicht eine neue Lebensphase beginnen möchte und frei entscheiden kann, wie diese aussehen soll, zieht in eine altershomogene Wohnumwelt, in der es ausreichend Gelegenheiten des Zusammenseins gibt. Diese Älteren bevorzugen es, von Gleich- und Ähnlichaltrigen umgeben „unter sich" zu sein. Sie bilden die Zielgruppe der

Ruhestands-Kommunen (retirement communities). Die darin Wohnenden haben mit voller Absicht ihre bisherige Wohnumwelt mitsamt ihrer altersheterogenen Nachbarschaft hinter sich gelassen. Der weithin bekannte Prototyp ist Sun City[3] in Arizona. Es ist eine Stadt in den USA ausschließlich für nicht mehr erwerbstätige ältere Bewohner[4]. Sun City wurde 1960 gegründet. Heute leben dort 30.000 Menschen in 17.000 Häusern. Die Bewohner sind mindestens 55 Jahre alt, Jüngere dürfen hier kein Haus kaufen. Sie haben ihre Häuser und Apartments in den Städten im Norden verkauft und ihr früheres Leben hinter sich gelassen. Dass sie einem hedonistischen Lebensstil frönen, spiegelt sich in den Angeboten wider: 9 beheizte Pools, 27 Tennisplätze, 7 Golfplätze, ein Symphonie-Orchester, eine Bibliothek, ein Soft-Ball Platz und mehr als 100 Klubs, darunter Bridge, Ölmalerei, Theater, Tanz, Bowling, Chor, Fotographie, Literatur. Kinder sind in Sun City unerwünscht; sie dürfen zu Besuch kommen, aber möglichst selten, d. h. nicht häufiger als zwei Mal im Jahr. Man trifft sich und ist aktiv tätig, indem man morgens früh aufsteht, schwimmen geht, Golf spielt, in den Klub geht, die Fitnessanlagen aufsucht. Wer es altersbedingt nicht mehr schafft, so zu leben, zieht in eines der Pflegeheime von Sun City um.

Die Mehrheit der Älteren bevorzugt es, wie bisher in einer altersheterogenen Wohnumwelt zu leben, was durch externe Unterstützungsleistungen ermöglicht wird (Heeg 1994). Unverkennbar ist indessen auch hier eine Vervielfältigung der Wohnformen im Alter: Beide Lebensformen existieren nebeneinander.

9.2 Entwicklung der Technologie

Bautechnik

Bauwerke aus biblischer Zeit, darunter die Arche Noah oder der Turm zu Babel, sind Legenden, die Auskunft darüber geben, dass die Menschen schon früh ein beachtliches technologisches Know-how besaßen. Noah hätte ohne ein solches Wissen das große Rettungsschiff nicht bauen und Menschen und Tiere hätten nicht überleben können. Dass man dabei auch an die Grenzen des Machbaren

---

[3]Sun City ist die Bezeichnung für Rentnerstädte in sonnigen Gegenden der USA. https://de.wikipedia.org/wiki/Sun_City_(Stadttyp), abgerufen am 5.4.19.

[4]Bericht in der Frankfurter Allgemeinen Sonntagszeitung, 31.03.2002, Nr. 13, S. 60.

gestoßen ist, zeigt der Turmbau zu Babel. Damals hat man noch keine Hochhäuser bauen können. Zu allen Zeiten war die Technik Voraussetzung für die
Schaffung von Kultur (Heßler 2012). Bezieht man sich auf die Bibel, setzte
diese Entwicklung ein, nachdem Adam und Eva das Paradies verlassen mussten.
Adam baute ein Haus, er erfand eine Hacke, mit der er den Boden lockern und
beackern konnte. Er schuf Kultur. Mit dem Begriff „technische Kultur" hat
Heßler den Zusammenhang zwischen Technik und Kultur herausgestellt: „Kultur
ist nicht von Technik beeinflusst oder umgekehrt, sondern Kultur ist immer
schon technisiert. … Technische Kultur meint, kurz gefasst, dass alle Handlungen, Erfahrungen, Wahrnehmungen, das Selbstverständnis, der Weltbezug und
das In-der-Welt-Sein *technisch vermittelt* sind" (S. 10). Das technisch möglich
Gewordene, das auf Internationalen Bauausstellungen und Messen, in Entwürfen
und Masterplänen vorgeführt wird, bringt so nicht nur den Stand der Technik,
sondern immer auch Kultur zum Ausdruck.

Erfindungen und technisches Know-how haben das Spektrum möglicher
Bau- und Wohnformen immer mehr erweitert und damit immer individuellere
Wohn- und Lebensformen möglich gemacht. So eröffnete der Stahlbetonbau
neue Bauweisen, denn jetzt konnte man weiträumiger und höher bauen als jemals
zuvor (Röhrbein 2003). Größere Spannweiten gestatten größere und offenere
Räume, die flexibel und individuell genutzt werden können. Die Erfindung des
Fahrstuhls war eine Voraussetzung für den Bau von Hochhäusern. Mit dem
Aufzug konnte jetzt weit über das vierte Geschoss hinaus in die Höhe gebaut
werden, denn die oberen Etagen ließen sich jetzt bequem erreichen. Damit
änderte sich die architektonische Gestaltung von Wohn- und Bürohäusern[5]. Die
Beletage, die einstmals bevorzugte Wohnung in der ersten Etage, ist heute die
Penthouse-Wohnung. Auch die Symbolik spielt hier eine Rolle, wenn es darum
geht, sich als Vorreiter und Trendsetter des Fortschritts zu präsentieren. In der
globalisierten Welt unterliegen Kulturen einem weltweiten Wettbewerb, der sich
auch auf das Bauen erstreckt. Die derzeit höchsten Wohnhochhäuser in Dubai
und New York sind über 400 m hoch. Es sind spektakuläre Bauwerke, die ökonomische und politische Macht ausstrahlen. Sie bringen den Stand techno-
logischen Könnens allein schon durch ihre beachtliche Höhe weithin sichtbar
zum Ausdruck.

Bei dem großen Bedarf an Wohnraum in den wachsenden Großstädten und
Metropolen stellt sich die Frage, wie nutzerorientiert Wohnhochhäuser sind.

---

[5]https://de.wikipedia.org/wiki/Aufzugsanlage, abgerufen am 05.09.2018.

Digitalisierung

Mit dem Begriff Digitalisierung (Computerisierung) wird die verbreitete Nutzung des Computers und des Internets in sämtlichen Lebensbereichen und politischen Handlungsfeldern sowie der gesellschaftliche Wandel, den die Computertechnologie und das Internet in Gang gesetzt haben, bezeichnet (u. a. Mangold et al. 2004; Flade 2017). Mit digitaler Software können hochkomplexe Bauformen entworfen werden, die man noch vor Jahren als Science Fiction abgetan hätte. Das Home wird zum Smart Home, die City zur Smart City, wobei das Attribut „smart" sowohl im Sinne von „intelligent" verwendet, als auch mit „gefällig" assoziiert wird. Suggeriert wird so, dass man es mit einer effizienten und zugleich angenehmen wohltuenden Umwelt zu tun hat (Lindner 2018). Damit wird der Eindruck erweckt, dass nicht nur die technischen und die funktionalen sondern auch die psychologischen Elemente berücksichtigt wurden (vgl. Tab. 6.6). In einer „smarten" Umwelt muss man sich einfach wohlfühlen.

Die Digitalisierung verändert die Lebens- und Kommunikationsformen und damit den Menschen sowohl als Einzel- als auch als Sozialwesen. Digital vernetzte Kommunikations- und Infrastrukturen verändern die Formen von Gemeinschaftlichkeit. Soziale Kontakte und Interaktionen werden ortsunabhängig und Face-to-Face Kontakte seltener, wenn immer mehr online kommuniziert wird. Gustafson (2001) hat zu dieser Entwicklung bemerkt:

> „More and more of personal experience and social relations become mediated by information and communication technologies, and thus disembedded from their local context. … modernity and internationalization produce ‚placelessness', lacking sense of place and inauthentic physical environments" (Gustafson 2001, S. 59).

Die physisch-räumlichen Merkmale und das Ambiente eines Ortes spielen in digitalen Netzwerken und in der online Kommunikation keine tragende Rolle. Es kann jeder beliebige Ort sein. Die Wohnumwelt verliert damit als ein zentraler Ort des Zusammenseins an Bedeutung (vgl. van der Klis und Karsten 2009).

Themen im Zusammenhang mit der Digitalisierung, die das Wohnen betreffen, sind das Smart Home, die Aufhebung der räumlichen Trennung der Lebensbereiche Wohnen und Arbeiten, das assistive Wohnen und die Smart City.

Zentraler Bestandteil des *Smart Home* ist die Sensortechnik, die Umgebungsdaten erfasst und sammelt. Daten sind Geräusche, Gerüche, Bewegungen, Temperaturen und Lichtverhältnisse. Mit diesen Daten können gängige Verhaltensmuster und Abweichungen von den üblichen Abläufen identifiziert und bestimmte Tätigkeiten von vernetzten und fernsteuerbaren Geräten und Robotern übernommen werden. Die informatorische Privatheit, d. h. die individuelle Kontrolle darüber, welche persönlichen Daten man weiter geben will und welche nicht, wird damit infrage gestellt. Denn die Grenze zwischen einem selbst und den anderen ist nicht mehr kontrollierbar, wenn von zahlreichen Sensoren und kleinen versteckten Kameras und mobilen digitalen Geräten fortwährend persönliche Daten registriert werden. Die sich dabei ergebende Fülle an Daten (Big Data) ermöglicht eine umfassende digitale Protokollierung des Lebens der Bewohner und zwar in einem Bereich, zu dem, weil er primäres Territorium ist, Außenstehende normalerweise keinen Zugang haben. Bislang galt, dass Wohnungen nach außen abschließbare Räume sind (Datenreport 2018, S. 219). Sie sind es zwar in der realen, jedoch nicht in der virtuellen Welt. Smarte Wohnungen reduzieren die informatorische Privatheit, denn der Bewohner gibt fortwährend Informationen über sich selbst preis (Lück 2013); er ist Lieferant von Daten, ein „quantified self" (Bauriedl 2018). Dieses übermäßige „Erhellen" der Privatsphäre wird durchaus kritisch und als „dunkle" Seite von Big Data bezeichnet (Mayer-Schönberger und Cukier 2013).

Das Smart Home soll nicht nur den Wohnkomfort erhöhen und das Einsparen von Energie unterstützen, sondern auch mittels digitaler Geräte und Roboter Dienstleistungen erbringen. Tätigkeiten, die man sonst selbst ausgeführt hat, werden an sprachgesteuerte internetbasierte persönliche Assistenten und robots delegiert. Die Bewohner brauchen z. B. nicht mehr selbst die Jalousie herab zu senken, um zu viel blendenden Sonnenschein auszuschalten, denn das geschieht dank der eingebauten Sensoren automatisch. Damit schrumpfen jedoch die Gelegenheiten des Selbstaktivseins in der eigenen Wohnung. Aus der „Vita activa" (Weichhart 2009) wird eine „Vita passiva". Der einstmals aktiv tätige Bewohner wird zum passiven, rundum „versorgten" Bewohner, wenn Computersoftware und Roboter die menschliche Arbeitskraft ersetzen (Rifkin 2004). Damit ist auch infrage gestellt, inwieweit aus einem House überhaupt noch ein persönliches Home werden kann. Hinzukommt die „Verhäuslichung". Man braucht die Wohnung nicht mehr zu verlassen, um über das, was draußen geschieht, informiert zu sein. Auch für Unterhaltung wird im Smart Home gesorgt (Abb. 9.4).

Für bestimmte Gruppen bietet das Smart Home zweifellos Vorteile. Ein solches „Zuhause" kann es einem hilfsbedürftigen Menschen ermöglichen, weiterhin allein in seiner bisherigen Wohnung zu leben (Meyer 2018; Marquardt 2018). Technische Assistenzsysteme sind in Anbetracht des steigenden Anteils älterer Menschen ein aktuelles Thema (Meyer 2018; Marquardt 2018). Sie bieten Unterstützungsleistungen, Sicherheit und Komfort. Der Autonomieverlust wiegt

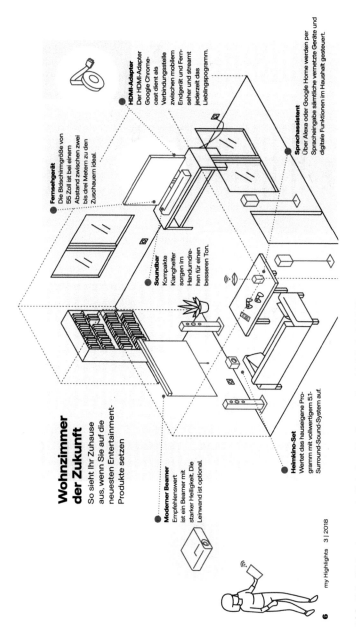

Wohnzimmer der Zukunft
So sieht Ihr Zuhause aus, wenn Sie auf die neuesten Entertainment-Produkte setzen

Fernsehgerät
Die Bildschirmgröße von 55 Zoll ist bei einem Abstand zwischen zwei bis drei Metern zu den Zuschauern ideal.

HDMI-Adapter
Der HDMI-Adapter Google Chromecast dient als Verbindungsstelle zwischen mobilem Endgerät und Fernseher und streamt jederzeit das Lieblingsprogramm.

Sprachassistent
Über Alexa oder Google Home werden per Spracheingabe sämtliche vernetzte Geräte und digitale Funktionen im Haushalt gesteuert.

Soundbar
Kompakte Klanghelfer sorgen im Handumdrehen für einen besseren Ton.

Moderner Beamer
Empfehlenswert ist ein Beamer mit starker Helligkeit. Die Leinwand ist optional.

Heimkino-Set
Wertet das hauseigene Programm mit vollwertigem 5:1-Surround-Sound-System auf.

my Highlights   3|2018

6

Abb. 9.4 Wohnzimmer mit digitalem Equipment (my highlight 3/2018)

weniger schwer, wenn eine Vita activa ohnehin nur noch eingeschränkt möglich ist. Die Frage ist jedoch, in welchem Umfang personelle durch technologische Dienstleistungen ersetzt werden sollten. Wie Meyer (2018) berichtet, nimmt das Angebot an technischen Hilfsmitteln stetig zu. Dabei handelt es sich nicht nur um die Installation einfacher Notruf-Funktionen, sondern auch um komplexere Systeme, die den Bewohner in Form externer Dienstleistungen mit der Umwelt verbinden.

Die Forschung über technische Assistenzsysteme für ältere Menschen begann in den 1990er Jahren. Man befasste sich mit den Wohnbedürfnissen und der Technikakzeptanz Älterer. Ab 2008 wurde dann das Forschungsprogramm „Ambient Assistive Living" (AAL) mit dem Ziel gestartet, die Entwicklung von Assistenzsystemen, die ältere Menschen in ihrem Alltag unterstützen und ihnen Kontroll- und Steuerleistungen abnehmen, voran zu bringen. Diskutiert wird zwar die „usability"– die einfache Bedienung der Systemkomponenten, – nicht jedoch das Problem der damit einhergehenden Reduzierung des Handlungsraums und der Umweltaneignung. Die positiven Aspekte werden in den Vordergrund gerückt wie z. B. die Möglichkeiten, mithilfe der Kommunikationstechnologie wie insbesondere der Videokommunikation die sozialen Bedürfnisse der allein lebenden Älteren zu befriedigen und ihrer Vereinsamung vorzubeugen. Wie Meyer (2018) berichtet, sind die Ergebnisse der laufenden und der durchgeführten Forschungsprojekte zu den assistiven Technologien im Bereich des Wohnens überwiegend positiv. Nach Ansicht von Marquardt (2018) versprechen Smart Homes, in denen die Ausstattung mit Mensch-Maschine-Schnittstellen besonders dicht ist, eine Lösung des Problems, wie der steigende Betreuungs- und Pflegebedarf in einer Gesellschaft, in der immer mehr Ältere leben, gedeckt werden kann. Die Lösung wird in einer digitalen Assistenz gesehen. Marquardt hat verschiedene Techniken geschildert, die in den Wohnungen für Ältere zum Einsatz kommen können: Es sind Sensoren im Wohnraum, Telecare: eine internetbasierte Fernbetreung, und schließlich auch compagnon robots. Die Roboter in Form kuscheliger Tiere simulieren als Emotional Support Animals[6] reale Haustiere (vgl. Abschn. 8.6).

Die Smart City ist eine technisch gesteuerte Stadt, wobei das Attribut „smart" ein einheitliches Muster einer Stadt suggeriert, das real nicht besteht (Lindner 2018). Die Smart City verspricht Effizienz, sie verheißt ein optimales Management des Stadtverkehrs, der Infrastruktur und der Organisation städtischer

---

[6]An emotional support animal is a companion animal that provides some benefit for a person disabled by a mental health condition or emotional disorder. https://en.wikipedia. org/wiki/Emotional_support_animal, abgerufen am 13.6.19.

Ressourcen und Aufgaben. Um dieses Versprechen einlösen zu können, werden große Datenmengen benötigt, die mit digitalen Geräten und Überwachungskameras im öffentlichen Raum gesammelt werden. Die darauf basierenden Maßnahmen werden als hinreichend begründet und als alternativlos hingestellt, z. B. weil dadurch die öffentliche Sicherheit erhöht wird oder weil es ein erfolgversprechender Ansatz ist, um Nachhaltigkeit zu erreichen. Diese Lesart einer Smart City als sicherer Lebensraum und als Ressourcen schonend wird jedoch infrage gestellt (Tangens 2018; Bauriedl und Strüver 2019). Die Bedenken richten sich auf die Verknüpfung von Smart City Technologien mit den Markt- und Machtinteressen von IT-Unternehmen, auf den Verlust der informatorischen Privatheit durch eine Überkontrolle sowie den vorzeitigen Ausschluss möglicher alternativer Zukünfte (Füller 2018). Die kritische Haltung kommt in der Bezeichnung „Big Brother society" zum Ausdruck (Kitchin 2014).

Das Leitbild der hocheffizienten Smart City und die Vorstellungen von der lebenswerten Stadt beziehen sich auf unterschiedliche Ebenen: die Smart City betrifft die Makroebene von Politik, Wirtschaft und Technik, die lebenswerte Stadt die Individualebene. Die smarte Stadt ist auf Effizienz ausgerichtet, die lebenswerte Stadt auf optimale Mensch-Umwelt-Beziehungen (Flade 2016a). Beispiele für eine lebenswerte Stadt sind Haltestellen, die mit Bänken ausgestattet sind, Wegweiser und Landmarken, welche die Orientierung erleichtern, und vermehrte Beleuchtung und Refugien, die zur Erhöhung der wahrgenommenen Sicherheit im öffentlichen Raum beitragen. Es ist offen, inwieweit die Smart City auch eine lebenswerte Wohnumwelt ist.

Die Informations- und Kommunikationstechnologie hat eine raumzeitliche Unabhängigkeit von Aktivitäten mit sich gebracht und damit die „place dependence", die Abhängigkeit von Orten, um bestimmte Tätigkeiten auszuüben, verringert. Orte, die ihre Bedeutung nicht nur durch dort erlebte positive Gefühle, sondern auch dadurch gewinnen, dass dort bestimmte Aktivitäten ausgeübt werden können, verlieren so ein Attribut, das sie bislang definiert hat (Genereux et al. 1983).

Aus den Büros, den heute typischen Arbeitsumwelten für die meisten Menschen, lässt sich die Arbeit leicht verlagern, denn ein großer Teil davon kann am Laptop erledigt werden. Statt täglich das Büro aufzusuchen, arbeitet man im Home Office. Für den transportablen Laptop braucht man – wie das Wort *laptop* besagt – noch nicht einmal einen Schreibtisch, geschweige denn einen Extraraum. Zur räumlichen kommt noch eine zeitliche Unabhängigkeit dazu. Mit dem Begriff „Work-Life-Balance" wird suggeriert, dass Arbeiten und Privatleben problemlos aufeinander abgestimmt werden können und dass die zeitliche und örtliche Unabhängigkeit ein Gewinn an Autonomie und Lebensqualität sind (Abb. 9.5).

Abb. 9.5 Mit dem Laptop am Strand (Grafik von Niels Flade)

Ob es sich um einen Gewinn handelt, hängt jedoch von den Umständen ab. Mit der zeitlichen und räumlichen Flexibilität mobilen Arbeitens könnte die für das Wohnen typische raumzeitliche Ordnung, wie sie Dovey (1985) beschrieben hat, verloren gehen. Dieser Verlust kann einschneidend sein, denn man muss diese Ordnung mitsamt den damit verbundenen Verhaltensroutinen immer wieder aufs Neue herstellen. Dies gelingt nicht immer. So hat ein Fünftel der befragten Büroangestellten in der im Rahmen des jährlich ermittelten Digital-Indexes durchgeführten Umfrage angegeben, dass sie im Home-Office mehr arbeiten würden als sie es zuvor im Büro getan haben. Ebenso viele meinten jedoch, dass das Arbeiten zuhause für sie ein Vorteil ist, weil das zeitaufwändige Pendeln entfällt (Initiative D21 2019). Pro und Contra, d. h. inwieweit das Home-Office von Vorteil ist, weil z. B. Familien- und berufliche Aufgaben besser miteinander vereinbart werden können, oder ob im Home-Office mehr Stress erlebt wird, weil man die Balance zwischen Arbeiten und Nicht-Arbeiten stets neu herstellen muss, weil man ständig abgelenkt wird oder weil man meint, zu wenig zu tun, hängt sowohl von den individuellen Ordnungsstrukturen als auch vom umgebenden Kontext in der Wohnung und im Büro ab. Von dem Pro und Contra abgesehen, bekommt die Wohnung durch das Home-Office eine weitere Funktion.

Aus der Befragung der Initiative D21-Digital (2019) geht hervor, dass das mobile Arbeiten in Deutschland noch nicht sehr verbreitet ist. Lediglich 16 % der befragten Berufstätigen beantworteten die Frage mit „ja". Als Hauptgrund wurde von denen, die mit „nein" geantwortet hatten, angegeben, dass mobiles Arbeiten in dem betreffenden Unternehmen oder beruflichen Bereich nicht möglich ist. Doch auch, wenn es derzeit „nur" 16 % sind, so ist doch eine Individualisierung unverkennbar: *kollektive* Arbeitsplätze in Büros sind nicht mehr die alleinige Norm; auch *individuelle* Arbeitsorte in Wohnungen oder an anderen Orten sind längst „normal". Auf einen Aspekt, der das mobile Arbeiten fördert, haben Robert und Börjesson (2006) hingewiesen: Unternehmen sparen Kosten ein, wenn weniger Büroarbeitsplätze vorgehalten werden müssen.

9.3   Zunahme der räumlichen Mobilität

Wohnen als Bleiben an einem Ort und Mobilität als Nicht-Bleiben sind auf den ersten Blick Gegensätze ähnlich wie die Hervorhebung der Daseinsform des Menschen als Einzel- und als Sozialwesen. Mobil sein heißt beweglich sein, räumlich und sozial an unterschiedlichen Orten sein können. Wohnen ist das Gegenteil, nämlich bleiben, sich an einem Ort aufhalten (Schneider et al. 2002, S. 17). Im Konzept des *Home Range* ist beides enthalten: das *Home,* der Ort des Bleibens, und der umgebenden *Range,* der Bereich alltäglicher Mobilität. Eines bedingt das andere: Ein sich weit erstreckender Home Range erfordert viel Mobilität. Mit zunehmenden Entfernungen zu Zielorten, die man erreichen muss oder erreichen will, steigen die Mobilitätsanforderungen. Räumliche Mobilität ist ein typisches Interrelationsmerkmal, denn wie mobil ein Mensch ist, hängt von individuellen Merkmalen wie seiner körperlichen Fitness, seinem Umweltwissen und den ihm verfügbaren Verkehrsmitteln sowie von den Umweltbedingungen, den räumlichen Strukturen und den Entfernungen, dem Wege- und Straßennetz und dem öffentlichen Verkehrsangebot ab.

In der Urzeit war der Mensch mobil, bevor er sesshaft wurde. Der Übergang vom Wildbeutertum zu Pflanzenanbau und Viehhaltung und die Nutzung tierischer Kräfte, durch die sich die landwirtschaftlichen Erträge erhöhen und leichter verteilen ließen, bewirkten, dass er sesshaft wurde (Frie 2017). Mobilität war jedoch auch weiterhin lebens- und überlebenswichtig. Der Unterschied war, dass es jetzt einen festen Ort gab, von dem aus das Leben organisiert wurde.

Schon allein wegen der Vorteile, die mit der Fähigkeit sich räumlich fortzubewegen, verbunden sind, wird Mobilität sehr positiv bewertet und damit auch Eigenschaften, die mit Mobilität assoziiert werden wie z. B. beweglich, dynamisch, flott, lebhaft, rege, schwungvoll, vital, frei, einsatzbereit, lebendig und munter (Schroer 2006). Mobilität ist Zeichen von Lebendigsein und Lebens-

Abb. 9.6 Potentielle Mobilität

fähigkeit. Die positive Sicht kommt auch in dem Begriff „Verkehrs*leistung*" zum
Ausdruck: Es wird als Leistung gesehen, wenn man viele Kilometer zurücklegen
kann. Wer außer seinen Füßen über zusätzliche Verkehrsmittel verfügt, gehört
zu denen, die „leistungsfähig" sind. Das Auto ist nicht zuletzt auch deshalb ein
attraktives Verkehrsmittel, weil es die Leistungsfähigkeit steigert und eine enorme
Erweiterung des Home Range ermöglicht. Andererseits braucht der Mensch
jedoch das Auto, um all die Orte in dem weiten Home Range zu erreichen. Mit
einem individuellen motorisierten Verkehrsmittel, mit dem er das Vielfache seiner
eigenen Körperkraft unter Kontrolle hält, ist das machbar. Durch minimalen Aufwand kann er große Wirkung erzielen. Es kann jedoch auch zu einer verstärkten
Rastlosigkeit führen:

> „Mobility may signify freedom, opportunity, and new experiences but also
> uprootedness and loss. Similarly, place attachment may imply roots, security, and
> sense of place but also imprisonment and narrowmindedness" (Billig 2006, S. 250).

Die registrierte Verkehrsleistung stellt ausschließlich die manifeste Mobilität in Rechnung. Doch ein Mensch ist auch dann mobil, wenn er viele Wege zurücklegen *könnte*. Der Pkw in der Garage oder vor dem Haus verkörpert diese potentielle Mobilität (Abb. 9.6).

Dass die Menschen in Deutschland gemessen an der Summe der zurück gelegten Kilometer pro Jahr immer „leistungsfähiger" geworden sind, zeigt ein Blick in die aktuelle Verkehrsstatistik (Abb. 9.7).

Die vielen Wege, die Menschen zurücklegen, ergeben in der Summe den Verkehr. Mobilität und Verkehr beziehen sich somit auf unterschiedliche Ebenen. Das zeigt sich auch daran, dass individuelle Mobilität positiv konnotiert wird, der Verkehr jedoch nicht. Denn es ist keine Frage, dass massenhafter Verkehr umweltunverträglich ist und der Autoverkehr innerhalb von Ortschaften die Wohn- und Lebensqualität erheblich schmälern kann (vgl. Abschn. 6.5). Viel Individualverkehr insbesondere in motorisierter Form bedeutet außer mobilitätsbehindernden Staus Verkehrslärm, Luftverschmutzung, Verkehrsunsicherheit und nicht selten auch ein Zerschneiden von Wohngebieten durch Verkehrstrassen (Appleyard und Lintell 1972). Die grundsätzliche Frage ist damit, wie das hohe Ausmaß an individueller Mobilität zu erklären ist. Um darauf antworten zu können, müssen zum einen die individuellen Mobilitätsmotive und zum anderen die Umweltbedingungen betrachtet werden, die Mobilität fördern und erfordern.

Abb. 9.7 Entwicklung der Verkehrsleistung in Deutschland (Personenkilometer in Mrd.) (Bundesministerium für Verkehr und digitale Infrastruktur, Verkehr in Zahlen 2017/2018, S. 218 f.)

Mobilitätsmotive

Um zu verstehen, warum sich Menschen fortbewegen, ist eine Analyse der Mobilitätsmotive naheliegend, denn Motive erklären, warum Menschen in einer bestimmten Art und Weise handeln (Heckhausen und Heckhausen 2010). Um überleben zu können, mussten die Menschen zu allen Zeiten in der Lage sein, sich Nahrung zu verschaffen und Gefahren zu erkennen, um ihnen zu entkommen, wenn ein aktives Sich zur Wehr setzen nicht ratsam erschien. Neben dem Nahrungserwerb und der Gefahrenvermeidung ist das Bedürfnis nach Zugehörigkeit und Gemeinschaftlichkeit und einem Partner/einer Partnerin ein ultimativer Grund räumlicher Mobilität, der sich phylogenetisch zurück verfolgen lässt (Schmitz 1994). Die Menschen machten sich gemeinschaftlich auf den Weg, um bessere Jagdgründe und fruchtbare Gegenden zu finden. Es ist typisch für die nomadischen Völker, dass sie mit ihren Viehherden umherziehen und den Jahreszeiten folgend zyklische Wanderungen unternehmen (Gebhardt et al. 2006). Sie haben keinen festen Wohnsitz; ein solcher würde sogar ihre Existenz gefährden.

Ein Urmotiv räumlicher Fortbewegung ist die Sicherung der Existenz. Das gilt nach wie vor. Geändert haben sich jedoch die Zielorte. Heute ist es der Arbeitsplatz im Büro in der Stadt. Daher rührt auch die Bezeichnung *zirkuläre* Mobilität für das alltägliche Unterwegssein, das bei der Wohnung beginnt und dort auch wieder endet.

„The home is regarded as a fundamental base from which people's daily lives commence" (van der Klis und Karsten 2009, S. 235).

In den frühen Zeiten der Menschheit war Mobilität vor allem ein Mittel zum Zweck bzw. ein Transportmotiv. Heute können es sich die Menschen leisten, auch noch aus anderen als Transportgründen mobil zu sein. Diese Motive sind „extra", denn aus Gründen des Transports von Personen einschließlich von sich selbst und von Gütern sind sie nicht erforderlich (Näätänen und Summala 1976). Neues erleben, Bewegungslust, körperliche Fitness, Prestige und Anerkennung sind Extra-Motive. Es sind diese Extra-Motive, die zu einem Zuwachs der Mobilität und damit auch des Verkehrs beigetragen haben.

Das Motiv der Umwelterkundung war auch schon in den Urzeiten der Menschheit wichtig, wobei es zu Beginn nicht darum ging, Neues und Spannendes zu erleben, sondern sich Kenntnis von der Umwelt zu verschaffen, um die Lebensbedingungen und Überlebenschancen zu verbessern. Die Umwelterkundung erfordert zweifellos Mobilität. Dass eine eingehende Umwelterkundung vorteilhaft ist, haben Rossano und Reardon (1999) mit einem Experiment demonstriert. Die eine Gruppe von Versuchspersonen sollte sich in einem unbekannten Gelände eine bestimmte Route zu einem vorgegebenen Zielort einprägen, die zweite Gruppe war frei, sich mit dem gesamten Gelände vertraut zu machen. In dem Test, der sich anschloss, wussten die Versuchspersonen in der ersten Gruppe signifikant weniger über die Umgebung als diejenigen in der zweiten Gruppe, woraus Rossano und Reardon den Schluss zogen, dass die Fixierung auf Wege zu bestimmten Zielorten die Herausbildung einer kognitiven Karte der gesamten Umgebung erschwert. Eine freie Erkundung ist von Vorteil, um Kenntnisse über Raumstrukturen und Wege-verbindungen zu bekommen.

Das Erkunden der Umwelt setzt voraus, dass man sich für eine Weile von einem vertrauten Ort löst. Man denke an das kleine Hänschen, das in die große weite Welt hinauszieht. Doch dann besinnt sich das Hänschen und kehrt geschwind nach Hause zurück. Die unbekannte Welt, die viel Neues verheißt, zu entdecken, ist spannend, zugleich aber auch beängstigend. Den innerpsychischen Konflikt zwischen Appetenz und Aversion löst Hänschen, indem er sich nicht allzu weit entfernt, sodass er rasch wieder zu Hause sein kann[7]. Stark ausgeprägt ist das Motiv der Umwelterkundung bei Forschungsreisenden und Entdeckern von bis dahin noch unbekannten Regionen.

> „Betrachtet man allein die Entdeckungs- und Bildungsreisen z. B. von Kolumbus, Humboldt etc. in den früheren Zeiten oder die Reise ins Weltall in diesem Jahr-hundert, wird dieses Bedürfnis nach Erkundung und Entdeckung deutlich" (Schmitz 1994, S. 109).

Ohne Erkundung gäbe es keinen Zuwachs an Erkenntnissen; eine technologische Entwicklung hätte es nur in einem begrenzten Umfang gegeben.

Die vielen und vielfältigen touristischen Angebote machen es den Menschen heute leicht, das Bedürfnis, Unbekanntes zu entdecken, zu befriedigen. Die Werbung stärkt dieses Motiv z. B. durch Aufwerfen der Frage: „Ist der richtige Ort immer woanders?" Die Antwort wird kleingedruckt mit geliefert: „Say Yes To The World"[8]. Suggeriert wird hier, dass zu viel Sesshaftigkeit hinderlich ist, um den „richtigen" Ort zu finden – wobei offen bleibt, was denn der „richtige"

---

[7]Der Konflikt zwischen dem Streben nach Umwelterkundung und dem Verlangen, in der vertrauten Wohnumwelt zu verharren, wird mitunter so gelöst, dass man den vertrauten Ort mit sich führt, indem man mit dem eigenen Wohnmobil auf Reisen geht.

[8]Anzeige der Lufthansa in der FAZ vom 13.11.2018, S. 21.

Abb. 9.8 Monotone Wohnumwelten

Ort ist. Nahe gelegt wird, dass es nicht der aktuelle Wohnort ist. Die Botschaft ist unmissverständlich: Ein allzu ausgeprägtes Festhalten am gewohnten Ort steht dem Finden des *richtigen* Ortes entgegen. Die noch unbekannte Umwelt hat wegen ihres hohen Mystery-Gehalts eine große Anziehungskraft. Diese Pull-Wirkung wird verstärkt, wenn die Wohnverhältnisse ungünstig sind. Sowohl Pull- als auch Push-Faktoren fördern die Freizeitmobilität (Fuhrer und Kaiser 1994). Man strebt weg, um der hochverdichteten, lauten, naturfernen städtischen Alltags-welt und reizarmer Monotonie zu entkommen (Abb. 9.8). All das führt zu einer Zunahme der Mobilität.

Stark befahrene Straßen in Wohngebieten sind soziale Barrieren, die nach-barliche Kontakte und Zugehörigkeitsgefühle verringern (Appleyard und Lintell 1972). Der massenhafte Verkehr verwandelt Wohnumgebungen in negativ erlebte Verkehrsräume (Abb. 9.9).

Ein gesellschafts- und verkehrspolitisches Ziel ist seit längerem die Ver-ringerung des motorisierten Individualverkehrs in innerstädtischen Wohn-gebieten. Als Lösung wird „die Stadt der kurzen Wege" propagiert, d. h. eine fußgängerfreundliche (walkable) Wohnumwelt, in der die Zielorte nicht weit ent-fernt sind und die Wege dorthin angenehm und sicher sind. Dass es eine sinn-volle Lösung sein könnte, zeigt das Ergebnis einer Längsschnittstudie von Cohen et al. (2018). Walkability bedeutet: eine ästhetische ansprechende Umgebung, Wege durch Parks mit Bäumen und Bänken sowie Fußwege, die nicht direkt an einer stark befahrenen Straße entlang führen (Brown und Werner 2011). Die propagierte „Stadt der kurzen Wege" lässt sich jedoch bei den bestehenden räum-lichen Strukturen nur sehr begrenzt realisieren.

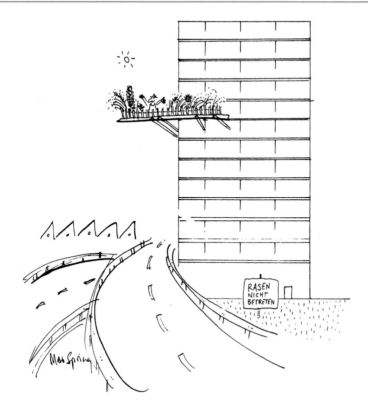

RASEN
NICHT
BETRETEN

Mox Spring

Abb. 9.9 Städtisches Wohnen (mit freundlicher Genehmigung von Max Spring)

Wachsende Entfernungen und Multilokalität

Wachsenden Entfernungen zwischen dem Wohnort und den alltäglichen Zielorten erhöhen den „Leistungsdruck". Sie sind eine Hauptursache für die Zunahme
der Mobilität. Reicht die Verkehrs*leistung* nicht aus, um die weiten Strecken zu
bewältigen, ist eine Neuorganisation des Alltags mit Zwischenstationen oder
zusätzlichen Standorten unausweichlich, um den Anforderungen nachzukommen.
„Der Arbeitsmarkt verlangt den Erwerbstätigen heute nicht nur Flexibilität, sondern häufig auch räumliche Mobilität ab – mit steigender Tendenz"
(Ruppenthal und Lück 2013, S. 56). „Steigende Tendenz" beinhaltet auch, dass
Pendler zu *Fern*pendlern werden. Als Fernpendler haben Ruppenthal und Lück

212 9 Individualisierung des Wohnens

diejenigen bezeichnet, die für den Weg zwischen Wohnung und Arbeitsort hin und zurück zwei Stunden und länger benötigen.

Dass der Zeitbedarf für das Zurücklegen des Arbeitswegs wächst und damit auch die Zahl der Fernpendler, belegen die vom Bundesinstitut für Bevölkerungsforschung (2018) ermittelten Daten. Der Anteil der Erwerbstätigen mit einem Arbeitsweg von 25 km und mehr stieg von 11 % im Jahr 1991 auf 18 % im Jahr 2016. Und: Anfang der 1990er Jahre brauchte nur jeder fünfte Erwerbstätige mehr als 30 min für den Arbeitsweg, 2016 waren es mehr als jeder vierte. Die Wohnzeit wird verkürzt, wenn sich die Pendelzeit verlängert, was nicht ohne Auswirkungen bleibt: „Local belonging tended to be lower among respondents who traveled more than 1 hr a day to and from work" (Gustafson 2009, S. 498). Weite zeitaufwändige Pendelstrecken schmälern darüber hinaus das allgemeine Wohlbefinden und die psychische Gesundheit, wie Feng und Boyle (2014) bei ihrer Auswertung der Daten des British Household Panel Survey von 5216 Berufspendlern im Alter zwischen 16 und 64 Jahren festgestellt haben. Wohlbefinden und der Gesundheitszustand der Pendler waren mit dem General Health Questionnaire erfasst worden. Das Ergebnis war, dass lange Pendelstrecken eine ausgesprochen negative Wirkung auf Frauen haben, wohingegen Männer deutlich weniger betroffen sind. Die Forscher erklärten das Ergebnis damit, dass es vor allem für berufstätige Frauen mit Kindern im Haushalt problematisch ist, wenn sie weite Strecken pendeln müssen, weil dadurch die Vereinbarkeit von Familie und Beruf – überwiegend eine Aufgabe von Frauen – noch mehr erschwert wird.

Mit wachsenden Entfernungen nimmt die Bedeutung von Durchgangsräumen und Transit-Orten zu. Transit heißt: Der Mensch ist nicht mehr an seinem Ursprungsort, aber auch noch nicht an seinem Zielort angekommen. Es ist der Zustand des Nicht-Mehr und des Noch-Nicht. Transit-Orte sind flüchtige Orte „Erst der Eindruck des Flüchtigen, des Nicht-Bleibenden, macht den Ort vollständig zum Transit-Ort" (Wilhelmer 2015, S. 39). Transit-Orte wie die Eisenbahn und das Hotel tauchen in Erzählungen und Romanen relativ häufig auf, wie Wilhelmer (2015) festgestellt hat. Mit dem Bau der Eisenbahn im 19. Jahrhundert nahm die Mobilität schlagartig zu; Zahl und Dauer der Aufenthalte im Transit stiegen rasant an. Bahnhöfe und Hotels wurden zu wichtigen Zwischenstationen und Haltepunkten (Wilhelmer 2015). Die Eisenbahn verkörpert besonders deutlich die Gegensätzlichkeit von Transit- und Wohnort:

> „Zwei Räume werden also gegenübergestellt: der dynamische Transit-Raum der Eisenbahn und der Raum des traditionellen, behaglichen und eher statischen Alltagslebens" (Wilhelmer 2015, S. 106).

Abb. 9.10 Komfortables Hotelzimmer

Die weniger vertrauten Transit-Orte besitzen mehr Mystery als die vertrauten Wohnorte, was sie ästhetisch reizvoll macht.

Zu den Zwischenstationen gehört das Hotelzimmer. Obwohl es kein Bleibe-Ort ist, ist dessen Atmosphäre nicht unwichtig, denn Reisen und Aufenthalte in ungewohnter Umgebung können stressig sein, sodass das Hotelzimmer als Erholort fungiert. Ein ansprechendes komfortables Hotelzimmer ist ein geeigneter Erholort (Abb. 9.10).

Wo das Wohnen aufhört, lässt sich kaum genau bestimmen insbesondere dann nicht, wenn der Transit-Ort nicht gleich wieder verlassen wird. Ein „extended stay" ist ein längerer Aufenthalt an einem Ort, der nicht in die Kategorie „Wohnort" fällt, auch wenn man für einige Wochen oder Monate dort *wohnt*. Dienstreisende, die einige Zeit fern der Heimat tätig sind, wohnen nach dieser Definition nicht, sie werden beherbergt[9]. Der „extended stay" ist eine Zwischenkategorie

---

[9]Baurechtlich handelt es sich bei einer Mietdauer von höchstens einem Monat und Zusatzleistungen wie einem Reinigungsdienst und Verpflegung nicht um Wohnen. Eine Mietdauer von mindestens drei Monaten und einer eigenen Kochmöglichkeit gelten als Indizien für eine Wohnnutzung, vgl. „Der kleine Unterschied: Herberge oder Wohnung?", FAZ vom 3.8.18. S. 13.

zwischen Wohnen und Beherbergen, den Unternehmen als Hybrid aus Hotel und Wohnung unter der Bezeichnung „Smartments Business" anbieten. Zielgruppe sind Dienstreisende und im Außendienst Tätige. Die kleinen voll möblierten Apartments sind nicht als ein Ort, an dem man längere Zeit *wohnt,* konzipiert; ein Aneignen ist hier nicht vorgesehen. Es sind „Plug & Play Places", standardisierte Apartments, die überall gleich angelegt und ausgestattet sind, die man sofort in Gebrauch nehmen kann, was dadurch erleichtert wird, dass das räumliche Muster immer gleich ist (Nadler 2014). Plug & Play Places werden *genutzt,* aber nicht bewohnt bzw. angeeignet. Weitere Mischformen sind Hostels und Jugendherbergen, in denen man beherbergt wird, aber nicht wohnt.

Kriterien, um zu entscheiden, ob es sich um Wohnen oder doch nur um einen extended stay handelt, sind Möglichkeiten der Umweltaneignung, des Spektrums an Aktivitäten und des Zusammenseins mit anderen. „Meaning can be constructed through arranging a material setting, through engaging in activities and through organizing a social life" (van der Klis und Karsten 2009, S. 236).

Für den Menschen, dem viel Mobilität abverlangt wird, der darüber hinaus auch mobil sein will, wird die Umwelt zunehmend ein Transit-Ort, ein Durchgangsraum mit mehr oder weniger Haltepunkten (Hilti 2013). Multilokalität wird zum multilokalen Wohnen, wenn aus den Haltepunkten Wohnorte werden. „Der Begriff der Multilokalität … bezeichnet den auf mehrere Orte verteilten Lebensalltag, die ‚vita activa an mehreren Orten'. … Von diesem weitgefassten Begriff der Multilokalität ist der engere Begriff des multilokalen Wohnens … zu unterscheiden" (Dittrich-Wesbuer 2015, S. 122). Multilokales Wohnen bzw. residenzielle Multilokalität ist eine Lebensform in zwei oder mehreren Wohnumwelten, in denen die Bewohner für eine bestimmte Zeit an- und abwesend sind (Dittrich-Wesbuer et al. 2015).

Es sind Extra-Motive, Karriereaussichten, räumliche Strukturen und wirtschaftliche Zwänge, die dazu führen, dass ein Lebensraum mit mehr als einem Wohnort bzw. eine „Vita activa an mehreren Orten" (Weichhart 2009, S. 1) entsteht.

Für eine alleinlebende Person ist das Wohnen an zwei (oder mehreren) Standorten noch relativ einfach; schwieriger ist die Organisation bei Paaren, die beide relativ weite Strecken pendeln (commuter couples). Van der Klis und Karsten (2009) haben in den Niederlanden 30 commuter couples interviewt. Einer der Partner hatte eine Zweitwohnung (commuter residence) in Arbeitsplatznähe. In den meisten Fällen ist die gemeinsame Wohnung für beide das „richtige" Zuhause. Wie van der Klis und Karsten festgestellt haben, wird die Zweitwohnung weniger durch die Art der Aktivitäten als vielmehr durch das Personalisieren zu einem Zuhause. „The material dimension of the commuter residence is most often used to create a sense of home. … Constructing a sense of home through activities in and around the commuter residence is more complicated" (van der Klis und Karsten 2009, S. 243). D. h. je weniger sich eine Zweitwohnung aneignen lässt, umso unwahrscheinlicher ist es, dass sie zum Home wird.

Das berufsbedingte getrennte Wohnen wird individuell unterschiedlich erlebt, was den telefonischen Interviews zu entnehmen war, die Schneider et al. (2002) mit Shuttles (Wochenendpendlern) durchgeführt haben. Einige der Befragten sahen diese Lebensweise durchaus als vorteilhaft an. Es werde dadurch möglich, die Bedürfnisse nach Freiheit und Unabhängigkeit und die soziale Bedürfnissen nach Kontakt und Zugehörigkeit gleichermaßen, wenn auch sukzessiv und an verschiedenen Orten, zu befriedigen. Dies belegen die folgenden Äußerungen:

- „Ein wichtiger Vorzug ist, dass jeder seinen eigenen Bereich hat......Unter der Woche ist man völlig unabhängig voneinander. Das kann man positiv oder negativ sehen. Für uns ist das positiv" (S. 178).
- „Wenn ich mir manchmal überlege, mein Mann wäre jetzt immer da – ich weiß nicht. Es gäbe schon die einen oder anderen Reibereien, dann müssten wir uns halt wieder zusammen gewöhnen" (S. 111).
- „Ich kann mein Leben gestalten, ich habe ein Maß an Freiheit hier unter der Woche und habe ein Maß an sozialen Kontakten und Beziehungen am Wochenende. Es funktioniert einfach prachtvoll" (S. 121).

Es ist individuell unterschiedlich, wie sich Wochenendpendler mit zwei Wohnorten arrangieren und inwieweit sie es als vorteilhaft für sich sehen. Positive Sichtweisen finden sich nicht durchgehend. Nicht wenige Befragte empfinden diese Lebensweise als belastend. Soziale Beziehungen können sich auflösen, sie können sich „tot pendeln". Ob etwas Stress verursacht oder als persönlich bereichernd erlebt wird, hängt auch davon ab, inwieweit die mobile Lebensform auf Zwängen beruht oder frei gewählt ist. Etwa ein Drittel der Wochenendpendler meinte, dass es äußere Zwänge sind, denen sie nachkommen müssen (Schneider et al. 2002). Wie Hilti (2009) festgestellt hat, ist multilokales Wohnen dann bereichernd, wenn der zweite Wohnsitz auch dazu dient, für einige Zeit einer Alltagswelt mitsamt den täglichen Ärgernissen (daily hassles) sowie einer lauten, hektischen städtischen Umgebung zu entkommen. Die Zweitwohnung fungiert hier als ein erholsames Anderswo: Sie bietet die Möglichkeit für ein physisches und psychisches Being away (Hartig et al. 2014). Die verschiedenen Formen multilokaler Lebensweisen und die Einstellungen dazu hat Hilti (2013) vier Kategorien von „Welten" zugeordnet:

- der Parallelwelt: die Wohnumwelten stehen sich ohne nennenswerte Überschneidung gegenüber,
- der Gegenwelt: es besteht ein deutlicher Kontrast zwischen den beiden Wohnumwelten,
- der Doppelwelt: es wird bewusst eine Doppelung der Wohn- und Lebensbezüge angestrebt,
- der Zwischenwelt: das immer wiederkehrende Dazwischen wird zu einem bedeutungsvollen beweglichen Territorium.

Die Zwischenwelten sind keine Wohnorte. Transit-Orte wie Bahnhöfe, an denen man ein-, um- und aussteigt oder Raststätten, wo man regelmäßig eine Pause macht, und das schöne Hotel, in dem man jedesmal übernachtet, können jedoch zu vertrauten Orten werden.

Eine Typologie des berufsbedingten multilokalen Wohnens aus der Sicht der Wohnenden haben Weichhart und Rumpolt (2015) vorgestellt:

- Zum *Typ Verbannung* gehören all diejenigen, die diese Lebensweise nicht als wünschenswert ansehen, die sie aber wegen äußerer Umstände notgedrungen praktizieren. Die nur mit dem Nötigsten ausgestattete Wohnung am Arbeitsplatz ist kein Zuhause. Das mittel- bis langfristige Ziel bleibt eine unilokale Lebensweise.
- Zum *Typ Kolonisierung* sind diejenigen zu rechnen, die mit zwei Wohnorten gut zurecht kommen und diese Lebensweise als Horizonterweiterung ansehen.
- Dem *Typ Re-Zentrierung* werden diejenigen zugeordnet, für die der zweite Wohnsitz in einer zeitlich begrenzten Lebensphase z. B. während des Studiums oder einer Tätigkeit fern vom Zuhause erforderlich ist. Man ist sich dessen bewusst, dass man danach zu einer unilokalen Lebensweise zurückkehrt.
- Zum *Typ Doppelleben* gehören diejenigen, deren Persönlichkeit sich in einen sesshaften und einen mobilen Akteur aufspaltet.
- Bei *Typ Bi-Polarisierung* werden beide Wohnungen als Orte in einen übergreifenden Home Range eingeordnet.
- Zum *Typ Expedition* werden diejenigen gerechnet, für die Multilokalität zum Lebensstil geworden ist; die Wohnung wird zum „Basislager" für Expeditionen. Das Basislager ist eine kleine Wohnung, in der man sich nur zwischendurch aufhält, bevor man wieder zur nächsten Expedition aufbricht.

Die Typologien führen die vielfältigen Formen und individuellen Einstellungen zum multilokalen Wohnen vor Augen, was eine eindimensionale Kategorisierung in

Belastete und Bereicherte nicht wieder zu geben vermag. Bei einigen bildet sich ein neuer Home Range heraus, bei anderen entstehen zwei Orts-Identitäten. Für andere wiederum verliert die Wohnung als Fixpunkt an Bedeutung, sie schrumpft auf ein „Basislager" zusammen, das eher einem Transit- als einem Wohnort gleicht. Die psychologischen und sozialen Folgen multilokalen Wohnens sind tiefgreifend, indem das Verhältnis zwischen Mensch und Umwelt verändert wird.

> „Die Gesamtkonstellation des ‚In-der-Welt –Seins' einer Person, ihre Selbstwahrnehmung und die permanente Arbeit am eigenen Ego werden durch eine multilokale Lebenspraxis mit Notwendigkeit und in erheblichem Maße beeinflusst" (Weichhart und Rumpholt 2015, S. 52).

Wenn sich die Orts-Identität verändert, bleibt auch die Ich-Identität nicht gleich. Stattdessen findet statt, was Weichhart und Rumpholt als „permanente Arbeit am eigenen Ego" bezeichnet haben.

Ein multilokales Wohnen verändert nicht nur den einzelnen Bewohner, sondern auch das soziale Gefüge im Wohnumfeld, denn die multilokal Wohnenden sind oft nicht anwesend, sodass sie keine Nachbarn sind, mit denen man stabile nachbarliche Beziehungen unterhalten kann. Wenn dann auch noch die für einige Zeit leer stehenden Wohnungen an Touristen vermietet werden, nimmt die Anonymität im Wohnumfeld zu, denn Touristen sind keine Nachbarn sondern Fremde. Die touristische Nutzung der jeweils nicht genutzten Wohnung hat Vollmer (2018) als „Touristifizierung" bezeichnet. Die Attraktivität eines Aufenthalts in einer privaten Wohnung, die man gemietet hat, führt sie darauf zurück, dass man sich in einer „hippen Nachbarschaft" (Vollmer 2018, S. 71) befindet und dass man individualisierter wohnt als in einem Hotel.

Multilokales Wohnen kann physisch und psychisch belastend sein, was vor allem dann der Fall ist, wenn es keine selbstbestimmte Lebensform ist. Dies zeigt das Phänomen des Heimwehs (homesickness), das bei längerer Abwesenheit von dem Ort, den man als sein richtiges Zuhause empfindet, auftritt (vgl. Abschn. 4.1). Diese gar nicht so seltene *Krankheit* (home *sickness*) ist ein untrügliches Zeichen für eine emotionale Verbundenheit mit dem Wohnort, die zutage tritt, wenn man fern davon ist.

Im weitesten Sinne lässt sich ein Wohnungswechsel (*residenzielle* Mobilität) als multilokales Wohnen einordnen und zwar dann, wenn noch emotionale Bindungen an den „alten" Wohnort bestehen. Man erinnert sich noch genau an den vertrauten Ort. Ein Wohnortswechsel ist ein kritisches Lebensereignis, das mit Ablösungs- und Eingewöhnungsprozessen und einem Verlust an Bindungen und an Halt einher geht. Auf der anderen Seite kann ein solcher Wechsel auch eine Befreiung von engen örtlichen und sozialen Bindungen sein. In jedem Fall muss ein neues Verhältnis zur Umwelt aufgebaut und ein neuer Home Range aufgetan werden, was zur Umwelterkundung motiviert, aber auch Stress erzeugen kann (Tognoli 1987). Wie der Wohnortswechsel erlebt wird, hängt davon ab, welche persönlichen Lebensumstände der Grund für den Umzug gewesen sind, welche Alternativen es gegeben hat und wie attraktiv der neue im Vergleich zum alten Wohnort ist. Dass diese Randbedingungen ausschlaggebend sind, haben Stokols et al. (1983) nachgewiesen. Sie haben die individuelle Wahlfreiheit hoch- und gering-mobiler Personen einander gegenüber gestellt. Sofern ein Wohnortswechsel grundsätzlich ein belastendes Lebensereignis wäre, müssten die Hochmobilen am meisten unter Stress und mangelnder Gesundheit leiden. Wie sich zeigte, sind auch die Geringmobilen davon betroffen, wenn sie mit ihrer gegenwärtigen Wohnsituation nicht zufrieden sind, ohne jedoch die Möglichkeit zu haben, diese Situation zu verändern. Den Geringmobilen ohne Alternative ging es deutlich schlechter als den wahlfreien Hochmobilen. D. h. dass ungewollte Sesshaftigkeit mehr Stress hervorrufen kann als ein gewollter Umzug.

Residentielle Mobilität und multilokales Wohnen sind Ausdruck einer individualisierten Gesellschaft. Man bleibt nicht mehr an einem Ort und begnügt sich mit der alltäglichen zirkulären Mobilität, sondern man verlagert des Öfteren seinen Home Range einschließlich der Home Base. Das Wohnen als *Bleiben an einem Ort,* mit dem man sich emotional verbunden fühlt, verändert sich grundlegend, sodass auch die Definition von Wohnen als *„dwelling is the most intimate of relationships with the environment"* (Saegert 1985, S. 288) nicht mehr allgemein gültig ist. Die Veränderungen betreffen nicht nur die Individualebene, sondern auch Architektur, Stadtentwicklung, Ökonomie und Ökologie. So heißt es bei Hilti (2015):

> „In seiner zunehmenden quantitativen und qualitativen Bedeutung, seiner Komplexität und Dynamik erweist sich multilokales Wohnen für zahlreiche gesellschaftliche Praxisfelder von enormer Tragweite" (S. 315).

Zweitwohnungen sind nicht nur commuter residences, sondern auch Feriendomizile. Wie Lichtenberger (2002) gemeint hat, wird damit die Wohnfunktion aufgespalten. Entspannung und Erholung werden ausgelagert. Bezogen auf die Typologie von Weichhart und Rumpolt (2015) handelt es sich um einen Mix aus den Typen „Kolonisierung" und „Doppelleben". Weil sich Ferienwohnungen im Allgemeinen in landschaftlich schönen Regionen befinden, können diese ihre Schönheit einbüßen.

Kelly und Hosking (2008) haben sich mit den sozialen und ökonomischen Auswirkungen von Ferienwohnungen in Küstenregionen befasst, die einen großen Teil des Jahres leer stehen. Sie haben an der Westküste Australiens über 2000 Besitzer von Ferienwohnungen angeschrieben, von denen 46 % den Fragebogen beantwortet haben. Als Gründe, warum sie sich dort eine Ferienwohnung zugelegt haben, wurden genannt:

- Weitwegsein von der Hektik des städtischen Lebens und von sozialen Zwängen und Verpflichtungen, Entspannung, die wohltuende ländliche Atmosphäre,
- das Streben nach einer besseren und schöneren Umwelt, die Schönheit der natürlichen Landschaft,
- Gelegenheiten, um verschiedene Aktivitäten auszuüben.

Being away, Umweltästhetik und die Vita activa erweisen sich als die Hauptgründe, sich eine Ferienwohnung anzuschaffen. Diese Motive sind weit verbreitet, sie erklären den Massenansturm auf Küstenregionen, der sich negativ auswirkt. „As the population rises in a region, it may well become less relaxing, with the condition of the local environment declining" (Kelly und Hosking 2008, S. 591). Die ursprüngliche Küstenlandschaft und die unberührte Natur verwandeln sich in übervölkerte Umwelten. Zu anderen Jahreszeiten, wenn die Ferienwohnungen leer stehen, herrscht Understaffing: der Ort verödet.

9.4 Leben in der Stadt

In der Stadtforschung ist mit „Stadt" immer die *große* Stadt gemeint; Stadtforschung ist durchweg Großstadtforschung (Lichtenberger 2002). Formal gilt als Großstadt eine Stadt, wenn darin mindestens hunderttausend Menschen wohnen. Weitere Kategorien sind Metropole (ab einer Million Einwohner) und Megacity (ab 10 Mio. Einwohner). Verstädterung bezeichnet das Phänomen, dass zunehmend mehr Menschen in großen Städten leben und immer weniger in ländlichen Regionen, Dörfern und kleinen Ortschaften. Verstädterung bezieht sich auf die Veränderung der sozialräumlichen Umwelt, Urbanisierung auf die Ausbreitung großstädtischer Lebensweisen. Wirth (1938) hat Urbanität beschrieben als Konglomerat aus physisch-räumlichen Settings, sozialen Strukturen und Organisationsformen sowie individuellen Haltungen und Vorstellungen. Nach Wirth sind Eigenschaften wie Distanziertheit, Reserviertheit und ein ausgeprägter Individualismus typisch für die Bewohner großer Städte. Das Stereotyp des Großstadtmenschen ist: Er ist kosmopolitisch, er ist örtlich und nachbarlich ungebunden, seine Kontakte zu den vielen anderen Menschen sind oberflächlich und flüchtig (Rüthers 2015).

Verstädterung und Urbanisierung sind mit Veränderungen in der gebauten, sozialen und gesellschaftlichen Umwelt verbunden. Der prognostizierte Bevölkerungszuwachs wird in den Städten stattfinden, zum größten Teil in Asien, Afrika, Lateinamerika und der Karibik. Auch für Europa wird eine Zunahme der in Städten lebenden Bevölkerung von 78 % im Jahr 2011 auf 86 % im Jahr 2050 prognostiziert (Weiland 2015). Inwieweit diese Vorhersage zutrifft, ist verständlicherweise offen, zumal man noch vor zwei Jahrzehnten gemeint hatte, dass durch die neuen Technologien eine Suburbanisierung von Dienstleistungsunternehmen stattfinden würde und die Menschen wieder vermehrt außerhalb der Stadt und im ländlichen Raum wohnen würden (Bauriedl und Strüver 2018). Stattdessen ist die Verstädterung weiter fortgeschritten und eine Stadtflucht derzeit noch nicht in Sicht. Die Folgen sind eine gestiegene Nachfrage nach Wohnungen, steigende Wohnkosten, eine sich verschärfende soziale Segregation und die Gentrifizierung von Stadtvierteln.

Verstädterung fördert Urbanisierung, Urbanisierung fördert Individualisierung, Individualisierung fördert die soziale Differenzierung und damit auch eine Vereinzelung. Arendt (2019) hat von „Verlassenheit" gesprochen. Die Daseinsform des Menschen als Einzelwesen wird betont und durch die wahrgenommene Andersartigkeit der anderen noch verstärkt. Anonymität ermöglicht ein hohes Ausmaß an persönlicher Entfaltung und damit auch Individualität. Karl Kraus hat das literarisch ausgedrückt: „Die Großstadt soll der Individualität eine Umgebung sein" (zit. bei Lichtenberger 2002, S. 279). Mit Entfremdung wird das Phänomen bezeichnet, dass das von vielen anderen Menschen umgebene Individuum in der Großstadt die anderen Individuen nicht kennt, sie sind für ihn *Fremde,* er kümmert sich nicht um sie und sie sich nicht um ihn (Hellpach 1952). Soziale Beziehungen werden oberflächlicher, unverbindlicher und schwächer, man interessiert sich weniger für die Sorgen und Nöte der Menschen, die man nicht kennt, sondern umso mehr für sich selbst (Lev-Wiesel 2003). Mit den Worten von William Stern (1935): die „Ver-Ichung" wird gefördert.

Die vielen Fragestellungen, die das Leben in der großen Stadt aufwirft, lassen sich entlang der drei Grunddimensionen abhandeln, mit denen Wirth (1938) die

Stadt beschrieben hat. Es sind die Größe der Stadt gemessen an der Zahl der Einwohner, die bauliche Dichte und die Heterogenität der Stadtbevölkerung. Mit steigender Einwohnerzahl nimmt der Anteil der Fremden überproportional und damit die Anonymität zu. Hohe Dichte und wahrgenommene Unähnlichkeit verändern die soziale Umwelt.

Viele Menschen dicht beieinander

Der Einfluss der Anwesenheit einer großen Zahl von Menschen auf das soziale Verhalten und die Auswirkungen hoher baulicher und sozialer Dichte wurden vielfach untersucht. Je mehr Menschen in einer Stadt leben, umso geringer ist der Anteil der Menschen, die man kennt und die einen kennen. Das schmälert den Gemeinschaftssinn, wie Wilson und Baldassare (1996) empirisch nachgewiesen haben. Je dichter bevölkert ein Gebiet ist und je urbaner es zugeht, umso geringer ist das Interesse an den anderen Menschen und mit umso weniger Hilfsbereitschaft ist zu rechnen (Bierhoff 2002). In einer groß angelegten Untersuchung in mehreren amerikanischen Städten haben Levine et al. (1994) nachgewiesen, dass Menschen in Situationen mit hoher sozialer Dichte unsozialer sind; ihre Bereitschaft zu helfen nimmt ab. Andererseits kann Anonymität auch einen positiven Effekt haben: Fremde üben keine oder weniger soziale Kontrolle aus, was mehr Handlungsspielräume für den Einzelnen schafft – ganz im Sinne von „Stadtluft macht frei". Ein weites Spektrum an Formen der Selbstdarstellung und an Verhaltensweisen wird toleriert (Beck 2008).

Zum Phänomen der verringerten Hilfsbereitschaft in anonymen Umwelten gibt es mehrere, sich ergänzende Erklärungen (Bierhoff 2002; Cialdini 2001; Wicker et al. 1976):

- Menschen in der Stadt sind einem sensorischen und informatorischen overload ausgesetzt. Sie begrenzen diese Reizfülle, indem sie alles ausblenden, was für sie persönlich weniger wichtig ist. Dazu gehören in erster Linie die Informationen über Menschen, die man nicht kennt.
- Die Verantwortung „diffundiert", man fühlt sich nicht verantwortlich (diffusion of responsibility). Je mehr Menschen an einem Ort sind, die in einer Notsituation helfend eingreifen könnten, umso mehr schwindet das Gefühl jedes Einzelnen, etwas tun zu müssen, denn: Warum sollte man eingreifen, warum nicht die anderen?

Tab. 9.1 Korrelationen zwischen Erholungspotential und Umweltmerkmalen (Ausschnitt aus Lindal und Hartig 2013, S. 32)

Merkmal	Faszination	Erlebte Erholung	Gebäudehöhe	Umschlossenheit
Faszination	–			
Erlebte Erholung	0,54	–		
Gebäudehöhe	0,04	−0,37	–	
Umschlossenheit	−0,08	−0,41	0,96	–
Präferenz	0,62	0,72	−0,23	−0,30

- Je mehr Menschen einer Ansicht oder einem Verhalten zustimmen, umso eher hält man diese Meinung oder dieses Verhalten für richtig. Hier wirkt der Mechanismus der sozialen Bewährtheit. Man hält es für unwahrscheinlich, dass sich so viele Mitmenschen irren. Wenn also niemand von den vielen Anwesenden etwas unternimmt, scheint es auch nicht erforderlich zu sein.
- Öffentliche Räume, in denen sich sehr viele Menschen aufhalten, sind Behavior Settings mit einer zu hohen Teilnehmerzahl. Das Overstaffing fördert antisoziales Verhalten.

Eine hohe soziale Dichte kann gewünscht sein, um sich als zugehörig zu einer großen Menge Gleichgesinnter zu erleben und sich im Kollektiv bestätigt und mächtig zu fühlen. „Crowd-Behavior", das Verhalten Einzelner in der Masse (Hellbrück und Kals 2012), setzt große Menschenansammlungen voraus. Die „Crowd" ist keine Gemeinschaft, sondern fördert „Ent-Ichung".

Typisch für große Städte ist bauliche Dichte. Um das Angebot an Wohnungen in den wachsenden Städten zu vermehren, wird immer weiter verdichtet. Dies geschieht, indem Brach- und Freiflächen bebaut werden und der Luftraum genutzt wird, indem man in die Höhe baut und weitere Stockwerke auf bestehende Gebäude setzt. Zunehmende bauliche Dichte mindert jedoch die Chance, erholsame Weite zu erleben. Experimentelle Befunde sind, dass hohe Gebäude und eine geschlossene Bebauung den Eindruck von Umschlossenheit (enclosure) hervor rufen (Stamps 2005) und wahrgenommene Umschlossenheit Engestress erzeugen kann (Lindal und Hartig 2013). Die Korrelationskoeffizienten in Tab. 9.1 liefern Argumente für ein nicht so hohes Bauen. Ein Verlust an Weite schmälert die Erholung: „People tend to like environments that support restoration" (Lindal und Hartig 2013, S. 34).

Hinzukommt ein „Verdunkelungseffekt": Wenn zu wenig Tageslicht in die Wohnung fällt, mindert das die Wohnqualität. Dass das nicht gerade selten vorkommt, zeigt das Ergebnis des Mikrozensus: rund 8 % der Mieter in Deutschland beklagen, dass sie in ihrer Wohnung zu wenig Tageslicht haben (Datenreport 2016). Und schließlich sprechen auch ökologische Gründe gegen viele, dicht beieinander stehende hohe Gebäude, denn sie beeinträchtigen die Durchlüftung und das Stadtklima (Keul 1995; Weiland 2015).

Bauliche und soziale Dichte ist nach Wirth (1938) ein Charakteristikum von Städten. Aus den Ergebnissen von Lindal und Hartig (2013) sowie anderen Forschern wie insbesondere Kaplan und Kaplan (1989) lässt sich entnehmen, dass der Eindruck von beengender Umschlossenheit durch architektonische Vielfalt gemildert werden kann, sofern diese Vielfalt als anregend und faszinierend erlebt wird.

„Having more architectural variation in the environment apparently meant more opportunity for the engagement of effortless attention, … which is assumed to be an important premise for attentional restoration" (Lindal und Hartig 2013, S. 34).

Mit anderen Worten: Der Eindruck beengender Umschlossenheit kann durch eine Bauweise, die auf vermehrte bauliche Komplexität setzt, verringert werden. Bauliche Komplexität kann sich in der Unterschiedlichkeit der Formen, der Bauteile, der Fenstergestaltung, der Gebäudehöhe, der Fassaden, den Unterbrechungen einer geschlossenen Blockrandbebauung usw. manifestieren. Unterschiedlich gestaltete Fassaden und Gebäude erleichtern darüber hinaus die Orientierung, denn als „Landmarken" tragen sie zur räumlichen Strukturierung und Lesbarkeit bei.

Heterogenität, Gentrifizierung und soziale Segregation

Die Menschen in der Stadt unterscheiden sich in ihrem äußeren Erscheinungsbild, ihrer Sprache, ihren kulturellen Sitten und Gebräuchen. Individualität und Besonderheit sind deshalb von vornherein gegeben. Auch der Stadtraum ist keine homogene räumliche Einheit; er besteht aus unterschiedlichen Teilbereichen, der Stadtmitte, den Stadtvierteln und den Stadträndern sowie privilegierten und weniger begünstigten Gebieten (Lichtenberger 2002). Veränderungen in diesem Gefüge ergeben sich durch eine erhöhte Nachfrage nach Wohnraum in der Stadt und einer damit verbundenen Gentrifizierung (Gentrification). Bislang weniger geschätzte Stadtteile verwandeln sich durch eine materiell-räumliche Aufwertung, die durch Sanierungen und Investitionen bewirkt wird, in bevorzugte Wohnstandorte. Einkommensstärkere Bewohnergruppen ziehen ein, während die bisher dort Wohnenden wegen der gestiegenen Wohnkosten gezwungen sind auszuziehen (Thomas et al. 2008; Üblacker 2018). Aus der Sicht der Immobilienwirtschaft handelt es sich um eine Wiederaufwertung von Baustrukturen, mit der eine Wertsteigerung von Grundstücken und Gebäuden erreicht wird (Üblacker 2018). Für die ansässigen Bewohner bedeutet Gentrifizierung Wohnunsicherheit bis hin zum Verlust der vertrauten Wohnumwelt.

Gentrifizierte Stadtteile ähneln den Gated Communities, wobei kein physischer Schutzwall den Wohnkomplex vom Rest der Stadt abgrenzt, sondern die Finanzkraft der Bewohner. Die Veränderungen betreffen hier wie dort nicht nur die Wohnungen, sondern vor allem auch das Wohnumfeld. In gentrifizierten Gebieten wandeln sich die gewerblichen Strukturen in der Umgebung. Diese „retail gentrification" richtet das Angebot auf den außen- und konsumorientierten Lebensstil der neuen finanziell gut gestellten Bevölkerung aus. Der öffentliche Raum mitsamt den Gastronomie- und Konsum-Angeboten wird mit gentrifiziert[10]. Gentrifizierungsvorhaben haben deshalb nicht nur Wohnungen und Gebäude, sondern auch Wohnumgebungen im Blick (Vollmer 2018). Das soziale Leben in diesen Stadtvierteln verändert sich auch dadurch, dass die Lebensstile der neuen und der noch verbliebenen alteingesessenen Bewohner unterschiedlich sind und eine Kontaktaufnahme erschweren (Üblacker 2018).

In Bebauungsplänen wird fixiert, wie hoch und wie dicht gebaut werden darf. Diese Festlegungen variieren je nach Gebietstyp. Das bedeutet, dass sozialräumliche Segregation geplant wird, wie das in Abb. 9.11 dargestellte Beispiel eines Bebauungsplans aus dem Jahr 1923 zeigt. Darin war festgelegt worden, wo Industrie- und Gewerbegebiete sowie Villen- und Siedlungsgebiete – privilegierte und „normale" Wohngebiete – entstehen sollen.

Die Wohn- und Lebensverhältnisse können je nach Stadtviertel extrem unterschiedlich sein, was sich bei einer Gegenüberstellung von privilegierten Stadtteilen und Problemgebieten bzw. Armutsvierteln abzeichnet (Friedrichs und Blasius 2000). Merkmale von Stadtteilen, in denen der Anteil an einkommens-

---

[10]Auch in dem seit 1999 laufenden bundesweiten Städtebauförderungsprogramm „Soziale Stadt" ist das Ziel, die Wohnbedingungen zu verbessern. Hier dient die mit öffentlichen Mitteln ermöglichte Verbesserung der Wohnbedingungen und eine begleitende Sozialarbeit dazu, bessere Lebensbedingungen für die ansässigen Bewohner zu schaffen. Die Soziale Stadt stellt so ein Gegenmodell zur gentrifizierten Stadt dar.

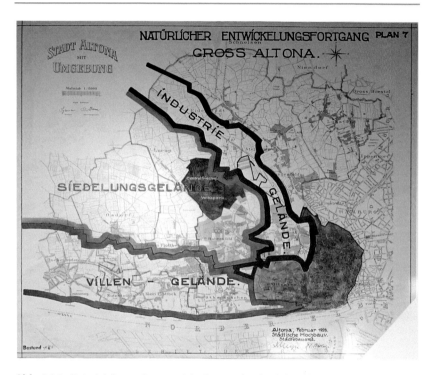

Abb. 9.11 Beispiel für geplante soziale Segregation im Jahr 1923. (Quelle: Staatsarchiv Hamburg, Signatur: 151-01 = 28/41)

und sozialschwachen Bewohnern hoch ist, sind eine unterdurchschnittliche infrastrukturelle Ausstattung des Wohngebiets und eine ungünstige Wohnlage. Wegen der unzureichenden Infrastruktur und der schlechten Lage wird der Home Range der Bewohner zusätzlich beschnitten. Gesellschaftliche Isolation und Marginalisierung sind die Folgen (Friedrichs und Blasius 2000). Oftmals sind es durch den Straßenverkehr verlärmte Gebiete, die Hellbrück und Guski (2005) als „Lärmghettos" bezeichnet haben.

Eine spezielle Wohnform, in der sich eine maximale räumliche Segregation ausdrückt, sind Gated Communities (bewachte Wohnkomplexe). Es sind homogene Gemeinschaften, die eine Ingroup bilden, die sich von einer großen heterogenen Outgroup abgrenzt. Die Abschottung gegenüber der Außenwelt wird durch eine Kontrolle des Zugangs in Form bewachter Eingänge, elektronisch gesteuerter Zugänge, hoher Zäune und Mauern hergestellt. Nicht dazu Gehörende werden

Abb. 9.12 Umzäumter Wohnkomplex

auf diese Weise ferngehalten. Die Exklusivität dieser Wohnkomplexe ergibt sich über die Ökonomie: das Wohnen in einer Gated Community ist teuer, d. h. nicht für jeden erschwinglich. Bewachte Wohnkomplexe werden von denen, die zur Gemeinschaft der darin Wohnenden gehören, sehr positiv beurteilt. Die Bewohner fühlen sich erheblich sicherer verglichen mit den Bewohnern einer konventionellen, nicht bewachten Wohnsiedlung (Wilson-Doenges 2000). Sie sind zufriedener mit ihrer Wohnsituation, beurteilen ihre Wohnumwelt als ruhiger, sauberer und gepflegter, schätzen die zur Anlage gehörenden Grünanlagen und Freizeiteinrichtungen, die sozial homogene Nachbarschaft und das Umfeld, in dem Kinder sicher und in den von den Eltern akzeptierten Peergroups spielen können (Carvalho et al. 1997). Wehrheim (2012) hat von „Archipelen der Sicherheit" gesprochen (Abb. 9.12). Für die Bewohner liegen die Vorteile auf der Hand. Aus gesellschaftspolitischer Sicht sind Gated Communities Zeichen einer zunehmenden Polarisierung zwischen reich und arm und damit einer Schwächung des gesellschaftlichen Zusammenhalts (Glasze 2003; Wilson-Doenges 2000).

Gentrifizierung und soziale Segregation bringen die Heterogenität der Stadtbevölkerung räumlich sichtbar zum Ausdruck. Damit dieses heterogene Gebilde nicht auseinander fällt, bedarf es nach Ansicht von Göschel (2006)

einer überbrückenden Klammer. Die Stadt könnte, wie er meinte, als Identi-
fikationsobjekt fungieren, an dem eine raumbezogene Identifikation ansetzen
könnte. Je heterogener die Bevölkerung durch die Einwanderung ethnischer
Gruppen mit anderen Normen und Wertvorstellungen wird, umso wichtiger
könnte eine solche Klammer werden. Psychologisch formuliert: Über eine
gemeinsame Orts-Identität lässt sich möglicherweise trotz individueller und
sozialer Verschiedenheit Gemeinsamkeit und ein Zusammenhalt herstellen[11].

Stadterleben

Große Städte sind ein ambivalentes Setting. Einerseits bieten sie eine Fülle von
Anregungen und Erlebnismöglichkeiten: „Nowhere is there such diversity,
novelty, intensity, and choice as in cities" (Bell et al. 2001, S. 335), andererseits erzeugen sie viel Stress: „Cities can be very stressful: Noise, traffic,
density, and pollution usually are much greater than in rural places" (Gifford
2007, S. 287). Weiter heißt es: „Information overload refers to the experience of
feeling burdened by large amounts of information received at a rate too high to
be processed efficiently or used effectively" (Misra und Stokols 2012, S. 739).
Damit liegt auf der Hand: Zunehmende Verstädterung bedeutet sowohl vermehrte
Lebensmöglichkeiten als auch vermehrten Stress.

Nicht nur wie die Stadt wahrgenommen und erlebt wird, ist individuell unterschiedlich, sondern auch die Einstellungen gegenüber der großen Stadt. Sie
reichen von einer „Urbanophilia" bis hin zu einer „Urbanophobia" (Félonneau
2004). Urbanophobie kommt in der Vorstellung von der großen Stadt als einer
überstimulierenden, beengenden, verlärmten, verkommenen, luftverschmutzten,
unwirtlichen, unsicheren, bedrohlichen, feindlichen und unsozialen Umwelt
zum Ausdruck. Urbanophile Menschen rücken dagegen die negativen Seiten
wie Schmutz, Verwahrlosung, Vermüllung, Vandalismus und Kriminalität weitaus weniger in den Vordergrund als urbanophobe Menschen. Bewohner, die sich

---

[11]Ein Beispiel ist die Kampagne, um junge Menschen für eine Ausbildung in der Ver-
waltung zu motivieren: „Wir sind Hamburg! Bist du dabei?" https://www.hamburg.de/bist-
du-dabei/2385460/kampagne/.

stärker mit ihrer Stadt identifizieren, sehen diese in einem positiveren Licht als diejenigen, für die ihre Stadt keine nennenswerte persönliche Bedeutung hat (Lalli 1992). Die Idee von Göschel (2006) von der Stadt als einer die Heterogenität der Bevölkerung überbrückenden Klammer taugt so nur bei den Urbanophilen. Nur sie identifizieren sich mit ihrer Stadt.

Den Vorstellungen und Assoziationen über den Ortstyp „Metropole" sind Beyer et al. (2006) in einer Untersuchung in Berlin nachgegangen. In den Befragungen der Stadtbewohner wurden deren Ansichten über die konkrete und die ideale Stadt Berlin sowie die abstrakte Kategorie „Metropole" ermittelt. Da die Befragungen in Berlin durchgeführt wurden, beruhten die Aussagen über Berlin auf Erfahrungswissen. Sie zeigen, wie ambivalent die Stadt erlebt wird (Abb. 9.13).

Als typisch für eine Metropole werden die Merkmale internationaler Charakter, repräsentative Bauten, vielfältige Sport- und Freizeitmöglichkeiten, kulturelle Angebote, Medienpräsenz und Touristik angesehen. In den Merkmalen „internationaler Charakter" und „touristisches Zentrum" spiegelt sich die für große Städte charakteristische Heterogenität der Bevölkerung wider. In Metropolen trifft man auf Menschen aus anderen Ländern und Kulturen. Ins-

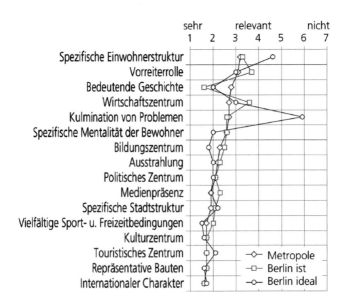

Abb. 9.13 Relevanz der Merkmalskategorien zur Kennzeichnung einer Metropole allgemein und des Ist- und des Ideal-Zustandes von Berlin (Beyer et al. 2006, S. 45, eigene Grafik)

gesamt ähneln sich die Vorstellungen über die Metropole als solcher und das Bild vom konkreten Berlin. Das ideale Berlin hätte im Vergleich zum realen Berlin mehr Ausstrahlung, mehr Medienpräsenz, eine deutlichere Vorreiterrolle und würde sich sowohl als Bildungs- als auch als wirtschaftliches Zentrum stärker positionieren.

Nicht alle Menschen wollen in der Stadt wohnen. Die Gründe, warum sie es nicht wollen, werfen ein weiteres Licht darauf, wie Städte wahrgenommen werden. Warum sie der Stadt lieber fern bleiben, hat Crump (2003) in einer telefonischen Befragung von Bewohnern im nördlichen Kalifornien ermittelt. Befragt wurden Exurb-Bewohner (auf dem Lande Wohnende) und als Vergleichsgruppe Suburb-Bewohner (in Vororten Wohnende). Verschiedene Umweltmerkmale wurden vorgegeben, zu denen die Befragten angeben sollten, wie wichtig sie für Wohnstandortentscheidung gewesen sind (Tab. 9.2).

Eine attraktive Naturumwelt finden die Landbewohner sehr wichtig, während die Bewohner der Vororte Wert auf ein weniger zeitaufwändiges Pendeln und auf Einkaufsmöglichkeiten in der Nähe legen (Abb. 9.14). Die Landbewohner möchten sich frei fühlen und statt Beengtheit Weite erleben. Sie haben das Verlangen nach einer unverbauten Landschaft, was die baulich verdichtete Stadt nicht bieten kann.

> „Exurban residents placed a very high value on rural characteristics such as open space, attractive natural environment, and privacy. These variables appear to symbolize rurality to today's exurban residents, many of whom seek a refuge from the perceived ills of urban America" (Crump 2003, S. 201).

Die genannten Gründe, warum man nicht in der Stadt wohnen möchte, bringen die negativen Seiten des Stadtlebens ans Licht; sie lassen jedoch auch erkennen, dass Landbewohner weniger hohen Anforderungen ausgesetzt sind, sodass sie es

Tab. 9.2 Für die Wohnstandortentscheidung ausschlaggebende Merkmale (Crump 2003, S. 195)

Rural environment	Cost and convenience	Quality of life
Natural environment	Cost of housing	Clean air
Nearby open space	Access to highway/easy	Good schools
Privacy	commute	Lack of crime
Recreational opportunities	Nearby shopping	Clean water
	Job opportunities	Good medical care

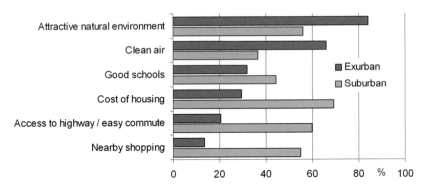

Abb. 9.14 Vergleich von Sub- und Exurbaniten (Crump 2003, S. 195, eigene Grafik)

sich leisten können, auf dem Lande zu leben, weil sie keine Schulen in der Nähe brauchen und nicht zu einem Arbeitsort in der Stadt pendeln müssen.

Crump hat sich mit der *amerikanischen* Stadt befasst, was die Frage der Übertragbarkeit der Ergebnisse auf europäische Städte aufwirft. Lichtenberger (2002), die westeuropäische, nordamerikanische und postsozialistische Städte miteinander verglichen hat, sieht dabei Nordamerika als Trendsetter:

> „Amerika erzeugt immer neue innovative Elemente, welche sich im Städtesystem weltweit ausbreiten: Wolkenkratzer, Mega-Malls, Event-Cities, Gated Communities. Amerika ist der Trendsetter im Vorgang der Entstädterung, der Suburbanisierung und des Urban Sprawl, der Enturbanisierung" (S. 279).

Die Bezeichnung „Trendsetter" enthält eine implizite Prognose: Auch in westeuropäischen Ländern wird eine „Entstädterung" stattfinden – nur eben später. Es könnte sein, dass künftig immer mehr Menschen ihren Wohnort aus der großen in eine kleinere Stadt oder aufs Land verlegen, wenn ihre Lebensumstände dies erlauben.

Die ausgleichende Natur

> „Large towns were seen as anonymous, claustrophobic, removed from nature and, in short, as a source of human alienation. They became the embodiment of industrialized society with all its disadvantages. In contrast, rural rustic life could offer intact social relationships, lasting traditions…" (Lalli 1992, S. 290).

„Removed from nature" gilt als charakteristisch für große Städte. Der Aspekt der Naturferne ist mehr als ein Negativ-Punkt der großen Stadt, er weist zugleich auf mangelnde Möglichkeiten hin, die vielfältigen Stresserfahrungen in der großen Stadt zu kompensieren. So können Parks in der Nähe ungünstige Wohnbedingungen ausgleichen, sofern sie als sicher wahrgenommen und dann auch genutzt werden (Groshong et al. 2018). Sie können ein Ausgleich sein, indem sie das liefern, was Wohnungen und deren unmittelbare Außenräume nicht zu bieten vermögen.

> „Park visits and exposure to nature provide numerous benefits to individuals. For example, park visits provide important mental health benefits including psychological restoration, relaxation, spiritual harmony, and feelings of well-being. … Exposure to natural areas has also been shown to reduce the physiological symptoms of stress … and improve perceived health" (Groshong et al. 2018, S. 2).

Dass Naturumwelten eine erholsame Umwelt (restorative environment) sind, wurde in vielen Untersuchungen nachgewiesen (Hartig et al. 2014). Menschen, die in einer Naturlandschaft unterwegs gewesen waren, fühlen sich danach erholt und entspannt. „It made me feel calm and relaxed" (Wyles et al. 2018, S. 15). Woher rührt der Erholeffekt der Natur? Es sind vier Faktoren und zwar Faszination, Being away, wahrgenommene Weite und Kompatibilität. Die Wirkungsweise des Faktors *Faszination* wird in der Aufmerksamkeitserholungstheorie (Kaplan 1995) beschrieben: Gerichtete bzw. willkürliche Aufmerksamkeit erfordert ein willentliches Mitmachen. Jede längere mentale Anstrengung führt über kurz oder lang zu einer mentalen Ermüdung, sodass schließlich die Fähigkeit, die Aufmerksamkeit auf etwas Bestimmtes zu richten und Ablenkungen auszublenden, abnimmt (Berto 2005). Im Unterschied zur willkürlichen Aufmerksamkeit, die in großstädtischen Settings vermehrt gefordert ist, benötigt die unwillkürliche Aufmerksamkeit keinerlei Anstrengung. Sie wird hervorgerufen durch eine Umgebung, die fasziniert, d. h. die unwillkürliche Aufmerksamkeit auf sich lenkt. Jetzt kann sich der Mechanismus der willkürlichen Aufmerksamkeit erholen.

> „Restoration is supported by design elements that draw our attention effortlessly. Mental fatigue is reduced by views of nature as well as other design elements that foster involuntary attention or curiosity. Fascination helps replenish mental reserves depleted by sustained concentration or efforts to pay attention" (Evans und McCoy 1998, S. 92).

Doch nicht alles, was fasziniert, ist auch erholsam. Das zeigt sich, wenn zwischen einer „soft fascination" und einer „hard fascination" unterschieden wird (Basu et al. 2019). Restorative environments wie die freie Naturlandschaft oder ein Stadtpark gehören in die Kategorie „soft", ein spannender Thriller oder ein Pop-Konzert in die Kategorie „hard". Natur in der gebauten Stadt bietet eine „soft fascination".

Being away bezeichnet ein physisches und/oder psychisches Weitweg-sein von der Alltagswelt. Es ist ein bewusstes Streben nach einem Anderswo bzw. einer nicht alltäglichen Kontrastwelt. Das Motiv des Being away spielt auch im Zusammenhang mit dem multilokalen Wohnen eine Rolle (Hilti 2013). Ein Wohnort ist Alltagswelt, der andere ist das nicht alltägliche Anderswo, der etwas bietet, was am anderen Ort nicht möglich ist. Hier wird z. B. nicht ver-langt, kommunikativ und responsiv zu sein (Wohlwill 1983). Man ist der Last fortwährender sozialer Beziehungen und Erwartungen der anderen enthoben und kann unbeschwert Einzelwesen sein, das sich befreit von den Anforderungen des Alltags und einem Zuviel an sensorischer und sozialer Stimulation erholt.

Wahrgenommene Weite (extent) meint außer einem unverstellten Ausblick auch das Gefühl, frei und nicht behindert zu sein (Bollnow 1963). In einer baulich hoch verdichteten, um- und einschließenden Umwelt blickt man auf Wände und Gebäude und eher selten auf eine weite unverbaute Landschaft. Die Menschen, die den größten Teil ihres Lebens in bebauten Umwelten sowie in Innenräumen verbringen, erholen sich beim Ausblick auf ein weniger beengendes Draußen (Abb. 9.15).

Das Experiment von Masoudinejad und Hartig (2018) hat nochmals die Bedeutung befreiender Weite als Erholfaktor bestätigt. Den Versuchspersonen wurden Bilder gezeigt, auf denen der Anteil des Himmels und anderer Elemente systematisch variiert wurden. Sie bewerteten die dargestellten Szenen hinsichtlich ihres Erholpotentials und deren Präferenz. Ein klares Ergebnis war: „The views judged most restorative and most liked were those with the most sky" (S. 1). Ein von hohen Gebäuden umgebener Mensch sieht wenig Himmel. Hohe Bäume sind nicht so hoch und stehen nicht so dicht zusammen, dass der Himmel darüber nicht mehr zu sehen ist. Noch mehr Himmel und Weite bietet eine unbebaute Naturland-schaft, über die sich der Himmel erstreckt. Weite ist ein Erholfaktor, was bei der Herstellung gebauter Umwelten nicht aus den Augen verloren werden sollte.

Kompatibel ist eine Umwelt, wenn sie es ermöglicht, Handlungsabsichten zu realisieren und gewünschte Aktivitäten auszuüben. Eine Umwelt, die viel-fältige Betätigungsmöglichkeiten bietet, ist für viele Menschen kompatibel, wenn auch aus unterschiedlichen Gründen. Eine große Wohnung mit Nebenräumen

Abb. 9.15 Ausblick ins
weite Land (Ingrid Lill: Die
Türsteherin. Privatbesitz)

bietet mehr Möglichkeiten, dies oder das zu machen, als ein kleines Apartment mit einem Minimum an freier Fläche. Ein großer Park mit Bänken, Spazierwegen und Kinderspielplätzen besitzt mehr Kompatibilität als eine kleine Grünanlage mit Blumenbeeten, die man nur anschauen kann. Die kleine Grünanlage kann durchaus wegen der faszinierenden Blütenpracht erholen, große Parks sind dagegen auch wegen ihrer Kompatibilität erholsam. So ist z. B. der schon von seiner Größe her beeindruckende Stadtpark in Hamburg außerordentlich beliebt und vielfältig nutzbar (Grunert 2015). Stadtparks sind ein natürlicher Freiraum inmitten der Stadt, der durch faszinierende Eindrücke, befreiende Weite, einem vor allem psychischen Weitwegsein vom Alltag und Gelegenheiten für vielfältige Aktivitäten Erholung ermöglicht. Zu den psychologischen Effekten kommen

Abb. 9.16 Zeitgemäßes Sofa mit Naturelement im Hintergrund

noch ökologische Benefits dazu: grüne Natur verbessert die Luftqualität und das Klima in der Stadt (Keul 1995; Weiland 2015), was der Gesundheit der Bewohner zugute kommt.

Fassadenbegrünungen sind eine Möglichkeit, das Grün in städtischen Wohnumwelten zu vermehren. Dass solche Begrünungen nicht auf Außenräume beschränkt sein müssen, zeigt Abb. 9.16.

Auch in Innenräumen entfaltet grüne Natur eine positive Wirkung, wie empirisch mehrfach nachgewiesen wurde. Wie ein solcher Nachweis aussieht, lässt sich an dem Experiment von Raanaas et al. (2011) veranschaulichen: Eine Gruppe von Versuchspersonen arbeitet am Computer in einem Raum mit Pflanzen, eine andere Gruppe in einem identischen Raum ohne Pflanzen. Die Arbeit besteht im Korrekturlesen eines Textes. Nach dem Betreten des Raums, nach Beendigung der Aufgabe und nach einer sich anschließenden kurzen Pause wird ein Test durchgeführt. Die erste Messung dient als Baseline. Als Test dient die Reading Span Task, bei dem einzelne unabhängige Sätze laut gelesen und das letzte Wort, das Zielwort, erinnert werden soll. Die Lesespanne wird anhand der komplett erinnerten Zielwörter ermittelt. Das Ergebnis von Raanaas et al. war: Bei den Versuchspersonen im Raum mit Pflanzen verbesserten sich die Leistungen in dem Test zwischen der ersten und zweiten Messung und blieben dann konstant hoch, bei den Versuchspersonen im Raum ohne Pflanzen war kein Leistungsanstieg festzustellen. Das Fazit lautet, dass es sich lohnt, Pflanzen in Innenräume zu holen.

Die Erholwirkung grüner Natur wurde in vielen Experimenten und Untersuchungen in realen Umwelten nachgewiesen. Es liegt somit auf der Hand, diesen Erholeffekt vor allem in stressreichen Umwelten zu nutzen. In einer grünen Stadt können sich die Bewohner „vor Ort" erholen, sie müssen dafür nicht erst weit hinaus „ins Grüne" fahren, was schließlich auch den Freizeitverkehr verringern würde (Fuhrer und Kaiser 1994). Ein in die Zukunft weisender Grund, Natur in die Stadt zu holen oder zu belassen, ist der „Kindheitsfaktor" (Thompson et al. 2008). Wenn Kinder in ihrer Wohnumwelt Naturerfahrungen machen können, wird damit der Grundstein für eine langfristige Naturverbundenheit gelegt (Schemel 2008; Asah et al. 2018). Naturverbundenheit zu fördern, ist in einer sich immer mehr verstädternden Umwelt ein vorrangiges Anliegen.

Schlussbemerkungen

10

Die demographische und die technologische Entwicklung, die zunehmende Mobilität und sich verändernde Siedlungsstrukturen fördern einen kulturellen Wandel, der, von gesellschaftlichen Institutionen unterstützt, dem Individuum auferlegt wird (Beck 2008). Dieser Wandel läuft auf eine Hervorhebung der Daseinsform des Menschen als Einzelwesen hinaus, dessen Folge nicht allein die Betonung von Unterschiedlichkeit und individueller Besonderheit, sondern auch Vereinzelung ist. Hier sei auf Hannah Arendt (2019) verwiesen, die von atomisierten und isolierten Individuen sowie einer zunehmenden Verlassenheit gesprochen hat.

> „Verlassenheit entsteht, wenn … diese gemeinsam bewohnte Welt auseinander bricht und die miteinander verbundenen Menschen auf sich selbst zurück wirft" (S. 977).

Dem aus dieser Welt hinaus gestoßenen Menschen geht, wie es Arendt formuliert hat, der Halt verloren. Vereinzelung und der Verlust verbindlicher sozialer Normen zugunsten einer Haltung in Richtung „alles ist erlaubt" sind Folgen der Individualisierung. Die Wohnformen haben sich vervielfältigt: Man wohnt allein, man wohnt getrennt, man hat mehr als einen Wohnsitz und man teilt sich eine Wohnung, weil es für alle Beteiligten vorteilhaft ist.

Die Auflösung verbindlicher sozialer Normen ruft Unsicherheit hervor. Man schaut, was die anderen machen. Hier wirkt der von Cialdini (2001) beschriebene Mechanismus der sozialen Bewährtheit. Man schafft sich z. B. eine Sofa-Landschaft an, weil alle es so machen. Der Mensch handelt wie die vielen anderen, weil er meint, dass es so richtig sein muss. Dass der Mensch jedoch nach wie vor auch ein Sozialwesen ist, das seine Bedürfnisse nach Kontakt, Kommunikation und Zugehörigkeit befriedigen möchte, und das nicht nur danach schaut, was die anderen machen, zeigen alte und neue Formen von Gemeinschaft wie das

© Springer Fachmedien Wiesbaden GmbH, ein Teil von Springer Nature 2020   237
A. Flade, *Wohnen in der individualisierten Gesellschaft*,
https://doi.org/10.1007/978-3-658-29836-4_10

Co-Working oder Co-Living. Third Places in öffentlichen Räumen würden nicht
frequentiert werden, wenn der Mensch zum reinen Einzelwesen mutiert wäre.
Oldenburg (1999) hat das treffend zum Ausdruck gebracht:

> „We are, after all, social animals. We are an associating species whose nature is to
> share space just as we share experiences … A habitat that discourages association,
> one in which people withdraw to privacy as turtles into their shells, denies
> community" (Oldenburg 1999, S. 203).

Das Teilen von Räumen und von Erfahrungen geschieht nicht nur aus
emotionalen, sondern auch aus instrumentellen Gründen: Der Austausch von
Ressourcen und Leistungen, der zum Nutzen aller Beteiligten stattfindet, ist
ein universelles Prinzip, auf dem praktisch alle Gesellschaften beruhen (Lück
1987). Ein Motiv, warum Menschen zusammen wohnen oder Gemeinschaftlichkeit anstreben, sind die Vorteile einer wechselseitigen Unterstützung. Eine
zunehmende Vereinzelung bedeutet, dass diese Unterstützung entfällt und darüber
hinaus auch noch die Elemente: attachment, involvement und commitment, die
nach der Bindungstheorie von Hirschi (1969) den Menschen an die Gesellschaft
binden.

Ausgehend von der Gegensätzlichkeit von Wohnen im Sinne des Bleibens
an einem Ort und Mobilität als einem Nicht-Bleiben ist vermehrte Mobilität
gleichbedeutend mit weniger Wohnen. Bei einer mobilen Lebensweise bis hin
zum multilokalen Wohnen können sich räumliche und soziale Verbundenheit
(rootedness und bondedness) und Orts-Identität nur schwerlich herausbilden. Die
grundlegende Definition von Saegert (1985): *„Dwelling is the most intimate of
relationships with the environment"* (S. 288), verliert an Gültigkeit.

Auch die Ich-Identität wandelt sich, wenn auf die Frage, wer man ist, keine
Orte mehr in den Sinn kommen. Man identifiziert sich nicht mit möblierten
Apartments, die man nur temporär bewohnt, und auch nicht mit betriebsfertigen
„plug & play-places", die in ihrer standardisierten Ausführung sofort nutzbar sind, aber nicht als Objekte der Aneignung gedacht sind. Die Ich-Identität
wandelt sich auch dadurch, dass die soziale Identität, die gefühlsmäßige Zugehörigkeit zu Gruppen an Bedeutung einbüßt, wenn Vereinzelung und „Ver-
Ichung" zunehmen.

Mit der Möglichkeit mobilen Arbeitens vermischen sich – sichtbar am Home
Office – Wohn- und Arbeitsumwelten. Sowohl räumlich als zeitlich verschwindet
die Grenze zwischen den beiden Lebensbereichen. Damit hat die Wohnung, von
der Arbeitswelt her gesehen, nicht mehr die Qualität eines erholsamen Being away.

Die Individualisierung wirkt sich auch auf die Privatheit aus. Wer allein wohnt, kann sich leicht verschließen und zurück ziehen; schwieriger ist es für ihn jedoch, sich zu öffnen, Kontakt aufzunehmen und Sozialwesen zu sein. Die Wohnung, in der man allein lebt und arbeitet, verliert ihre Funktion als sozialer Ort. Man trifft sich in Cafes und sonstigen Orten im öffentlichen Raum.

> „Public places ... may enhance people's quality of life, sense of attachment, collective and social culture, mental and physical health, and sociability" (Abdulkarim und Nasar 2014, S. 805 f.).

Die Smart Home Technologie verändert das Wohnen grundlegend. Die informatorische Privatheit ist gefährdet, und der aktiv tätige Bewohner wird zum Empfänger von Dienstleistungen. In einer mit digitalem Equipment ausgestatteten Wohnung werden die Bewohner von alltäglichen Verhaltensroutinen „entlastet". Die Vita activa wird zu einer Vita passiva, wenn es kaum noch Gelegenheiten gibt, sich aktiv zu betätigen und sich die Umwelt zu eigen zu machen. Da jedoch Tätigkeiten, die in der Wohnung ausgeübt werden, deren persönliche Bedeutung mitbestimmen, ist auch hier ein Verlust zu verzeichnen: Das Wohnen ähnelt zunehmend einem extended stay. Der Mensch hat zwar ein „House", er ist aber „homeless" (Dovey 1985; van der Klis und Karsten 2009).

Unterstützt wird diese Entwicklung durch die „Kommodifizierung" und „Finanzialisierung" von Wohnraum, um eine Rendite zu erwirtschaften (Vollmer 2018). Gropius hatte bereits in den 1950er Jahren die Auffassung kritisiert, dass gebaute Umwelt nichts weiter als eine kommerzielle Ware ist.

> „Der Mensch steht in wechselseitiger Beziehung zur Natur, aber seine Macht, das natürliche Bild der Erdoberfläche zu verändern, ist so gewaltig geworden, dass sie aus einem Segen zu einem Fluch werden könnte. ... Der ursprüngliche Pflanzenwuchs und die natürlichen Unregelmäßigkeiten des Geländes werden entweder durch Unachtsamkeit, durch Geschäftsinteresse oder einfach durch Gedankenlosigkeit zerstört, weil der durchschnittliche Bauunternehmer das Land vor allem als kommerzielle Ware ansieht und sich berechtigt fühlt, ein Maximum an Profit aus ihm zu ziehen" (Gropius 1956, S. 138).

Es entstehen so nach Ansicht von Maak (2014) copy & paste-Bauten, weil diese den Investoren eine hohe Rendite einbringen. Neue Ideen könnte der experimentierende temporäre Gebrauch von im Moment nicht genutzter Räume wie z. B. städtischen Brachflächen, ehemaligen Arealen der Bahn, nicht mehr benötigtem Industrie- und Hafengelände sowie leer stehenden Fabrikgebäuden liefern (Schophaus und Kruse 2003).

Das Problem ist die wachsende Zahl an Menschen in den großen Städten. Die große Stadt ist ein overstaffed Setting:

„Overstaffing occurs when the number of participants exceeds the capacity of the system. A brief look at any city is sufficient to convince us that we are looking at an overstaffed environment" (Bell et al. 2001, S. 338).

Folgen des Overstaffing sind Anonymität, hohe soziale Dichte, Abschottung von den allzu vielen anderen und damit wiederum auch Vereinzelung, eines der Anzeichen, in denen die Individualisierung der Gesellschaft zum Ausdruck kommt. Zusammenfassend ist festzustellen: Eine verstärkte soziale Differenzierung bedeutet weniger Gemeinschaftlichkeit, verstärkte Mobilität bedeutet weniger Bleiben an einem Ort. Damit verändert sich auch das Wohnen.

Glossar

Ästhetik (aísthesis): die durch die Sinne vermittelte Erfahrung. Im Unterschied zu Nóesis, das die „geistige Erfahrung" bezeichnet

Affordanz (Aufforderungscharakter): eine implizite Gebrauchsanweisung, die Dingen und Umwelten anhaftet, die aussagt, wie man sie nutzt

Anpassungsparadigma (adaptation paradigm): eine Planungsphilosophie in der Architektur und Stadtplanung, deren oberstes Gebot Funktionalität ist, das Zusammenpassen von Raum- und Funktionsprogramm

Autonomie/Autonomiegefühl: selbst bestimmt handeln können. Eine Befindlichkeit, die das eigene Selbst mit Macht, Stärke, Einfluss, Freiheit, Ungebundenheit, Geltung, Anerkennung, Leistung und Kompetenz in Verbindung bringt

Bedürfnisse: wie Motive ein Motor und Richtungsgeber des Handelns; ein Konstrukt, mit dem erklärt wird, warum sich Menschen in einer bestimmten Weise verhalten

Beengtheit (erlebte Dichte, Engegefühle, Engestress, Crowding): der Eindruck, dass die in einem Raum herrschende Dichte ein hinzunehmendes Niveau überschreitet

Behavior Setting: ein System bestehend aus den Komponenten physisch-räumliche Umwelt (Setting, Milieu), Verhaltensprogramm (Behavior) und Teilnehmern

Betreutes Wohnen: eine Wohnform, die mit Unterstützungsleistungen gekoppelt ist, die es hilfsbedürftigen Menschen ermöglicht, in ihrer Wohnung weiterhin ein eigenständiges Leben zu führen

© Springer Fachmedien Wiesbaden GmbH, ein Teil von Springer Nature 2020
A. Flade, *Wohnen in der individualisierten Gesellschaft,*
https://doi.org/10.1007/978-3-658-29836-4

Bilbao-Effekt: die gezielte Aufwertung eines Orts durch spektakuläre Bauten wie das in der nordspanischen Stadt Bilbao von Frank O. Gehry in den 1990er Jahren gebaute Guggenheim-Museum

Bindungstheorie: die von Hirschi (1969) als „control theory of delinquency" bezeichnete Theorie, die erklärt, was Menschen davon abhält, eigennützig, unsozial und normabweichend zu handeln. Attachment, commitment, involvement und belief sind die Faktoren, die den Menschen an die Gesellschaft binden und ihn sozial handeln lassen

Defensible Space: ein räumlich kontrollierter Raum, der den Eindruck hervorruft, bei möglichen Angriffen verteidigt zu werden. Merkmale sind territoriale Kontrolle, Überschaubarkeit, das Image des Raums und die Intaktheit des angrenzenden Gebiets

Dichte: der Quotient aus Masse und Volumen. Bei der baulichen Dichte besteht die Masse aus Gebautem, bei der sozialen Dichte aus der Zahl der Menschen. Das Volumen ist der verfügbare Raum

Dichtemaße in der Stadtplanung: die Geschossflächenzahl (GFZ), definiert als Verhältnis der Summe der Geschossflächen zur Grundstücksfläche, und die Grundflächenzahl (GRZ), definiert als Verhältnis von bebauter Fläche zur Grundstücksfläche

Digitalisierung (Computerisierung): die sich immer mehr verbreitende Nutzung des Computers und des Internets in sämtlichen Lebensbereichen und politischen Handlungsfeldern und der damit einher gehende gesellschaftliche Wandel

Disorder-Theorie: Erklärung von Unsicherheitsgefühlen im öffentlichen Raum durch Wahrnehmung von Incivilities im öffentlichen Raum, die als Zeichen gedeutet werden, dass Institutionen, Kommunen und die Gesellschaft nicht mehr in der Lage sind, Ordnung herzustellen

Emotionale Reaktion: eine primäre Reaktion auf Umwelten, die noch vor der weiteren Informationsverarbeitung erfolgt. Sie ist verhaltensrelevant: Wenn eine Umwelt als angenehm erlebt wird, wendet man sich ihr zu (approach), wenn sie als unangenehm wahrgenommen wird, wendet man sich ab (avoidance), sodass diese Umwelt eine terra incognita bleibt

Emotional support animal: ein Tier, meistens Hund oder Katze, das als Kumpan des Menschen fungiert und ihn emotional unterstützt

Entfremdung: das Phänomen, dass das von vielen unbekannten Menschen umgebene Individuum die anderen nicht kennt. Der Mensch kümmert sich nicht um die Fremden und sie sich nicht um ihn

Environmental docility („Fügsamkeit" gegenüber der Umwelt): eine Mensch-Umwelt-Beziehung, in der sich der Mensch den Umweltbedingungen, die er nicht beeinflussen kann, fügen muss

Environmental past (Umweltvergangenheit): Orte, die in der Vergangenheit einmal wichtig waren. Sie sind Teil der diachronen Identität

Favourite place (Lieblimgsort): ein persönlich bedeutsamer Ort, der Autonomie, Handlungsfreiraum, Schutz, Privatheit, Entspannung und Geborgenheit bietet

Free Range: der Bereich, den Kinder unbegleitet aufsuchen können, in dem sie eigenständig handeln und Eigeninitiative entwickeln können

Gated Communites: bewachte Wohnkomplexe, in denen sich die darin Wohnenden von einer Umwelt, die sie nicht wollen, abschotten. Der Zugang wird durch hohe Zäune und Mauern versperrt, die Eingänge werden bewacht

Gelegenheitsstrukturmodell (opportunity structure paradigm): eine Planungsphilosophie in der Architektur und Stadtplanung, die im Unterschied zum Anpassungsparadigma Freiräume für individuelle Gestaltungen, Nutzungen und Umnutzungen lässt

Gentrifizierung (Gentrification): Aufwertung der Gebäude, der baulichen Infrastruktur und des Stadtviertel mit der Folge, dass die Mieten und Immobilienpreise steigen und die bisher dort Wohnenden von zahlungskräftigeren Bevölkerungsgruppen verdrängt werden

Health promoting environments: Umwelten, die förderlich für die Gesundheit und das körperliche, psychische und soziale Wohlbefinden sind

Heimat: ein Ort, mit dem ein Mensch räumlich, soziokulturell und durch die eigene Geschichte emotional verbunden ist. Heimat beinhaltet die seit der Kindheit oder seit vielen Generationen bestehende Bindung an einen Ort, mit dessen Geografie, Kultur und Geschichte

Heimweh (homesickness): ein Leiden, das bei längerer Abwesenheit von dem Ort, den man als sein Zuhause empfindet und mit dem man emotional verbunden ist, auftritt

Home Range: die Wohnumwelt bzw. der alltägliche Lebensraum eines Menschen mit der Wohnung/dem Haus im Mittelpunkt (Home Base) und der Wohnumgebung mitsamt den alltäglichen Zielorten und Wegen

Ich-Identität: eine integrierende relativ stabile psychische Struktur, welche die persönlichen Interpretationen und Bewertungen der eigenen Person umfasst und Informationen über das eigene Selbst bündelt und organisiert (synchrone Identität), sowie die Gewissheit, gestern, heute und morgen ein und derselbe Mensch zu sein (diachrone Identität). Substrukturen sind unter anderem die soziale und die Orts-Identität

Individualisierung: ein strukturelles Phänomen auf der Makroebene, das in einer Vervielfältigung gesellschaftlicher Normen zutage tritt. Abweichungen von einer bislang geltenden klar umrissenen Norm werden normal

Individualität: Begriff, mit dem der Mensch als ganzheitliches unverwechselbares Einzelwesen charakterisiert wird

Informatorische Privatheit: Kontrolle darüber, welche Informationen, die einen selbst betreffen, anderen bekannt werden

Kohärenz: Zusammenhalt, das Ausmaß, in dem die einzelnen Elemente eines Setting zueinander passen und ein stimmiges Ganzes ergeben. Kohärente werden gegenüber nicht kohärenten Umwelten bevorzugt

Komplexität: die zentrale Reizqualität, die den ästhetische Eindruck entscheidend bestimmt, formal definiert als Zahl heterogener Teileelemente in einem Setting. Je zahlreicher und unterschiedlicher diese sind, umso höher ist der Komplexitätsgrad. Bevorzugt werden Umwelten mittlerer Komplexität

Kongruenz (Passung): Zusammenpassen von Umweltmerkmalen und den Bedürfnissen und Absichten der Nutzer. Unterschieden wird zwischen funktionaler (ergonomischer), emotionaler, kognitiver und motivationaler Kongruenz

Lärm: eine negativ bewertete Geräuscheinwirkung. Während Schall ein Umweltmerkmal ist, handelt es sich beim Lärm um ein Interrelationsmerkmal

Lesbarkeit (von Umwelten): eine räumliche Struktur, die es dem Menschen leicht macht, das, was er sieht, zu verstehen und einzuordnen, sich zu orientieren und sich die Umwelt kognitiv anzueignen

Mikroapartment: eine aus einem Raum bestehende, auf eine Person zugeschnittene möblierte Ein-Zimmer-Wohnung mit Wohnbereich, Schlafecke, Küche und Bad mit einer Fläche meistens zwischen ca. 17 und 25 qm

Mingle: ein aus „Mixed" und „Single" gebildetes Kunstwort. Bezeichnung für eine Wohnung mit zwei Individualbereichen und einem gemeinsamen Wohnbereich

Mobilität: Beweglichkeit. Wie mobil bzw. beweglich ein Mensch ist, hängt von individuellen Merkmalen (körperliche Fitness, Verfügbarkeit über Verkehrsmittel usw.) und von den Umweltbedingungen (Verkehrsinfrastruktur, Entfernungen usw.) ab

Mobilitätsmotive: Transport- und Extramotive. Bei den Transportmotiven ist Mobilität existenzsichernd. Die Extra-Motive sind „extra", aus Gründen des Transports von Personen und Gütern sind sie nicht erforderlich

Multilokales Wohnen: Wechseln zwischen mehreren Wohnorten, die in mehr oder weniger großen zeitlichen Abständen für einige Zeit bewohnt werden

Mystery: das Vorhandensein verborgener Information in einer Umwelt, das zur aktiven Erkundung motiviert, um das nicht direkt Sichtbare zutage zu fördern. Mystery ist wie Komplexität eine zentrale Reizqualität, die den ästhetischen Eindruck bestimmt

Nachbarschaft: eine soziale Gruppe, die durch die gemeinsame Wohnumgebung entsteht. Aspekte von Nachbarschaft sind: wechselseitige Unterstützung, Konflikte, emotionale Bindungen und weak social ties

Obdachlose: Personen ohne Mietvertrag, die in Notunterkünften, Übergangswohnungen und unzureichenden Behausungen, Anstalten, Asylen und Frauenhäusern leben

Orts-Identität: eine Substruktur der Ich-Identität, die in der Nennung von Orten auf die Frage: „Wer bin ich?" zutage tritt

Ortsverbundenheit (place attachment): die gefühlsmäßige Anhänglichkeit eines Menschen an einen Ort. Es ist eine Bindung an eine physisch-räumliche Umwelt (rootedness) und/oder an die dort lebenden Menschen (bondedness)

Overload: Reiz- und Informationsüberflutung, die Stress verursacht. Die Folge ist, dass sensorische Reize und Informationen, die persönlich weniger wichtig sind, ausgeblendet werden

Overstaffing: der Zustand, wenn sich in einem Behavior Setting zu viele Teilnehmer befinden. Dadurch wird das zu dem Setting gehörende Verhaltensprogramm beeinträchtigt

Planungsphilosophien: Paradigmen bzw. implizite Leitbilder die den Entwürfen von Wohnungen, Häusern, Wohnumgebungen, Stadtteilen und Städten zugrunde liegen

Postmoderne Architektur: Ablehnung eines dogmatischen Verbindlichkeitsanspruchs im Bereich der Architektur und Stadtplanung zugunsten einer pluralistische Grundhaltung. Typisch sind Collagen von Stilen

Privatheit: der Prozess der Kontrolle der Grenze zwischen dem eigenen Selbst und den anderen, wobei die Grenze physisch-räumlich oder informatorisch sein kann

Prospect-Refuge-Theorie: die Annahme, dass Unsicherheitsgefühle in öffentlichen Räumen durch mangelnde Übersichtlichkeit und durch Fehlen von Refugien (Schutzräumen) entstehen

Psychische Wohnungslosigkeit: Leben in einem unpersönlichen House statt in einem persönlich bedeutsamen Home. Ein Mensch ohne Home (Zuhause) ist im psychologischen Sinne „homeless"

Restorative environment: eine erholsame Umwelt, deren Erholpotential auf vier Faktoren beruht: Being away, Faszination, Weite (statt Beengtheit) und Kompatibilität

Retail gentrification: Ausrichtung des Angebots im gentrifizierten Stadtteil auf den Lebensstil der neu hinzu gezogenen finanziell gut gestellten Wohnbevölkerung

Self disclosure: ein freiwilliges Sich öffnen und Weitergeben persönlicher Informationen an andere. Ein spezifisches self disclosure ist der in Online-Befragungen zu beobachtende online disinhibition effect: Menschen geben mehr von sich preis als in traditionellen mündlichen oder schriftlichen Befragungen

Semantischer Raum: ein dreidimensionaler Raum mit den Dimensionen Valenz, Aktivierung und Dominanz, in den sich Gefühle, affektive Qualitäten von Umwelten und die Gestimmtheit von Räumen einordnen, beschreiben und quantifizieren lassen

Sensorische Deprivation: Erfahrungen in extrem reizarmen Umwelten, in denen die Sinne nicht aktiviert werden und es der Mensch nicht lange aushält, ohne psychisch aus dem Gleichgewicht zu geraten

Setting (Milieu, Umgebung): spezifische Umwelt, Umweltausschnitt

Smart City: eine auf Technik basierende, digital gesteuerte Stadt, die hohe Effizienz und ein optimales Management des Stadtverkehrs, der Infrastruktur und der Organisation städtischer Ressourcen und Aufgaben verheißt

Smart Home: eine Wohnung, die mit einem dichten Netz von Sensoren ausgestattet ist, die Geräusche, Gerüche, Bewegungen, Temperaturen und Lichtverhältnisse erfassen, und in der bestimmte Tätigkeiten von digitalen Geräten und Robotern übernommen werden

Soziale Bewährtheit: Menschen schauen insbesondere in unbestimmten Situationen, in denen sie nicht sicher sind, was richtig ist, darauf, was andere tun in der Meinung, dass es nicht falsch sein kann, wenn viele etwas richtig finden

Sozialkapital: eine Ressource, die in Gruppen gebildet wird, die bewirkt, dass die Gruppe effizienter ist und mehr erreichen kann als ein Mensch allein

Social design: eine Gestaltung von Dingen und Räumen, die sich an den Bedürfnissen der Nutzer orientiert. Das Gegenteil ist das formalistic design, eine formal-ästhetische Gestaltung gebauter Umwelt ohne Bezug auf die Nutzer

Sozialisation: der Vorgang, durch den das heranwachsende Individuum Mitglied einer Gesellschaft wird und die in ihr vorgeschriebenen Rollen, Normen und Gebräuche übernimmt

Social trap (soziale Falle): eine Situation, bei der diejenigen, die den Nutzen haben (z. B. die Autofahrer von einer Schnellstraße), andere sind als diejenigen, die den Schaden haben (z. B die Bewohner an der Schnellstraße), oder in der kurzfristig Gewinne erzielt werden, was sich langfristig als schädlich erweist

Soziofugal: eine die Kommunikation erschwerende Konstellation bzw. Sitzanordnung

Soziopetal: eine kommunikationsfördernde Konstellation bzw. Sitzanordnung

Stadtentwicklung: ein Sammelbegriff für vielfältige Prozesse der geplanten und ungeplanten Transformation von räumlichen Bereichen, von Bevölkerungs- und Arbeitsplatzstrukturen, von Freiflächen, des Stadtumbaus, der Suburbanisierung, der Gentrification, der Deindustrialisierung und der Revitalisierung

Stadtplanung: ein systematisches Vorgehen auf verschiedenen räumlichen Maßstabsebenen mit über längere Zeiträume hinweg reichenden Zielen zur Stadtgestaltung

Staffing theory: Aussagen über die passende Zahl an Teilnehmern in einem Behavior Setting. „Capacity" ist die maximale Zahl, um ein Behavior Setting aufrecht zu erhalten, das „maintenance minimum" ist die Mindestzahl

Stress: ein Zustand, der sich bei Gefährdungen, Belastungen und Herausforderungen einstellt und in emotionalen, vegetativen und hormonalen Symptomen zutage tritt, und der Prozess, um den Stress zu bewältigen

Symbolische Ästhetik: eine Erklärung, warum Dinge und Umwelten nicht allein aus formalen sondern auch aus inhaltlichen Gründen, z. B. weil sie Erinnerungen wachrufen und bestimmte Assoziationen auslösen, positiv bewertet werden

Territorial functioning: eine differenzierte intakte räumliche Struktur, in der unterschiedliche Arten von Territorien in einem ausgewogenen Verhältnis zueinander stehen, sowie die dazu passenden Vorstellungen über deren Zugänglichkeit, Nutzungsrecht und Art der Nutzung

Territorialität: das Phänomen, dass eine Person oder Gruppe gegenüber anderen Personen oder Gruppen die Verfügbarkeit über Räume für sich reklamiert. Differenziert wird zwischen primären, sekundären und öffentlichen (tertiären) Territorien

Theorien: gedankliche Werkzeuge, mit denen empirische Phänomene durch Bezug auf eine relativ kleine Zahl abstrakter Konzepte erklärt werden

Third Places: besuchenswerte und gern aufgesuchte Treffpunkte und soziale Orte im öffentlichen Raum. Synonyme sind community gathering places, livable streets, lively streets

Umweltästhetik: die sinnliche Wahrnehmung der Umwelt und die Bewertung des Wahrgenommenen als schön oder nicht schön

Umweltaneignung (individuell-psychologisch): ein auf die Umwelt gerichtetes Handeln des Menschen. Bei der faktischen Umweltaneignung wird die Umwelt sichtbar verändert, bei der kognitiven Umweltaneignung wird die Umwelt mental abgebildet, es entsteht eine cognitive map, die Umwelt bleibt gleich

Umweltkontrolle: die Möglichkeit, die Umwelt beeinflussen zu können. Umweltkontrolle ist eine Voraussetzung für Privatheit und Umweltaneignung

Urbanisierung: Verbreitung städtischer Lebensformen

Urbanität: ein Mix aus physisch-räumlichen Settings, sozialen Strukturen und Organisationsformen, individuellen Haltungen und Vorstellungen über sie Stadt und das städtische Leben

Verkehr: die Summe der individuellen Fortbewegungen an einem bestimmten Ort zu einem bestimmten Zeitpunkt

Verstädterung: Zunahme der Einwohnerzahl in Städten, bauliche Verdichtung und eine fortschreitende Heterogenität der Stadtbevölkerung

Wahrnehmungsraum: der sinnlich erfassbare Raum

Wohlbefinden (wellbeing): eine positive kognitive und affektive Bewertung des eigenen Lebens; die wahrgenommene Lebensqualität, die körperliches, psychisches und soziales Wohlbefinden beinhaltet

Wohnqualität (objektiv): eine objektive Bewertung der Umwelt auf der Grundlage standardisierter Verfahren und fachlichen Wissens

Wohnqualität (subjektiv): eine subjektive Bewertung der Wohnumwelt durch die Bewohner auf der Grundlage ihres Erfahrungswissens

Wohnumwelt: das Insgesamt von Wohnung und Wohnumgebung, wobei die Grenzen der Wohnumgebung individuell unterschiedlich sind

Wohnungslosigkeit: umfassender Begriff, der die relative und die absolute Wohnungslosigkeit einschließt. Menschen, die in Notunterkünften, Übergangswohnungen und unzureichenden Behausungen, Anstalten, Asylen und Frauenhäusern leben und keinen Mietvertrag haben, sind Obdachlose. Menschen, die umherziehen und im Freien nächtigen, sind Nichtsesshafte

Wohnzufriedenheit: ein subjektives Abbild der Umwelt, das auf ausgewählten Merkmalen beruht, die bewertet werden; ein Konstrukt, das kognitive, affektive und Verhaltensaspekte enthält

Zwei-Sphären-Modell: Bezeichnung einer raumbezogenen geschlechtstypischen Konstellation, die zunehmend an Gültigkeit verliert: der Mann ist außer Haus tätig und dadurch mit dem öffentlichen Leben verbunden, die Frau ist Hausfrau, Hüterin des Heims und der Kinder

Zufriedenheitsparadox: die Diskrepanz zwischen objektiver und erlebter Qualität: Die Bewohner sind trotz objektiv hoher Qualität mit ihrer Wohnumwelt und Lebenslage unzufrieden bzw. trotz objektiv schlechter Qualität zufrieden

Literatur

Abdulkarim, D., & Nasar, J. L. (2014). Do seats, food vendors, and sculptures improve plaza visitability? *Environment and Behavior, 46,* 805–825.

Ajzen, I. (1991). The theory of planned behavior. *Organizational Behavior and Human Decision Processes, 50,* 179–211.

Allen, V. L. (1984). Toward an understanding of the hedonic component of vandalism. In C. Levy-Leboyer (Hrsg.), *Vandalism* (S. 77–89). Amsterdam: North Holland Press.

Allen, V. L., & Greenberger, D. B. (1978). An aesthetic theory of vandalism. *Crime & Delinquency, 24,* 309–321.

Allesch, C. G. (2006). *Einführung in die psychologische Ästhetik.* Wien: WUV.

Altman, I. (1975). *The environment and social behavior.* Montery: Brooks/Cole.

Altman, I., & Chemers, M. (1980). *Culture and environment.* Montery: Brooks/Cole.

Alpert, J. I., & Alpert, M. I. (1990). Music influences on mood and purchase intentions. *Psychology and Marketing, 7*(2), 109–133.

Altus, D. E., & Mathews, R. M. (2000). Examining satisfaction of older home owners with intergenerational home sharing. *Journal of Clinical Geropsychology, 6,* 139–147.

Amérigo, M., & Aragonés, J. I. (1990). Residential satisfaction in council housing. *Journal of Environmental Psychology, 10,* 313–325.

Amérigo, M., & Aragonés, J. I. (1997). A theoretical and methodological approach to the study of residential satisfaction. *Journal of Environmental Psychology, 17,* 47–57.

Anderson, J. R., & Weidemann, S. (1997). Developing and utilizing models of resident satisfaction. In G. T. Moore & R. W. Marans (Hrsg.), *Advances in environment, behavior and design* (Bd. 4, S. 287–314). New York: Plenum.

Anthony, K. H. (1984). Moving experiences: memories of favorite homes. In D. Duerk & D. Campbell (Hrsg.), *The challenge of diversity* (S. 141–149). Washington, DC: Environmental Design Research Association.

Anton, C. E., & Lawrence, C. (2014). Home is where the heart is: The effect of place of residence on place attachment and community participation. *Journal of Environmental Psychology, 40,* 451–461.

Appleyard, D., & Lintell, M. (1972). The environmental quality of city streets: The resident's viewpoint. *Journal of the American Institute of Planners, 38*(2), 84–101.

© Springer Fachmedien Wiesbaden GmbH, ein Teil von Springer Nature 2020   251
A. Flade, *Wohnen in der individualisierten Gesellschaft,*
https://doi.org/10.1007/978-3-658-29836-4

Aragonés, J. I., Francescato, G., & Gärling, T. (2002). Evaluating residential environments. In J. I. Aragonés, G. Francescato & T. Gärling (Hrsg.), *Residential environments* (S. 1–13). London: Bergin & Garvey.

Arbeitsgemeinschaft Baden Württembergischer Bausparkassen (Hrsg.). (2000). *Gelungene Siedlungen – attraktive Wohnquartiere – lebendige Nachbarschaft.* Schwäbisch Hall.

Arendt, H. (2019). *Elemente und Ursprünge totaler Herrschaft* (21. Aufl.). München: Piper Verlag.

Asah, S. T., Bengston, D. N., Westphal, L. M., & Gowan, C. H. (2018). Mechanisms of children's exposure to nature: Predicting adulthood environmental citizenship and commitment to nature-based activities. *Environment and Behavior, 50,* 807–836.

Baba, Y., & Austin, D. M. (1989). Neighborhood environmental satisfaction, victimization, and social participation as determinants of perceived neighborhood safety. *Environment and Behavior, 21,* 763–780.

Banning, J. H., et al. (2010). Special places for students: Third place and restorative place. *College Student Journal, 44*(4), 906–912.

Basu, A., Duvall, J., & Kaplan, R. (2019). Attention restoration theory. Exploring the role of soft fascination and mental bandwith. *Environment and Behavior, 51,* 1055–1081.

Bassuk, E., Rubin, L., & Lauriat, A. S. (1986). Characteristics of sheltered homeless families. *American Journal of Public Health, 76,* 1097–1101.

Bassuk, E., Buckner, J. C., Weinreb, L. F., Browne, A., Bassuk, S. S., Dawson, R., & Perloff, J. M. (1997). Homelessness in female headed families: childhood and adult risk and protective factors. *American Journal of Public Health, 87,* 241–248.

Bauriedl, S. (2018). Smart-City-Experimente. Normierungseffekte in Reallaboren. In S. Bauriedl & A. Strüver (Hrsg.), *Smart City. Kritische Perspektiven auf die Digitalisierung in Städten* (S. 75–85). Bielefeld: transcript.

Bauriedl, S., & Strüver, A. (Hrsg.). (2018). *Smart City. Kritische Perspektiven auf die Digitalisierung in Städten.* Bielefeld: transcript.

Bechtel, R. B. (1997). *Environment and behavior. An introduction.* Thousand Oaks: Sage.

Beck, U. (1983). Jenseits von Stand und Klasse? Soziale Ungleichheiten, gesellschaftliche Individualisierungsprozesse und die Entstehung neuer sozialer Formationen und Identitäten. In R. Kreckel (Hrsg.). Soziale Ungleichheiten. *Soziale Welt, Sonderband, 2,* 35–74.

Beck, U. (2008). Jenseits von Klasse und Nation. Individualisierung und Transnationalisierung sozialer Ungleichheiten. *Soziale Welt, 59,* 302–325.

Bell, P. A., Greene, T. C., Fisher, J. D., & Baum, A. (2001). *Environmental psychology* (5. Aufl.). Fort Worth: Harcourt College Publishers.

Bergler, R. (2009). *Heimtiere. Gesundheit und Lebensqualität.* Regensburg: S. Roderer Verlag.

Berlyne, D. E. (1971). *Aesthetics and psychobiology.* New York: Appleton-Century-Crofts.

Berto, R. (2005). Exposure to restorative environments helps restore attentional capacity. *Journal of Environmental Psychology, 25,* 249–259.

Beyer, R., Gerlach, R., van der Meer, E., Reichmayr, R., & Türke, J. (2006). Charakteristik einer Metropole aus psychologischer Perspektive – das Beispiel Berlin. *Umweltpsychologie, 10*(2), 32–54.

Bierhoff, H. W. (2002). *Einführung in die Sozialpsychologie.* Weinheim: Beltz Verlag.

Billig, M. (2006). Is my home my castle? Place attachment, risk perception, and religious faith. *Environment and Behavior, 38,* 248–265.

Bischof, N. (1996). *Das Kraftfeld der Mythen.* München: Piper.

Bischof, N. (2012). *Moral. Ihre Natur, ihre Dynamik und ihr Schatten.* Köln: Böhlau Verlag.

Blaison, C., Gebauer, J. E., Gollwitzer, M., Schott, F., Kastendieck, T. M., & Hess, U. (2018). On the combined influence of attractive and unattractive locations on the surroundings. *Environment and Behavior, 50,* 974–974.

Boekholt, H. (1997). Eingangsbereiche von Hochhäusern umgebaut. Pförtnerlogen schaffen Kontakt und Sicherheit. *Die Wohnungswirtschaft, 9,* 582–585.

Böltken, F., Schneider, N., & Spellerberg, A. (1999). Wohnen – Wunsch und Wirklichkeit. *Informationen zur Raumentwicklung, 2,* 141–156.

Bollnow, O. F. (1963). *Mensch und Raum.* Stuttgart: Kohlhammer.

Boesch, E. E. (1998). *Sehnsucht. Von der Suche nach Glück und Sinn.* Bern: Hans Huber Verlag.

Bonaiuto, M., Aiello, A., Perugini, M., Bonnes, M., & Ercolani, A. P. (1999). Multidimensional perception of residential environment quality and neighborhood attachment in the urban environment. *Journal of Environmental Psychology, 19,* 331–352.

Boomsma, C., & Steg, L. (2014). Feeling safe in the dark: Examining the effect of entrapment, lighting levels, and gender on feelings of safety and lighting policy acceptability. *Environment and Behavior, 46,* 193–212.

Breuer, B. (2003). Öffentlicher Raum – ein multidimensionales Thema. *Informationen zur Raumentwicklung, Heft, 1*(2), 5–13.

Bronfenbrenner, U. (1996). Ökologische Sozialisationsforschung. In L. Kruse, C. F. Graumann & E.-D. Lantermann (Hrsg.), *Ökologische Psychologie. Ein Handbuch in Schlüsselbegriffen* (S. 76–79). Weinheim: Psychologie Verlags Union.

Bronzaft, A. L. (2002). Noise pollution: A hazard to physical and mental well-being. In R. B. Bechtel & A. Churchman (Hrsg.), *Handbook of environmental psychology* (S. 499–510). New York: Wiley.

Brown, B. B. (1987). Territoriality. In D. Stokols & I. Altman (Hrsg.), *Handbook of environmental psychology* (S. 505–531). New York: Wiley.

Brown, B. B., & Bentley, D. L. (1993). Residential burglars judge risk: The role of territoriality. *Journal of Environmental Psychology, 13,* 51–61.

Brown, G., Brown, B. B., & Perkins, D. D. (2004). New housing as neighborhood revitalization. Place attachment and confidence among residents. *Environment and Behavior, 36,* 749–775.

Brown, B. B., Perkins, D. D., & Brown, G. (2003). Place attachment in a revitalizing neighborhood: Individual and block levels of analysis. *Journal of Environmental Psychology, 23,* 259–271.

Brown, B. B., Perkins, D. D., & Brown, G. (2004). Incivilities, place attachment and crime: Block and individual effects. *Journal of Environmental Psychology, 24,* 359–371.

Brown, B. B., & Werner, C. M. (2011). The residents' benefits and concerns before and after a new rail stop: do residents get what they expect? *Environment and Behavior, 43,* 789–806.

Bruin, M. J., & Cook, C. C. (1997). Understanding constraints and residential satisfaction among low-income single-parent families. *Environment and Behavior, 29,* 532–553.

Bundesinstitut für Bevölkerungsforschung (2018). *Pendelmobilität in Deutschland.* Wiesbaden.

Bundesministerium für Raumordnung, Bauwesen und Städtebau (1995). *Planen, Bauen, Erneuern.* Bürgerinformationen zum Städtebaurecht. Bonn.

Bundesministerium für Umwelt, Naturschutz, Bau und Reaktorsicherheit, & Umweltbundesamt (2017). *Umweltbewusstsein in Deutschland 2016. Ergebnisse einer repräsentativen Bevölkerungsumfrage.* Berlin.

Bundesministerium für Verkehr und digitale Infrastruktur (Hrsg.). *Verkehr in Zahlen 2017/18; 2014/15.* Hamburg: DVV Media Group.

Bunston, T., & Breton, M. (1992). Homes and homeless women. *Journal of Environmental Psychology, 12,* 149–162.

Canter, D. (1969). An intergroup comparison of connotative dimensions in architecture. *Environment and Behavior, 1,* 37–48.

Carvalho, M., George, R. V., & Anthony, K. H. (1997). Residential satisfaction in condomínios exclusivos (Gate-Guarded Neighborhoods) in Brazil. *Environment and Behavior, 29,* 734–768.

Chawla, L. (1991). Homes for children in a changing society. In E. H. Zube & G. T. Moore (Hrsg.), *Advances in environment, behavior and design* (Bd. 3, S. 188–228). New York: Plenum.

Cherulnik, P. D. (1993). *Applications of environment-behavior research. Case studies and analysis.* Cambridge: Cambridge University Press.

Cherulnik, P., & Wilderman, S. (1986). Symbols of status in urban neighborhoods. *Environment and Behavior, 18,* 604–622.

Chipuer, H. M., & Pretty, G. M. H. (1999). A review of the sense of community index: current uses, factor structure, reliability, and further development. *Journal of Community Psychology, 27,* 643–658.

Christian, H., Zubrick, S. R., Knuiman, M., Nathan, A., Foster, S., Villanueva, K., & Giles-Corti, B. (2017). Nowhere to go and nothing to do but sit? Youth screen time and the association with access to neighborhood destinations. *Environment and Behavior, 49,* 84–108.

Churchman, A., & Ginsberg, Y. (1884). The image and experience of high rise housing in Israel. *Journal of Environmental Psychology, 4,* 27–41.

Cialdini, R. B. (2001). *Die Psychologie des Überzeugens* (3. Aufl.). Bern: Verlag Hans Huber.

Cohen, D. A., Han, B., Kraus, L., & Rohm Young, D. (2018). The contribution of the built environment to physical activity among young women. Environment *and Behavior,* 1–17 (online first).

Cohen, S., Glass, D. G., & Singer, J. E. (1973). Apartment noise, auditory discrimination and reading ability in children. *Journal of Experimental Social Psychology, 9,* 407–422.

Collis, G. M., & McNicholas, J. (1998). A theoretical basis for health benefits of pet ownership. In C. C. Wilson & D. C. Turner (Hrsg.), *Companion animals in human health* (S. 105–122). Thousand Oaks: Sage.

Conversations-Lexikon (1866). *Heimat* (11. Aufl., Bd. 7, S. 763–764). Leipzig: F. A. Brockhaus.

Cooper, Marcus C. (1995). *House as a mirror of self. Exploring the deeper meaning of home.* Berkeley: Conari Press.

Cooper Marcus, C., & Barnes, M. (1999). Introduction. Historical and cultural perspective on healing gardens. In C. Cooper Marcus & M. Barnes (Hrsg.), *Healing gardens. Therapeutic benefits and design recommendations* (S. 1–26). New York: Wiley.

Crump, J. P. (2003). Finding a place in the county. Exurban and suburban development in Sonoma County, California. *Environment and Behavior, 35,* 187–202.

Danigelis, N. L., & Fengler, A. P. (1990). Homesharing: How social exchange helps elders live at home. *Gerontologist, 30,* 162–170.

Datenreport (2016, 2018). *Herausgegeben vom Statistischen Bundesamt (Destatis) & Wissenschaftszentrum Berlin für Sozialforschung (WZB) in Zusammenarbeit mit Das Sozio-oekonomische Panel (SOEP) am Deutschen Institut für Wirtschaftsforschung (DIW Berlin).* Bonn: Bundeszentrale für politische Bildung.

Dazkir, S. S., & Read, M. A. (2012). Furniture forms and their influence on our emotional responses toward interior environments. *Environment and Behavior, 44,* 722–734.

Deegener, G. (1996). *Psychische Folgeschäden nach Wohnungseinbruch. Mainzer Schriften zur Situation von Kriminalitätsopfern.* Mainz: WEISSER RING Verlag GmbH.

Der Spiegel Wissen (2019). „Manchmal habe ich Sorge, dass ich zu wenig helfe", aufgezeichnet von Antonia Kellorns, Heft 1/2019, S. 111

Dethlefsen, R. (1911). Bauernhäuser u. Holzkirchen in Ostpreußen. Mit Unterstützung der Kgl. Preuß. Staatsregierung u. des Prov.-Verb. Ostpreußen Berlin, Tafel 17 Ermland. Berlin: Ernst Wasmuth.

Deutscher Bundestag (2018). *Siebter Bericht zur Lage der älteren Generation in der Bundesrepublik Deutschland.* Drucksache 18/10210. Berlin.

Devlin, A. S., Donovan, S., Nicolov, A., Nold, O., & Zandan, G. (2008). Residence hall architecture and sense of community. Everything old is new again. *Environment and Behavior, 40,* 487–521.

Dieckmann, F. (1998). Nutzerorientierte Programmentwicklung. In F. Dieckmann, A. Flade, R. Schuemer, G. Ströhlein & R. Walden (Hrsg.), *Psychologie und gebaute Umwelt. Konzepte, Methoden, Anwendungsbeispiele* (S. 117–143). Darmstadt: Institut für Wohnen und Umwelt.

Dieckmann, F., Flade, A., Schuemer, R., Ströhlein, G., & Walden, R. (1998). Umweltpsychologische Konzepte. In F. Dieckmann, A. Flade, R. Schuemer, G. Ströhlein & R. Walden (Hrsg.), *Psychologie und gebaute Umwelt. Konzepte, Methoden, Anwendungsbeispiele* (S. 45–73). Darmstadt: Institut Wohnen und Umwelt.

Diener, E., Oishi, S., & Lucas, R. E. (2003). Personality culture, and subjective well-being: emotional and cognitive evaluations of life. *Annual Review of Psychology, 54,* 403–425.

Dittrich-Wesbuer, A., Föbker, S., & Sturm, G. (2015). Multilokales Wohnen: Empirische Befunde zur Verbreitung in Deutschland. In P. Weichhart & P. A. Rumpolt (Hrsg.), *Mobil und doppelt sesshaft. Studien zur residentiellen Multilokalität* (S. 121–143). Wien: Institut für Geographie und Regionalforschung der Universität Wien.

Döring, N. (2008). Mobilkommunikation: Psychologische Nutzungs- und Wirkungsdimensionen. In B. Batinic & M. Appel (Hrsg.), *Medienpsychologie* (S. 219–239). Heidelberg: Springer Medizin Verlag.

Dovey, K. (1985). Home and homelessness. In I. Altman & C. M. Werner (Hrsg.), *Home environments* (S. 33–64). New York: Plenum.

Easthope, H. (2004). A place called home. *Housing, Theory and Society, 21,* 128–138.

Egermann, H., & Kreutz, G. (2018). Emotionen und ästhetische Gefühle. In A. C. Lehmann & R. Kopiez (Hrsg.), *Handbuch Musikpsychologie* (S. 617–640). Bern: Hogrefe.

Ensign, J. (1998). Health issues of homeless youth. *Journal of Social Distress and the Homeless, 7,* 159–174.

Eurelings-Bontekoe, E. H. M., Brouwers, E. P. M., & Verschuur, M. J. (2000). Homesickness among foreign employees of a multinational high-tech company in the Netherlands. *Environment and Behavior, 32,* 443–456.

Evans, G. W., & Jacobs, S. V. (1982). Air pollution and human behaviour. *Journal of Social Issues, 37,* 95–125.

Evans, G. W., & Lepore, S. J. (1993). Household crowding and social support: A quasi experimental analysis. *Journal of Personality and Social Psychology, 65,* 308–316.

Evans, G. W., Lepore, S. J., & Schroeder, A. (1996). The role of interior design elements in human responses to crowding. *Journal of Personality and Social Psychology, 70,* 41–46.

Evans, G. W., Maxwell, L. E., & Hart, B. (1999). Parental language and verbal responsiveness to children in crowded homes. *Developmental Psychology, 35,* 1020–1023.

Evans, G. W., & McCoy, J. M. (1998). When buildings don't work: The role of architecture in human health. *Journal of Environmental Psychology, 18,* 85–94.

Evans, G., Rhee, E., Forbes, C., Allen, K. M., & Lepore, S. J. (2000). The meaning and efficacy of social withdrawal as a strategy for coping with chronic residential crowding. *Journal of Environmental Psychology, 20,* 335–342.

Evans, G. W., Ricciuti, H. N., Hope, S., Schoon, I., Bradley, R. H., Corwyn, R. F., & Hazanet, C. (2010). Crowding and cognitive development. The mediating role of maternal responsiveness among 36-months–old children. *Environment and Behavior, 42,* 135–148.

Evans, G. W., Saegert, S., & Harris, R. (2001). Residential density and psychological health among children in low-income families. *Environment and Behavior, 33,* 165–180.

Evans, G., & Stecker, R. (2004). Motivational consequences of environmental stress. *Journal of Environmental Psychology, 24,* 143–165.

Evans, G. W., Wells, N. M., Chan, H.-Y., & Saltzman, H. (2000). Housing quality and mental health. *Journal of Consulting and Clinical Psychology, 68,* 526–530.

Evans, G. W., Wells, N. M., & Moch, A. (2003). Housing and mental health: A review of the evidence and a methodological and conceptual critique. *Journal of Social Issues, 59,* 475–500.

Feldman, R. M. (1996). Constancy and change in attachments to types of settlements. *Environment and Behavior, 28,* 419–445.

Félonneau, M.-L. (2004). Love and loathing of the city: Urbanophilia and urbanophobia, topological identity and perceived incivilities. *Journal of Environmental Psychology, 24,* 43–52.

Feng, Z., & Boyle, P. (2014). Do long journeys to work have adverse effects on mental health? *Environment and Behavior, 46,* 609–625.

Fensterbusch, C. (1996). *Vitruv. Zehn Bücher über Architektur.* Darmstadt: Primus Verlag.

Festinger, L., Schachter, S., & Back, K. (1950). *Social pressures in informal groups.* Stanford: Stanford University Press.

Finlay, J., Franke, T., McKay, H., & Sims-Gould, J. (2015). Therapeutic landscapes and wellbeing in later life: Impacts of blue and greenspaces for older adults. *Health & Place, 34,* 97–106.

Fischer, M., & Stephan, E. (1996). Kontrolle und Kontrollverlust. In L. Kruse, C. F. Graumann & E.-D. Lantermann (Hrsg.), *Ökologische Psychologie. Ein Handbuch in Schlüsselbegriffen* (S. 166–175). Weinheim: Psychologie Verlags Union.

Fisher, B. S., & Nasar, J. L. (1992). Fear of crime in relation to three exterior site features. Prospect, refuge, and escape. *Environment and Behavior, 24,* 35–65.

Flade, A. (1984). Das Konzept der Bedeutung bei Osgood. In A. von Eye & W. Marx (Hrsg.), *Semantische Dimensionen* (S. 33–43). Göttingen: Hogrefe.

Flade, A. (2005). Wohnbedingungen und kindliche Entwicklung. *Frühe Kindheit, 2,* 8–13.

Flade, A. (2006). *Wohnen psychologisch betrachtet.* Bern: Hans Huber Verlag.

Flade, A. (2013). *Der rastlose Mensch. Konzepte und Erkenntnisse der Mobilitätspsychologie.* Wiesbaden: Springer.

Flade, A. (2016). Verringerung der sozialen Kosten des Verkehrs: Stressfreie Mobilität inmitten eines sozial- und umweltverträgliche Verkehrs. In O. Schwedes, W. Canzler & A. Knie (Hrsg.), *Handbuch Verkehrspolitik* (2. Aufl., S. 473–494). Wiesbaden: Springer VS.

Flade, A. (2016). Smart gleich nutzergerecht? Die Smart City psychologisch betrachtet. *Transforming Cities, 1,* 26–29.

Flade, A. (2017). *Third Places – Reale Inseln in der virtuellen Welt. Ausflüge in die Cyberpsychologie.* Wiesbaden: Springer.

Flade, A., Greiff, R., & Kustor, B. (1996). *Familienfreundlicher Städtebau.* Wiesbaden: Herausgegeben vom Hessischen Ministerium für Wirtschaft, Verkehr und Landesentwicklung.

Flade, A., Kröning, W., & Schuster, K. (1992). *Familiengerechtes Wohnen im Geschoßwohnungsbau. Überarbeitete Fassung.* Darmstadt: Institut Wohnen und Umwelt.

Flade, A., & Lohmann, G. (2004). Wohnen in Passivhäusern. Ein umweltpsychologischer Ansatz. Umweltpsychologie, 8. *Heft, 1,* 66–83.

Fornara, F., Bonaiuto, M., & Bonnes, M. (2010). Cross-validation of abbreviated perceived residential environment quality (PREQ) and neighborhood attachment (NA) indicators. *Environment and Behavior, 42,* 171–196.

Foster, S., Giles-Corti, B., & Knuiman, M. (2014). Does fear of crime discourage walkers? A social-ecological exploration of fear as a deterrent to walking. *Environment and Behavior, 46,* 698–717.

Francescato, G., Weidemann, S., & Anderson, J. (1989). Evaluating the built environment from the users' point of view: an attitudinal model of residential satisfaction. In W. F. E. Preiser (Hrsg.), *Building evaluation* (S. 181–198). New York: Plenum.

Franck, K. A. (1989). Overview of collective and shared housing. In K. A. Franck & S. Ahrentzen (Hrsg.), *New households, new housing* (S. 3–19). New York: Van Nostrand Reinhold.

Franck, K. A., & Paxson, L. (1989). Women and urban public space. In I. Altman & E. H. Zube (Hrsg.), *Human behavior and environment* (S. 121–146). New York: Plenum.

Frantz, C., Mayer, F. S., Norton, C., & Rock, M. (2005). There is no „I" in nature: The influence of self-awareness on connectedness to nature. *Journal of Environmental Psychology, 25,* 427–436.

Freud, S. (1914). *Zur Einführung des Narziβmus. Gesammelte Werke (X).* Frankfurt: Fischer. https://portal.hogrefe.com/dorsch/narzissmus-psychoanalytische-perspektive/

Frey, D., Dauenheimer, D., Parge, O., & Haisch, J. (1993). Die Theorie sozialer Vergleichsprozesse. In D. Frey (Hrsg.), *Kognitive Theorien der Sozialpsychologie* (S. 81–122). Bern: Huber.

Frey, D., Greitemeyer, T., & Fischer, P. (2005). Einstellungen. In D. Frey, L. von Rosenstiel & C. Graf Hoyos (Hrsg.). *Wirtschaftspsychologie* (S. 55–60). Weinheim: Beltz/PVU.

Frie, E. (2017). *Die Geschichte der Welt.* München: Beck.

Fried, M. (1963). Grieving for a lost home: Psychological costs of relocation. In L. J. Duhl (Hrsg.), *The urban condition* (S. 151–171). New York: Basic Books.

Friedrichs, J., & Blasius, J. (2000). *Leben in benachteiligten Wohngebieten.* Opladen: Leske + Budrich.

Fritz-Haendeler, R. (1985). Verdichteter Wohnungsbau– zwei Schritte nach vorn und einen zurück. Überlegungen zu neuen Wohn- und Siedlungsformen. In W. Kabisch (Hrsg.), *Aspekte der Gestaltung unserer Umwelt durch Architektur und Stadtplanung* (S. 45–58). Köln: Fricke/Rudolf Müller.

Füller, H. (2018). Steuerung aus den Daten selbst? Zur Erkenntnisweise algorithmischer Mustererkennung am Beispiel Gesundheitsmonitoring. In S. Bauriedl & A. Strüver (Hrsg.), *Smart City. Kritische Perspektiven auf die Digitalisierung in Städten* (S. 311–221). Bielefeld: transcript.

Fuhrer, U. (1996). Person-Umwelt-Kongruenz. In L. Kruse, C. F. Graumann & E.-D. Lantermann (Hrsg.), *Ökologische Psychologie. Ein Handbuch in Schlüsselbegriffen* (S. 143–153). Weinhim: Psychologie Verlags Union.

Fuhrer, U. (2008). Ortsidentität, Selbst und Umwelt. In E.-D. Lantermann & V. Linneweber (Hrsg.), *Grundlagen, Paradigmen und Methoden der Umweltpsychologie* (S. 415–442). Göttingen: Hogrefe.

Fuhrer, U., & Kaiser, F. G. (1993). Ortsbindung: Ursachen und deren Konsequenzen für die Wohn- und Siedlungsgestaltung. In H. J. Harloff (Hrsg.), *Psychologie des Wohnungs- und Siedlungsbaus. Psychologie im Dienste von Architektur und Stadtplanung* (S. 57–73). Göttingen: Verlag für Angewandte Psychologie.

Fuhrer, U., & Kaiser, F. G. (1994). *Multilokales Wohnen. Psychologische Aspekte der Freizeitmobilität.* Bern: Hans Huber Verlag.

Galster, G. (1987). Identifying the correlates of dwelling satisfaction. *Environment and Behavior, 19,* 539–568.

Galster, G. C., & Hesser, G. W. (1981). Residential satisfaction: Compositional and contextual correlates. *Environment and Behavior, 13,* 735–758.

Garrity, T. F., & Stallones, L. (1998). Effects of pet contact on human well-being. Review of recent research. In C. C. Wilson & D. C. Turner (Hrsg.), *Companion animals in human health* (S. 3–22). Thousand Oaks: Sage.

GdW Bundesverband deutscher Wohnungs- und Immobilienunternehmen. (2013). *Branchenbericht 6. Wohntrends 2030. Studie.* Berlin.

Gebhardt, W., Hitzler, R., & Schnettler (2006). Unterwegs-Sein – zur Einleitung. In W. Gebhardt & R. Hitzler (Hrsg.). *Nomaden, Flaneure, Vagabunden Wissensformen und Denkstile der Gegenwart* (S. 9–20). Wiesbaden: VS Verlag für Sozialwissenschaften.

Gefrol, C. (2018). Connected City. *Bauwelt, 15,* 14–17.

Gehl, J., & Svarre, B. (2013). *How to study public life.* Washington, DC.: Island Press.

Genereux, R. L., Ward, L. M., & Russell, J. A. (1983). The behavioral component in the meaning of places. *Journal of Environmental Psychology, 3,* 43–55.

Gifford, R. (2007). *Environmental psychology: Principles and practice* (4. Aufl.). Colville: Optimal Books.

Giles-Corti, B., & Donovan, R. J. (2003). Relative influences of individual, social environmental, and physical environmental correlates of walking. *American Journal of Public Health, 93,* 1583–1589.

Glatzer, W. (1996). Messung der Lebensqualität. In L. Kruse, C. F. Graumann & E. D. Lantermann (Hrsg.), *Ökologische Psychologie. Ein Handbuch in Schlüsselbegriffen* (S. 240–244). Weinheim: Psychologie Verlags Union.

Glasze, G. (2003). *Die fragmentierte Stadt. Ursachen und Folgen bewachter Wohnkomplexe im Libanon.* Opladen: Leske + Budrich.

Göschel, A. (2006). Stadt 2030: Das Themenfeld Identität. In Deutsches Institut für Urbanistik (Hrsg.). *Zukunft von Stadt und Region. Bd. 3: Dimensionen städtischer Identität* (S. 265–302). Wiesbaden: VS Verlag für Sozialwissenschaften.

Goodman, L., Saxe, L., & Harvey, M. (1991). Homelessness as a psychological trauma. *Broadening perspectives. American Psychologist, 46,* 1219–1225.

Graham, L. T., Gosling, S. D., & Travis, C. K. (2015). The psychology of home environments: A call for research on residential space. *Perspectives on Psychological Science, 10*(3), 346–356.

Graumann, C. F. (1983). On multiple identities. *International Social Science Journal, 35,* 309–329.

Graumann, C. F. (1996). Aneignung. In L. Kruse, C. F. Graumann & E. D. Lantermann (Hrsg.), *Ökologische Psychologie. Ein Handbuch in Schlüsselbegriffen* (S. 124–130). Weinheim: Psychologie Verlags Union.

Green, R. (1999). Meaning and form in community perception of town character. *Journal of Environmental Psychology, 19,* 311–329.

Grimm, J., & Grimm, W. (1960). *Deutsches Wörterbuch.* Bd. 30. Bearbeitet von L. Sütterlin et al. Leipzig: Verlag S. Hirzel (Nachdruck 1991).

Gropius, W. (1925). Wohnhaus-Industrie. In A. Meyer (zusammengestellt). *Bauhausbücher. Ein Versuchshaus des Bauhauses in Weimar.* Bauhausbücher Nr. 3 (S. 5–14). München: Albert Langen Verlag.

Gropius, W. (1956). *Architektur. Wege zu einer optischen Kultur.* Frankfurt a. M.: Fischer Bücherei.

Groshong, L., Wilhelm Stanis, S. A., Kaczynski, A. T., & Hipp, J. A. (2018). Attitudes about perceived park safety among residents in low-income and high minority Kansas City, Missouri, neighborhoods. *Environment and Behavior,* 1–27 (online first).

Grunert, H. (2015). 100 Jahre Hamburger Stadtpark. Eine zukunftsweisende Parkplanung für eine zukunftsfähige Stadt. *Die Gartenkunst, 27*(1), 15–36.

Günther, A. (2005). Soziale Interaktionen im Tourismus. In D. Frey & C. Graf Hoyos (Hrsg.). *Psychologie in Gesellschaft, Kultur und Umwelt* (S. 382–387). Weinheim: Beltz/PVU.

Guski, R. (2013). Weniger Lärm – Maßnahmen zum Schutz gegen Verkehrslärm. In A. Flade (Hrsg.), *Der rastlose Mensch. Konzepte und Erkenntnisse der Mobilitätspsychologie* (S. 246–248). Wiesbaden: Springer.

Guski, R. (Studienleiter) (2015). *Lärmwirkungsstudie NORAH.* Wissen Nr. 14. Kelsterbach: Gemeinnützige Umwelthaus GmbH.

Gustafson, P. (2001). Meanings of place: Everyday experience and theoretical conceptualizations. *Journal of Environmental Psychology, 21,* 5–16.

Gustafson, P. (2009). Mobility and territorial belonging. *Environment and Behavior, 41,* 490–508.

Häferle, J. (2013). *Die Stadt, das Fremde und die Furcht vor Kriminalität.* Wiesbaden: Springer VS Verlag.

Hamm, B. (1996). Nachbarschaft. In L. Kruse, C. F. Graumann & E.-D. Lantermann (Hrsg.), *Ökologische Psychologie. Ein Handbuch in Schlüsselbegriffen* (S. 500–503). Weinheim: Psychologie Verlags Union.

Harloff, H. J., Hinding, B., Schmoll, R.-M., & Weckwerth, H. (1993). Bedeutung von Übergangszonen und Zwischenbereichen für Wohnerleben und Wohnhandeln. In H. J. Harloff (Hrsg.), *Psychologie des Wohnungs- und Siedlungsbaus. Psychologie im Dienste von Architektur und Stadtplanung* (S. 149–173). Göttingen: Verlag für Angewandte Psychologie.

Harloff, H. J., & Ritterfeld, U. (1993). Psychologie im Dienste von Wohnungs- und Siedlungsplanung. In H. J. Harloff (Hrsg.), *Psychologie des Wohnungs- und Siedlungsbaus Psychologie im Dienste von Architektur und Stadtplanung* (S. 31–44). Göttingen: Verlag für Angewandte Psychologie.

Hart, R. A. (1979). *Children's experience of place. A developmental study.* New York: Irvington Press.

Hartig, T., Johansson, G., & Kylin, C. (2003). Residence in the social ecology of stress and restoration. *Journal of Social Issues, 59,* 611–636.

Hartig, T., Mitchell, R., de Vries, S., & Frumkin, H. (2014). Nature and health. *Annual Review of Public Health, 35,* 207–228.

Heckhausen, J., & Heckhausen, H. (2010). *Motivation und Handeln.* Berlin: Springer.

Heeg, S. (1994). Betreutes Wohnen: Möglichkeiten, Grenzen und bauliche Anforderungen – Überlegungen aus der Sicht einer Architektin mit ökopsychologischer Orientierung. *Zeitschrift für Gerontologie, 27,* 366–380.

Hellbrück, J., & Fischer, M. (1999). *Umweltpsychologie. Ein Lehrbuch.* Göttingen: Hogrefe.

Hellbrück, J., & Guski, R. (2005). Lärm. In D. Frey & C. Graf Hoyos (Hrsg.). *Psychologie in Gesellschaft, Kultur und Umwelt* (S. 361–367). Weinheim: Beltz/PVU.

Hellbrück, J., & Kals, E. (2012). *Umweltpsychologie. Lehrbuch.* Wiesbaden: Springer VS.

Hellpach, W. (1952). *Mensch und Volk der Großstadt* (2. Aufl.). Stuttgart: Enke.

Henckel, D. (2009). Stad(t)tnacht? *Zeitpolitisches Magazin, 15,* 4–5.

Herzog, T. R., & Miller, E. J. (1998). The role of mystery in perceived danger and environmental preference. *Environment and Behavior, 30,* 429–449.

Heßler, M. (2012). *Kulturgeschichte der Technik.* Frankfurt: Campus Verlag.

Hidalgo, M. C., & Hernández, B. (2001). Place attachment: conceptual and empirical questions. *Journal of Environmental Psychology, 21,* 273–281.

Hilberseimer, L. (1929). *Kleinstwohnungen* (S. 1–4). April-Juni: Bauhaus. Zeitschrift für Gestaltung.

Hilti, N. (2009). Multilokales Wohnen: Bewegungen und Verortungen. *Informationen zur Raumentwicklung Heft, 1*(2), 77–86.

Hilti, N. (2013). *Lebenswelten multilokal Wohnender. Eine Betrachtung des Spannungsfeldes von Bewegung und Verortung.* Wiesbaden: Springer VS.

Hilti, N. (2015). Von Heimweh-Wienerinnen und Gelegenheitsmitbewohnern Multilokal Wohnende als Herausforderung für die Wohnungswirtschaft. In P. Weichhart & P. A. Rumpolt (Hrsg.), *Mobil und doppelt sesshaft. Studien zur residenziellen Multilokalität* (S. 314–333). Wien: Institut für Geographie und Regionalforschung der Universität Wien.

Hirschi, T. (1969). *Causes of delinqency.* Berkeley: University of California Press. Reprint in R. Giallombardo (Hrsg.). (1982). *Juvenile delinquency. A book of readings* (4. Aufl., S. 178–188). New York: Wiley

Hochbahn, IWU, RNV & HSB. (2005). *Subjektives Sicherheitsempfinden im Personennahverkehr mit Linienbussen, U-Bahnen und Stadtbahnen (SUSI PLUS) Abschlussbericht.* Darmstadt: Institut Wohnen und Umwelt.

Hofstätter, P. R. (1960). Was heißt Sicherheit? In Das Heidelberger Studio (Hrsg.). *Wo ist Sicherheit? Eine Vortragsreihe* (S. 7–21). Stuttgart: Alfred Kröner Verlag.

Hofstätter, P. R. (1972). *Psychologie. Das Fischer-Lexikon. Neuausgabe.* Frankfurt a. M.: Fischer Taschenbuch Verlag.

Holden, E. W., Horton, L. A., & Dauseco, K. R. (1995). The mental health of homeless children. *Clinical Psychology: Science and Practice, 2,* 165–178.

Hourihan, K. (1984). Context-dependent models of residential satisfaction. *Environment and Behavior, 16,* 369–393.

Hüttenmoser, M. (1994). Auswirkungen des Straßenverkehrs auf die Entwicklung der Kinder und den Alltag junger Familien. In A. Flade (Hrsg.), *Mobilitätsverhalten. Bedingungen und Veränderungsmöglichkeiten aus umweltpsychologischer Sicht* (S. 171–181). Weinheim: Psychologie Verlags Union.

Hur, M., & Morrow-Jones, H. (2008). Factors that influence residents' satisfaction with neighborhoods. *Environment and Behavior, 40,* 619–635.

Ikemi, M. (2005). The effects of mystery on preference for residential facades. *Journal of Environmental Psychology, 25,* 167–173.

Imhof, M., & Klatte, M. (2011). *Hören und Zuhören als Voraussetzung und Ergebnis von Unterricht und Erziehung* (Bd. Fachgebiet Pädagogische Psychologie, Konstruktion und Evaluation von Lernumwelten). Weinheim: Juventa Verlag.

Initiative D21 e.V. (Hrsg.). (2019). *D21-Digital-Index 2017/2018.* https://initiatived21.de/publikationen/d21-digital-index-2017-2018/.

Ittelson, W. H. (1976). Environment perception and contemporary perceptual theory. In H. M. Proshansky, W. H. Ittelson & L. G. Rivlin (Hrsg.), *Environmental psychology, People and their physical settings* (S. 141–154). New York: Holt, Rinehart and Winston.

Joinson, A. N. (2001). Self-disclosure in computer–mediated communications: The role of self-awareness and visual anonymity. *European Journal of Social Psychology, 31,* 177–192.

Jorgensen, L. J., Ellis, G. D., & Ruddell, E. (2012). Fear perceptions in public parks: Inter-actions of environmental concealment, the presence of people recreating, and gender. *Environment and Behavior, 45,* 803–820.

Jürgens, U. (2015). Aktuelle Fragen der Stadtgeographie. In A. Flade (Hrsg.), *Stadt und Gesellschaft im Fokus aktueller Stadtforschung* (S. 61–99). Wiesbaden: Springer VS.

Kämper, A., May, T., & Notbaum, N. (1996). *Mieterzufriedenheit, Qualitätssteigerung und Kosteneinsparung im Sozialen Wohnungsbau.* Bielefeld: Bielefelder Gemeinnützige Wohnungsgesellschaft.

Kahana, E., Lovegreen, L., Kahana, B., & Kahana, M. (2003). Person, environment, and person-environment fit as influences on residential satisfaction of elders. *Environment and Behavior, 35,* 434–453.

Kaltenborn, B. P. (1998). Effects of sense of place on responses to environmental impacts. *Applied Geography, 18,* 169–189.

Kano, N., Seraku, N., Takahashi, F., & Tsuji, S. (1984). Attractive quality and must-be quality. *The Journal of the Japanese Society for Quality Control, 14,* 39–48.

Kaplan, S. (1995). The restorative benefits of nature. Toward an integrative framework. *Journal of Environmental Psychology, 15,* 169–182.

Kaplan, R., & Kaplan, S. (1989). *The experience of nature. A psychological perspective.* Cambridge: Cambridge University Press.

Keil, C. P. (1998). Loneliness, stress, and human-animal attachment among older adults. In C. C. Wilson & D. C. Turner (Hrsg.), *Companion animals in human health* (S. 123–132). Thousand Oaks: Sage.

Keizer, K., Lindenberg, S., & Steg, L. (2008). The spreading of disorder. *Science, 322,* 1681–1685.

Kelly, G., & Hosking, K. (2008). Nonpermanent residents, place attachment, and "sea change" communities. *Environment and Behavior, 40,* 575–594.

Keul, A. G. (1990). Architekturpsychologie aus der Nutzerperspektive – zwischen Berlyne und Boesch. In C. G. Allesch & E. Billmann-Mahecha (Hrsg.), *Perspektiven der Kultur-psychologie* (S. 115–124). Heidelberg: Asanger.

Keul, A. G. (1995). Wetter, Klima, Klimatisierung. In A. G. Keul (Hrsg.). *Wohlbefinden in der Stadt. Umwelt- und gesundheitspsychologische Perspektiven* (S. 155–171). Wein-heim: Beltz/Psychologie Verlags Union.

Kitchin, R. M. (1994). Cognitive maps: What are they and why study them? *Journal of Environmental Psychology, 14,* 1–19.

Kitchin, R. (2014). The real-time city? Big data and smart urbanism. *GeoJournal, 79,* 1–14.

Klepel, J. (2016). Dichte im internationalen Stadt-Vergleich. *Stadtbauwelt, Heft, 12,* 64–70.

Korosec-Serfaty, P. (1985). Experience and use of the dwelling. In I. Altman & C. M. Werner (Hrsg.), *Home environments* (S. 65–86). New York: Plenum.

Korpela, K. M. (1992). Adolescents' favourite places and environmental self regulation. *Journal of Environmental Psychology, 12,* 249–258.

Krebs, D. (1996). Obdachlose. In L. Kruse, C. F. Graumann & E. D. Lantermann (Hrsg.), *Ökologische Psychologie. Ein Handbuch in Schlüsselbegriffen* (S. 435–440). Weinheim: Psychologie Verlags Union.

Kruse, L. (1996). Raum und Bewegung. In L. Kruse, C. F. Graumann & E. D. Lantermann (Hrsg.), *Ökologische Psychologie. Ein Handbuch in Schlüsselbegriffen* (S. 313–324). Weinheim: Psychologie Verlags Union.

Küller, R. (1996). Licht, Farbe und menschliches Verhalten. In L. Kruse, C. F. Graumann & E. D. Lantermann (Hrsg.), *Ökologische Psychologie. Ein Handbuch in Schlüsselbegriffen* (S. 614–619). Weinheim: Psychologie Verlags Union.

Lalli, M. (1992). Urban-related identity: Theory, measurement, and empirical findings. *Journal of Environmental Psychology, 12,* 285–303.

Landeszentrale für politische Bildung Hamburg. (2019). *Die Neue Heimat.* Hamburg: Eine sozialdemokratische Utopie und ihre Bauten.

Landow, R. W., & Glenwik, D. S. (1999). Stress and coping in homeless children. *Journal of Social Distress and the Homeless, 8*(2), 79–94.

Larsen, L., Poortinga, E., & Hurdle, D. E. (2004). Sleeping rough. Exploring the differences between shelter-using and non-shelter-using homeless individuals. *Environment and Behavior, 36,* 578–591.

Lawton, M. P. (1980). *Environment and aging.* Monterey: Brooks & Cole.

Lawton, M. P., & Nahemow, L. (1973). Ecology and the aging process. In C. Eisendorfer & M. P. Lawton (Hrsg.), *The psychology of adult development and aging* (S. 619–674). Washington, DC: American Psychological Association.

Levin, L. (2004). Living apart together: A new family form. *Current Sociology, 52,* 223–240.

Levine, R. V., Martinez, R. S., Brase, G., & Sorenson, K. (1994). Helping in 36 US cities. *Journal of Personality and Social Psychology, 67,* 69–82.

Lev-Wiesel, R. (2003). Indicators constituting the construct of „perceived community cohesion". *Community Development Journal, 38,* 332–343.

Lewicka, M. (2013). Localism and activity as two dimensions of people-place bonding: The role of cultural capital. *Journal of Environmental Psychology, 36,* 43–53.

Lewin, K. (1936). *Principles of topological psychology.* New York: McGraw-Hill (zit. bei Miller, R. (1986). *Einführung in die Ökologische Psychologie.* Opladen: Leske + Budrich).

Lichtenberger, E. (2002). *Die Stadt. Von der Polis zur Metropolis.* Darmstadt: Wissenschaftliche Buchgesellschaft.

Lindal, P. J., & Hartig, T. (2013). Architectural variation, building height, and the restorative quality of urban residential streetscapes. *Journal of Environmental Psychology, 33,* 26–36.

Lindner, P. (2018). Smart Cities – Smart Bodies. In S. Bauriedl & A. Strüver (Hrsg.), *Smart City. Kritische Perspektiven auf die Digitalisierung in Städten* (S. 161–173). Bielefeld: transcript.

Lindsay, P. H., & Norman, D. A. (1977). *Human information processing. An introduction to psychology* (2. Aufl.). New York: Academic Press.

Linneweber, V., & Lantermann, E.-D. (2010). Psychologische Beiträge zur (Natur-) Katastrophenforschung. In V. Linneweber, E.-D. Lantermann & E. Kals (Hrsg.), *Spezifische Umwelten und umweltbezogenes Handeln* (S. 907–931). Göttingen: Hogrefe.

Loewen, L. J., Steel, G. D., & Suedfeld, P. (1993). Perceived safety from crime in the urban environment. *Journal of Environmental Psychology, 13,* 323–331.

Low S. M., & Altman I. (1992). *Place attachment. Human behavior and environment: Advances in theory and research,* Bd. 12. New York: Plenum.

Lück, A.-K. (2013). *Der gläserne Mensch im Internet.* Stuttgart: Kohlhammer.

Lück, H. E. (1987). *Psychologie sozialer Prozesse* (2. Aufl.). Opladen: Leske + Budrich.

Lynch, K. (1960). *Image of the city*. Cambridge: MIT Press (deutsche Ausgabe: Das Bild der Stadt. Gütersloh: Bertelsmann 1968).

Maak, N. (2014). *Wohnkomplex. Warum wir andere Häuser brauchen*. München: Carl Hanser Verlag.

Manfrin, A., Singer, G., Larsen, S., et al. (2017). Artificial light at night effects organism flux across ecosystem boundaries and drives community structure in the recipient ecosystem. *Environmental Science, 5*, 61.

Mangold, P. Vorderer, & Bente, G. (Hrsg.). (2004). *Lehrbuch der Medienpsychologie*. Göttingen: Hogrefe.

Mann, G. (2018). Dachgärten in Wohnsiedlungen. In A. Flade (Hrsg.), *Zurück zur Natur? Erkenntnisse und Konzepte der Naturpsychologie* (S. 121–129). Wiesbaden: Springer.

Manzo, L. C., Kleit, R. G., & Couch, D. (2008). Moving three times is like having your house on fire once: The experience of place and impending displacement among public housing residents. *Urban Studies, 45*, 1855–1878.

Marans, R. W. (1976). Perceived quality of residential environments – some methodological issues. In K. H. Craik & E. H. Zube (Hrsg.), *Perceiving environmental quality* (S. 123–147). New York: Plenum.

Marquardt, N. (2018). Digital assistierter Wohnalltag im Smart Home. In S. Bauriedl & A. Strüver (Hrsg.), *Smart City. Kritische Perspektiven auf die Digitalisierung der Städte* (S. 285–297). Bielefeld: transcript.

Martin, D. (2002). Spatial patterns in residential burglary assessing the effect of neighborhood social capital. *Journal of Contemporary Criminal Justice, 18*(2), 132–146.

Masoudinejad, S., & Hartig, T. (2018). Window view to the sky as a restorative resource for residents in densely populated cities. *Environment and Behavior*, 1–36 (online first).

Maslow, A. H. (1954). *Motivation and personality*. New York: Harper and Row.

Maxwell, L. E. (1996). Multiple effects of home and day care crowding. *Environment and Behavior, 28*, 494–511.

Mayer-Schönberger, V., & Cukier, K. (2013). *Big Data. Die Revolution, die unser Leben verändern wird*. München: Redline Verlag.

Mazumdar, S., Learnihan, V., Cochrane, T., & Davey, R. (2018). The built environment and social capital: A systematic review. *Environment and Behavior, 50*, 119–158.

McCamant, K., & Durrett, C. (1989). *Cohousing. A contemporary approach to housing ourselves*. Berkeley: Habitat Press.

McCarthy, D., & Saegert, S. (1978). Residential density, social overload, and social withdrawal. *Human Ecology, 6*, 253–272.

Mehrabian, A., & Russell, J. A. (1974). *An approach to environmental psychology*. Cambridge: The MIT Press.

Mesch, G. S., & Manor, O. (1998). Social ties, environmental perception, and local attachment. *Environment and Behavior, 30*, 504–519.

Metha, V., & Bosson, J. K. (2010). Third places and the social life of streets. *Environment and Behavior, 42*, 779–805.

Meyer, S. (2018). Technische Assistenzsysteme zu Hause – warum nicht? Vergleichende Evaluation von 14 aktuellen Forschungs- und Anwendungsprojekten. In H. Künemund & U. Fachinger (Hrsg.). *Alter und Technik. Sozialwissenschaftliche Befunde und Perspektiven* (S. 147–176). Wiesbaden: Springer VS.

Meyers Konservations-Lexikon (1887). *Heimat* (4. Aufl., Bd. 8, S. 300–302). Leipzig: Verlag des Bibliographischen Instituts.

Meyers Konversations-Lexikon (1889). *Straßenbeleuchtung* (4. Aufl., Bd. 15, S. 376). Leipzig: Verlag des Bibliographischen Instituts.

Miller, G. A. (1969). Psychology as a means of promoting human welfare. *American Psychologist, 24,* 1063–1075.

Miller, R. (1986). *Einführung in die Ökologische Psychologie.* Opladen: Leske und Budrich.

Misra, S., & Stokols, D. (2012). Psychological and health outcomes of perceived information overload. *Environment and Behavior, 44,* 737–759.

Mitscherlich, A. (1965). *Die Unwirtlichkeit unserer Städte. Anstiftung zum Unfrieden.* Frankfurt: Suhrkamp.

Montoya, L., Junger, M., & Ongena, Y. (2016). The relation between residential property and its surroundings and day- and night-time residential burglary. *Environment and Behavior, 48,* 515–549.

Moore, G. T. (1997). Toward environment-behavior and design theories of the middle range. In G. T. Moore & R. W. Marans (Hrsg.), *Advances in environment, behavior, and design* (Bd. 4, S. 1–40). New York: Plenum.

Moore, G. T., Tuttle, D. P., & Howell, S. C. (1985). *Environmental design research directions. Process and prospects.* New York: Praeger.

Moore, J. (2000). Placing *home* in context. *Journal of Environmental Psychology, 20,* 207–217.

Muche, G. (1925). Das Versuchshaus des Bauhauses. In A. Meyer (zusammengestellt). *Bauhausbücher. Ein Versuchshaus des Bauhauses in Weimar. Bauhausbücher* Nr. 3, S. 15–23. München: Albert Langen Verlag.

Muchow, M., & Muchow, H. H. (1935/1978). *Der Lebensraum des Großstadtkindes.* Reprint Bensheim: päd.extra.

Mühlichen, A. (2018). *Privatheit im Zeitalter vernetzter Systeme. Eine empirische Studie.* Opladen: Verlag Barbara Budrich.

Müller-Andritzky, M., Chassein, J., & Schick, A. (1992). Kulturvergleichende Untersuchung zur Lärmbewertung in der Wohnnachbarschaft. *Zeitschrift für Lärm-Bekämpfung, 39,* 20–24.

Mundt, J. W. (1980). *Vorschulkinder und ihre Umwelt.* Weinheim: Beltz Verlag.

Myers, D. G. (2014). *Psychologie.* Berlin: Springer Verlag.

Nadler, R. (2014). *Plug&Play Places: Lifeworlds of multilocal creative knowledge workers.* Berlin: De Gruyter.

Näätänen, R., & Summala, H. (1976). *Road user behavior and traffic accidents.* New York: American Elsevier Publishing Company.

Napier, M. A., Brown, B. B., Werner, C. M., & Gallimore, J. (2011). Walking to school: community design and child and parent barriers. *Journal of Environmental Psychology, 31,* 45–51.

Narten, R. (1999). Alte Menschen in ihrer Wohnung: Sichtweise der Architektursoziologie. In H.-W. Wahl, H. Mollenkopf & F. Oswald (Hrsg.), *Alte Menschen in ihrer Umwelt* (S. 82–96). Wiesbaden: Westdeutscher Verlag.

Nasar, J. L. (1990). The evaluative image of the city. APA Journal, winter, 41–53.

Nasar, J., & Fisher, B. S. (1993). Hot spots of fear and crime: a multi-method investigation. *Journal of Environmental Psychology, 13,* 187–206.

Nasar, J. L. (1994). Urban design aesthetics. The evaluative qualities of building exteriors. *Environment and Behavior, 26,* 377–401.

Nasar, J. L. (1997). New developments in aesthetics for urban design. In G. T. Moore & R. W. Marans (Hrsg.), *Advances in environment, behavior, and design* (S. 151–193). New York: Plenum.

Nasar, J. L., & Bokharaei, S. (2017). Impressions of lighting in public squares after dark. *Environment and Behavior, 49,* 227–254.

Nasar, J. L., & Cubukcu, E. (2011). Evaluative appraisals of environmental mystery and surprise. *Environment and Behavior, 43,* 387–414.

Navara, K. J., & Nelson, R. J. (2007). The dark side of light at night: physiological, epidemiological, and ecological consequences. *Journal of Pineal Research, 43,* 215–224.

Newman, O. (1995). Defensible space. A new physical planning tool for urban revitalization. APA Journal, 61(2), 149-155.

Norman, D. (2013). *The design of everyday things.* New York: Basic Books.

Norman, K. L. (2008). *CyberPsychology: Introduction to the psychology of human/ computer interaction.* Cambridge: Cambridge University Press.

North, A. C., Tarrant, M., & Hargreaves, D. J. (2004). The effects of music on helping behavior: A field study. *Environment and Behavior, 36,* 266–275.

Novy, K. (1991). Neue Wohnformen: Zum Zusammenhang von sozialen, ökologischen, gestalterischen und organisatorischen Innovationen. In K. E. Becker, J. Schmidt & K. Waltenbauer (Hrsg.), *Umwelt – Widersprüche, Konflikte und Lösungen. Forum Bauen und Leben* (Bd. 7, S. 37–62). Bonn: Domus Verlag.

Oda, M., Taniguchi, K., Wen, M.-L., & Higurashi, M. (1989). Effects of high-rise living on physical and mental development of children. *Journal of Human Ergology, 18,* 231–235.

Oldenburg, R. (1999). *The great good place: Cafes, coffee shops, bookstores, bars, hair salons, and other hangouts at the heart of a community.* Cambridge: Da Capo Press.

Oldenburg, R. (2001). *Celebrating the third place. Inspiring stories about the „Great Good Places" at the heart of our communities.* New York: Marlowe.

O'Neill, J. O. (1991). Evaluation of a conceptual model of architectural legibility. *Environment and Behavior, 23,* 259–284.

Peterson, R. B. (1987). Gender issues in the home and urban environment. In E. H. Zube & G. T. Moore (Hrsg.), *Advances in environment, behavior, and design* (S. 187–218). New York: Plenum.

Platt, J. (1973). Social Traps. *American Psychologist, 28*(8), 641–651.

Poortinga, W., Calve, T., Jones, N., Lannon, S., Rees, T., Rodgers, S. E., Lyons, R. A., & Johnson, R. (2017). Neighborhood quality and attachment: Validation of the Revised Residential Environment Assessment Tool. *Environment and Behavior, 49,* 255–282.

Porteous, J. D. (1977). *Environmental and behavior: planning and everyday urban life.* Reading, Massachusetts: Addison-Wesley.

Porteous, J. D. (1985). Smellscape. *Progress in Human Geography., 9,* 356–378.

Preiser, W. F. E., Rabinowitz, H. Z., & White, E. T. (1988). *Post-occupancy evaluation.* New York: Van Nostrand Reinhold.

Probst, P. (2014). „Um den Bedürfnissen des praktischen Lebens entgegenzukommen" – ein Einblick in Biografie und Werk William Sterns. In M. Spieß (Hrsg.). *100 Jahre akademische Psychologie in Hamburg. Eine Festschrift* (S. 87–115). Hamburg: Verlag der Staats- und Universitätsbibliothek Hamburg Carl von Ossietzky.

Proshansky, H. M. (1978). The city and self-identity. *Environment and Behavior, 10,* 147–169.

Proshansky, H. M., Fabian, A. K., & Kaminoff, R. (1983). Place-identity. Physical world socialisation of the self. *Journal of Environmental Psychology, 3,* 57–83.

Raanaas, R. K., Evensen, K. H., Rich, D., Sjøstrøm, G., & Patil, G. (2011). Benefits of indoor plants on attention capacity in an office setting. *Journal of Environmental Psychology, 31,* 99–105.

Raymond, C. M., Brown, G., & Weber, D. (2010). The measurement of place attachment: personal, community, and environmental connections. *Journal of Environmental Psychology, 30,* 422–434.

Rapaport, A. (1968). The personal element in housing. *Journal of the Royal Institute of British Architects (July),* 300–307 (zit. bei Canter 1969).

Rapaport, A. (1969). *House form and culture.* Englewood Cliffs: Prentice Hall.

Rheingold, H. (1994). *Virtuelle Gemeinschaft. Soziale Beziehungen im Zeitalter des Computers.* Bonn: Addison-Wesley (englische Ausgabe 1993).

Rifkin, J. (2004). *Das Ende der Arbeit und ihre Zukunft. Neue Konzepte für das 21. Jahrhundert.* Frankfurt: Campus Verlag.

Riger, S., & Lavrakas, P. M. (1981). Community ties: Patterns of attachment and social interaction in urban neighborhoods. *American Journal of Community Psychology, 9*(1), 55–56.

Ritterfeld, U., & Cupchik, G. C. (1996). Perceptions of interiors spaces. *Journal of Environmental Psychology, 16,* 349–360.

Robert, M., & Börjesson, M. (2006). Company incentives and tools for promoting telecommuting. *Environment and Behavior, 38,* 521–549.

Robinson, M. B., & Robinson, C. E. (1997). Environmental characteristics associated with residential burglaries of student apartments. *Environment and Behavior, 29,* 657–675.

Röhrbein, R. (1986). Wandel städtebaulicher Leitbilder. Garten+Landschaft, 96. *Heft, 1,* 42–48.

Röhrbein, R. (2003). Beim Wohnen nichts Neues. *Beratende Ingenieure, 10,* 35–43.

Röhrbein, R. (2008). Individualität und Einheitlichkeit. In A. Flade (Hrsg.), *Architektur psychologisch betrachtet* (S. 35–43). Bern: Hans Huber Verlag.

Rössler, B. (2001). *Der Wert des Privaten.* Frankfurt: Suhrkamp.

Ross, A., & Searle, M. (2018). *A conceptual model of leisure time physical activity, neighborhood environment, and sense of community. Environment and Behavior* (online first).

Ross, C. E., & Mirowsky, J. (1999). The concept and measurement of perceived neighborhood disorder. *Urban Affairs Review, 34,* 412–432.

Rossano, M. J., & Reardon, W. P. (1999). Goal specificity and the acquisition of survey knowledge. *Environment and Behavior, 31,* 395–412.

Rossmann, P. (2004). *Einführung in die Entwicklungspsychologie des Kindes- und Jugendalters.* Bern: Hans Huber Verlag.

Roth, W. (2006). Planungsgrundlagen und Rechtsnormen. In A. Flade (Hrsg.), *Wohnen psychologisch betrachtet* (S. 215–238). Bern: Hans Huber Verlag.

Rüthers, M. (2015). Historische Stadtforschung. In A. Flade (Hrsg.), *Stadt und Gesellschaft im Fokus aktueller Stadtforschung. Konzepte – Herausforderungen – Perspektiven* (S. 13–59). Wiesbaden: Springer VS Verlag.

Ruppenthal, S., & Lück, D. (2013). Jeder fünfte Erwerbstätige ist aus beruflichen Gründen mobil. Informationsdienst Soziale Indikatoren (ISI). *Sonderausgabe, 2013,* 56–60.

Russell, J. A., & Lanius, U. F. (1984). Adaptation level and the affective appraisal of environments. *Journal of Environmental Psychology, 4,* 119–135.

Saegert, S. (1985). The role of housing in the experience of dwelling. In I. Altman & C. M. Werner (Hrsg.), *Home environments* (S. 287–309). New York: Plenum.

Saegert, S., & Winkel, G. (1990). Environmental psychology. *Annual Review of Psychology, 41,* 441–477.

Saup, W. (1999). Alte Menschen in ihrer Wohnung: Sichtweise der ökologischen Psychologie und Gerontologie. In H.-W. Wahl, H. Mollenkopf & F. Oswald (Hrsg.), *Alte Menschen in ihrer Umwelt* (S. 43–51). Wiesbaden: Westdeutscher Verlag.

Schäfer, T., & Sedlmeier, P. (2018). Musik im Alltag: Wirkungen, Funktionen und Präferenzen. In A. C. Lehmann & R. Kopiez (Hrsg.), *Handbuch Musikpsychologie* (S. 247–271). Bern: Hogrefe.

Scharp, K. M., Paxman, C. G., & Thomas, L. J. (2016). „I want to go home": Homesickness experiences and social-support- seeking practices. *Environment and Behavior, 48,* 1175–1197.

Schemel, H.-J. (2008). Das Konzept der Städtischen Naturerfahrungsräume und Thesen zu seiner Umsetzung. In H.-J. Schemel & T. Wilke (Bearb.). *Kinder und Natur in der Stadt* (S. 79–92). Bonn Bad Godesberg: Bundesamt für Naturschutz, BFN-Skripten 230.

Schlienz, N. (2002). *Wohnungslosigkeit aus der Sicht der Bevölkerung. Diplomarbeit.* Berlin: Freie Universität Berlin, Institut für Klinische Psychologie und Gemeindepsychologie.

Schmidt, F., & Dirlmeier, U. (1998). Geschichte des Wohnens im Spätmittelalter. In U. Dirlmeier (Hrsg.), *Geschichte des Wohnens* (Bd. 2, S. 229–346)., 500–1800 Stuttgart: Deutsche Verlagsanstalt.

Schmidt, T. (2018). Tiere in der Stadt. In A. Flade (Hrsg.), *Zurück zur Natur? Erkenntnisse und Konzepte der Naturpsychologie* (S. 218–229). Wiesbaden: Springer.

Schmitz, B. B. (1994). Mobilitätsmotive: Warum ist der Mensch mobil? In A. Flade (Hrsg.), *Mobilitätsverhalten. Bedingungen und Veränderungsmöglichkeiten aus umweltpsychologischer Sicht* (S. 103–112). Weinheim: Psychologie Verlags Union.

Schmitz, C., Wagner, J., & Menke, E. (1995). Homelessness as one component of housing instability and its impact on the development of children in poverty. *Journal of Social Distress and the Homeless, 4*(4), 301–317.

Schmitz-Scherzer, R. (2005). Persönlichkeit und Kompetenz alternder Menschen. In D. Frey & C. Graf Hoyos (Hrsg.). *Psychologie in Gesellschaft, Kultur und Umwelt* (S. 121–125). Weinheim: Beltz Verlag.

Schneider, N. F., Limmer, R., & Ruckdeschel, K. (2002). *Mobil, flexibel, gebunden. Familie und Beruf in der mobilen Gesellschaft.* Frankfurt: Campus Verlag.

Schneider, N., & Spellerberg, A. (1999). *Lebensstile, Wohnraumbedürfnisse und räumliche Mobilität.* Opladen: Leske + Budrich.

Schnur, O. (1999). Sozialkapital und Stadtentwicklung. Neue sozialwissenschaftliche Perspektiven – auch für die kommunale Praxis? *RaumPlanung, 87,* 255–262.

Schönhammer, R. (2009). *Einführung in die Wahrnehmungspsychologie. Sinne, Körper, Bewegung.* Wien: facultas.wuv Universitätsverlag.

Schönpflug, W. (1996). Umweltstress. In L. Kruse, C. F. Graumann & E. D. Lantermann (Hrsg.), *Ökologische Psychologie. Ein Handbuch in Schlüsselbegriffen* (S. 176–180). Weinheim: Psychologie Verlags Union.

Schophaus, M., & Kruse, S. (2003). Permanente Temporarität – Brachflächennutzung als Potential für den öffentlichen Stadtraum. *Umweltpsychologie, 1,* 6–22.

Schroer, M. (2006). Mobilität ohne Grenzen? Vom Dasein als Nomade und der Zukunft der Sesshaftigkeit. In W. Gebhardt & R. Hitzler (Hrsg.). *Nomaden, Flaneure, Vagabunden Wissensformen und Denkstile der Gegenwart* (S. 115–125). Wiesbaden: VS Verlag für Sozialwissenschaften

Schubert, D. (2015). Stadtplanung – Wandlungen einer Disziplin und zukünftige Herausforderungen. In A. Flade (Hrsg.), *Stadt und Gesellschaft im Fokus aktueller Stadtforschung. Konzepte-Herausforderungen-Perspektiven* (S. 121–176). Wiesbaden: Springer Verlag.

Schuemer, R. (1998). Nutzerorientierte Evaluation gebauter Umwelten. In F. Dieckmann, A. Flade, R. Schuemer, G. Ströhlein & R. Walden (Hrsg.), *Psychologie und gebaute Umwelt. Konzepte, Methoden, Anwendungsbeispiele* (S. 153–173). Darmstadt: Institut Wohnen und Umwelt.

Schultz, P. W. (2000). Empathizing with nature. The effects of perspective taking on concern for environmental issues. *Journal of Social Issues, 56,* 391–406.

Schultz, P. W., Shriver, C., Tabanico, J. J., & Khazian, A. M. (2004). Implicit connections with nature. *Journal of Environmental Psychology, 24,* 31–42.

Schultz-Gambard, J. (1996). Dichte und Enge. In L. Kruse, C. F. Graumann & E.-D. Lantermann (Hrsg.), *Ökologische Psychologie. Ein Handbuch in Schlüsselbegriffen* (S. 339–346). Weinheim: Psychologie Verlags Union.

Scopelliti, M., & Tiberio, L. (2010). Homesickness in university students: The role of multiple place attachments. *Environment and Behavior, 42,* 335–350.

Sime, J. D. (1986). Creating places or designung spaces? *Journal of Environmental Psychology, 6,* 49–63.

Singh, S. N., Donavan, D. T., Misra, S., & Little, T. D. (2008). The latent structure of landscape perception: A mean and covariance structure modeling approach. *Journal of Environmental Psychology, 28,* 339–352.

Six, B. (2014). Identität und Selbst. In M. A. Wirtz (Hrsg.). *Dorsch – Lexikon der Psychologie.* (18. Aufl., S. 725). Bern: Verlag Hogrefe Verlag.

Skjaeveland, O., & Gärling, T. (1997). Effects of interactional space on neighboring. *Journal of Environmental Psychology, 17,* 181–198.

Skjaeveland, O., & Gärling, T. (2002). Spatial–physical neighborhood attributes affecting social interactions among neighbors. In J. I. Aragones, G. Francescato & T. Gärling (Hrsg.), *Residential environments* (S. 183–203). London: Bergin & Garvey.

Skjaeveland, O., Gärling, T., & Maeland, J. G. (1996). A multidimensional measure of neighboring. *American Journal of Community Psychology, 24,* 413–435.

Skogan, W. G. (1990). *Disorder and decline. Crime and the spiral of decay in American neighborhoods.* New York: The Free Press.

Sliwa, M., & Riach, K. (2012). Making scents of transition: Smellscapes and the everyday in „old" and „new" urban Poland. *Urban Studies, 49*(1), 23–41.

Smith, S. G. (1994). The essential qualities of a home. *Journal of Environmental Psychology, 14*, 31–46.

Sodhi, K. S. (1957). *Sozialpsychologische Aspekte des Wohnungsbaus. Sociologicus. Sonderdruck, 7*, 147–162.

Sommer, R. (1983). *Social design. Creating buildings with people in mind.* Englewood Cliffs: Prentice Hall.

Spokane, A. R., Mori, Y., & Martinez, F. (2012). Housing arrays following disasters: Social vulnerability considerations in designing transitional communities. *Environment and Behavior, 45*, 887–911.

Stamps, A. E. (2000). *Psychology and the aesthetics of the built environment.* Boston: Kluwer Academic Publisher.

Stamps, A. E. (2005). Visual permeability, locomotive permeability, safety and enclosure. *Environment and Behavior, 37*, 102–133.

Stamps, A. E. (2007). Mystery of environmental mystery: effects of light, occlusion, and depth of view. *Environment and Behavior, 39*, 165–197.

Stern, W. (1935). Allgemeine Psychologie auf personalistischer Grundlage. Zit. bei Probst P. (2014), a.a.O.

Stokols, D. (1972). On the distinction between density and crowding: some implications for future research. *Psychological Review, 79*, 275–277.

Stokols, D. (1992). Establishing and maintaining healthy environments. Toward a social ecology of health promotion. *American Psychologist, 47*, 6–22.

Stokols, D., Shumaker, S. A., & Martinez, J. (1983). Residential mobility and personal well-being. *Journal of Environmental Psychology, 3*, 5–19.

Suler, J. (2004). The online disinhibition effect. *CyberPsychology and Behavior, 7*, 321–326.

Susanka, S., & Obolensky, K. (2008). *The not so big house: a blueprint for the way we really live* (2. Aufl.). Newtown: Taunton Press.

Tajfel, H. (1982). Social psychology of intergroup relations. *Annual Review of Psychology, 33*, 1–13.

Tangens, R. (2018). Smart Citizens und die Rattenfänger. In Padeluun & R. Tangens (Hrsg.). *Digital courage Jahrbuch 2018* (S. 53–60). Bielefeld: Verlag Art d' Ameublement.

Taylor, R. B. (1980). *Human territorial functioning.* Cambridge: Cambridge University Press.

Taylor, R., & Brower, S. (1985). Home and near-home territories. In I. Altman & C. M. Werner (Hrsg.), *Home environments* (S. 183–212). New York: Plenum.

Theroux, P. (1998). *Der alte Patagonien-Express* (3. Aufl.). München: Deutscher Taschenbuch Verlag.

Thomas, D., Fuhrer, U., & Quaiser-Pohl, C. (2008). Akteure der Gentrification und ihre Ortsbindung: Eine Studie in einem städtischen Sanierungsgebiet in Ostdeutschland. *Kölner Zeitschrift für Soziologie und Sozialpsychologie, 60*(2), 339–366.

Thompson, C. W., Aspinall, P., & Montarzino, A. (2008). The childhood factor: Adult visits to green places and the significance of childhood experience. *Environment and Behavior, 40*, 111–143.

Tognoli, J. (1987). Residential environments. In D. Stokols & I. Altman (Hrsg.), *Handbook of environment psychology* (Bd. 1, S. 655–690). New York: Wiley.

Tognoli, J. (2003). Leaving home: Homesickness, place attachment, and transition among residential college students. *Journal of College Student Psychotherapy, 18,* 35–48.

Trautner, H. M. (1978). *Lehrbuch der Entwicklungspsychologie* (Bd. 1). Göttingen: Hogrefe.

Trepte, S., & Dienlin, T. (2014). Privatsphäre im Internet. In T. Porsch & S. Pieschl (Hrsg.), *Neue Medien und deren Schatten. Mediennutzung, Medienwirkung und Medienkompetenz* (S. 53–79). Göttingen: Hogrefe.

Üblacker, J. (2018). *Gentrifizierungsforschung in Deutschland. Eine systematische Forschungssynthese der empirischen Befunde zur Aufwertung von Wohngebieten.* Opladen: Budrich UniPress.

van der Klis, M., & Karsten, L. (2009). Commuting partners, dual residences and the meaning of home. *Journal of Environmental Psychology, 29,* 235–245.

van Rijswijk, L., & Antal Haans, A. (2018). Illuminating for safety: Investigating the role of lighting appraisals on the perception of safety in the urban environment. *Environment and Behavior, 50,* 889–912.

Villanueva, K., Giles-Corti, B., Bulsara, M., et al. (2012). Where do children travel to and what local opportunities are available? The relationship between neighborhood destinations and children's independent mobility. *Environment and Behavior, 45,* 679–705.

Vollmer, L. (2018). *Strategien gegen Gentrifizierung.* Stuttgart: Schmetterling Verlag.

Vrij, A., & Winkel, F. (1991). Characteristics of the built environment and fear of crime: A research note on interventions in unsafe locations. *Deviant Behavior, 12,* 203–215.

Wachs, T. D., & Gruen, G. E. (1982). *Early experience and human development.* New York: Plenum.

Wahl, H.-W., Oswald, F., & Mollenkopf, H. (1999). Alter und Umwelt – Beobachtungen und Analysen der Ökologischen Gerontologie. In H.-W. Wahl, F. Oswald & H. Mollenkopf (Hrsg.), *Alte Menschen in ihrer Umwelt* (S. 13–22). Wiesbaden: Westdeutscher Verlag.

Wahl, H.-W., Tesch-Römer, C., & Ziegelmann, J. P. (Hrsg.). (2012). *Angewandte Gerontologie. Interventionen für ein gutes Altern in 100 Schlüsselbegriffen* (Zweite Aufl.). Stuttgart: Kohlhammer.

Walden, R. (1995). Wohnung und Wohnumgebung. In A. Keul (Hrsg.), *Wohlbefinden in der Stadt* (S. 69–98). Weinheim: Beltz/PVU.

Wehrheim, J. (2012). *Die überwachte Stadt. Sicherheit, Segregation und Ausgrenzung* (3. Aufl.). Opladen: Verlag Barbara Budrich.

Weichhart, P. (2009). *Multilokalität – Konzepte, Theoriebezüge und Forschungsfragen. Informationen zur Raumentwicklung,* Heft 1/2, S. 1–14.

Weichhart, P., & Rumpolt, P. A. (Hrsg.). (2015). *Mobil und doppelt sesshaft. Studien zur residenziellen Multilokalität, Bd 18.* Wien: Abhandlungen zur Geographie und Regionalforschung.

Weiland, U. (2015). Stadtökologie – zum Verhältnis von Stadt und Umwelt. In A. Flade (Hrsg.), *Stadt und Gesellschaft im Fokus aktueller Stadtforschung. Konzepte – Herausforderungen – Perspektiven* (S. 177–210). Wiesbaden: Springer VS.

Welter, R. (1996). Therapeutische Umwelten. In L. Kruse, C. F. Graumann & E.-D. Lantermann (Hrsg.), *Ökologische Psychologie. Ein Handbuch in Schlüsselbegriffen* (S. 446–450). Weinheim: Psychologie Verlags Union.

Wenz-Gahler, I. (1979). Die Küche. In M. Andritzky & G. Selle (Hrsg.), *Lernbereich Wohnen* (Bd. 1, S. 266–287). Reinbek: Rowohlt.

Werner, C. M., & Altman, I. (1998). A dialectic/transactional framework of social relations: Children in secondary territories. In D. Görlitz, H. J. Harloff, G. Mey & J. Valsiner (Hrsg.), *Children, cities, and psychological theories. Developing relationships* (S. 123–154). Berlin: Walter de Gruyter.

White, E. V., & Gatersleben, B. (2011). Greenery on residential buildings: Does it affect preferences and perception of beauty? *Journal of Environmental Psychology, 31,* 89–98.

Whitaker, R. (1999). *Das Ende der Privatheit. Überwachung, Macht und soziale Kontrolle im Informationszeitalter.* München: Kunstmann.

Wicker, A. W., Kirmeyer, S. L., Hansen, L., & Alexander, D. (1976). Effects of manning levels on subjective experiences, performance, and verbal interaction in groups. *Organizational Behavior and Human Performance, 17,* 251–274.

Wilkerson, A., Carlson, N. E., Yen, I. H., & Michael, Y. L. (2012). Neighborhood physical features and relationships with neighbors: Does positive physical environment increase neighborliness? *Environment and Behavior, 44,* 595–615.

Wilhelmer, L. (2015). *Transit-Orte in der Literatur. Eisenbahn – Hotel – Hafen – Flughafen.* Bielefeld: transcript.

Wilson, G., & Baldassare, M. (1996). Overall „Sense of Community" in a suburban region. The effects of localism, privacy, and urbanization. *Environment and Behavior, 28,* 27–43.

Wilson-Doenges, G. (2000). An exploration of sense of community and fear of crime in gated communities. *Environment and Behavior, 32,* 597–611.

Wirth, L. (1938). Urbanität als Lebensform. Abgedruckt In U. Herlyn (Hrsg.). (1974). *Stadt und Sozialstruktur. Arbeiten zur sozialen Segregation, Ghettobildung und Stadtplanung* (S. 42–66). München: Nymphenburger.

Witell, L., Löfgren, M., & Daalgaard, J. J. (2013). Theory of attractive quality and the Kano methodology – the past, the present, and the future. *Total Quality Management and Business Excellence.* https://doi.org/10.1080/14783363.2013.791117.

Wohlwill, J. F. (1983). The concept of nature: A psychologist's view. In I. Altman & J. F. Wohlwill (Hrsg.), *Behavior and the natural environment* (S. 5–37). New York: Plenum.

Wohlwill, J. F., & Heft, H. (1987). The physical environment and the development of the child. In D. Stokols & I. Altman (Hrsg.), *Handbook of environmental psychology* (Bd. 1, S. 281–328). New York: Wiley.

Wollinger, G. R., Dreißigacker, A. Blauert, K., Bartsch, T., & Baier, D. (2014). *Wohnungseinbruch: Tat und Folgen. Ergebnisse einer Betroffenenbefragung in fünf Großstädten.* Forschungsbericht Nr. 124. Hannover: Kriminologisches Forschungsinstitut Niedersachsen e. V. (KFN).

Wyles, K. J., White, M. P., Hattam, C., Pahl, S., King, H., & Austen, M. (2019). Are some natural environments more psychologically beneficial than others? The importance of type and quality on connectedness to nature and psychological restoration. *Environment and Behavior, 51,* 111–143.

Yoshida, T. (1981). Das japanische Wohnhaus. In G. Trautmann-Weber (Hrsg.), *Wohnen*. Schroedel: Hannover.

Zinnecker, J. (2001). *Stadtkids. Kinderleben zwischen Straße und Schule*. Weinheim: Juventa Verlag.

Zurawski, N. (2014). *Raum- Weltbild- Kontrolle. Raumvorstellungen als Grundlage gesellschaftlicher Ordnung und ihrer Überwachung*. Opladen: Budrich UniPress.

Printed by Printforce, the Netherlands